중국의 법치와 정치개혁

서남동양학술총서

중국의 법치와 정치개혁

조영남 지음

창비

21세기에 다시 쓴 간행사

서남동양학술총서 30호 돌파를 계기로 우리는 2005년, 기왕의 편집위원회를 서남포럼으로 개편했다. 학술사업 10년의 성과를 바탕으로 이제 새로운 토론, 새로운 실천이 요구되는 시점이라고 판단했기 때문이다.

알다시피 우리의 동아시아론은 동아시아의 발칸, 한반도에 평화체제를 구축하고자 하는 비원(悲願)에 기초한다. 4강의 이해가 한반도의 분단선을 따라 날카롭게 교착하는 이 아슬한 상황을 근본적으로 해결하는 방책은 그 분쟁의 근원, 분단을 평화적으로 해소하는 데 있다. 민족 내부의 문제이면서 동시에 국제적 문제이기도 한 한반도 분단체제의 극복이라는 이 난제를 제대로 해결하기 위해서는 우선 서구주의와 민족주의, 이 두 경사 속에서 침묵하는 동아시아를 호출하는 일, 즉 동아시아를 하나의 사유단위로 설정하는 사고의 변혁이 종요롭다. 동양학술총서는 바로 이 염원에 기초하여 기획되었다.

10년의 축적 속에 동아시아론은 이제 담론의 차원을 넘어 하나의 학(學)으로 이동할 거점을 확보했다. 우리의 충정적 발신에 호응한 나라 안팎의 지식인들에게 깊은 감사를 표하는 한편, 이 돈독한 토의의 발전이 또한 동아시아 각 나라 또는 민족들 사이의 상호연관성의 심화가 생활세계의 차원으로까지 진전된 덕에 크게 힘입고 있음에 괄목한다. 그리고 이러한 변화가 6·15남북합의(2000)로 상징되듯이 남북관계의 결정적 이정표 건설을 추동했음을 겸허히 수용한다. 바야흐로 우리는 분쟁과 갈등으로 얼룩진 20세기의 동아시아로부터 탈각하여 21세기, 평화와 공치(共治)의 동아시아를 꿈꿀 그 입구에 도착한 것이다. 아직도 길은 멀다. 하강하는 제국들의 초조와 부활하는 제국들의 미망이 교착하는 동아시아, 그곳에는 발칸적 요소들이 곳곳에 숨어 있다. 남과 북이 통일시대의 진전과정에서 함께 새로워질 수 있다면, 그리고 그 바탕에서 주변 4강을 성심으로 달랠 수 있다면 무서운 희망이 비관을 무찌를 것이다.

　동양학술총서사업은 새로운 토론공동체 서남포럼의 든든한 학적 기반이다. 총서사업의 새 돛을 올리면서 대륙과 바다 사이에 지중해의 사상과 꿈이 문명의 새벽처럼 동트기를 희망한다. 우리의 오랜 꿈이 실현될 길을 찾는 이 공동의 작업에 뜻있는 분들의 동참과 편달을 바라 마지않는 바이다.

서남포럼 운영위원회

www.seonamforum.net

중국 정치를 보는 새로운 관점

중국의 법치(法治)에 관심을 갖고 연구를 시작한 지도 벌써 10여년이 지났다. 1999년 8월 전국인민대표대회(全國人民代表大會, 중앙의회)에 대한 연구로 박사학위를 받은 후, 중국의 의회제도에 대한 연구를 완성하기 위해 지방의회에 대한 조사를 본격적으로 시작했다. 그 일환으로 2000년 7월에 톈진시(天津市)와 허베이성(河北省)에 있는 지방의회 세 곳을 방문하여 면접조사(interview)를 실시했다. 당시 필자는 개혁기 지방의회가 발전하는 과정에서 가장 크게 기여한 요인이 무엇인가를 공통적으로 질문했다. 의회 관계자들은 한결같이 1997년 제15차 당대회부터 중국공산당이 정식으로 추진하기 시작한 중국식 법치정책, 즉 '의법치국(依法治國, 법률에 근거한 국가통치)' 방침을 들었다. 의법치국의 방침이 결정된 이후 지방 공산당과 정부가 의회의 권한을 존중하기 시작했고, 이를 배경으로 의회의 입법 및 감독 역할이 전보다 더욱 강화될 수 있었다는 것이다. 이때 법치정책이 중국의 정치발전에 매우 중요한 의미를 갖고 있다는 사실을 처음으로 발견했다.

왜 공산당은 의법치국 방침을 결정하고 전면적으로 추진하기 시작했는가? 중앙에서 결정된 의법치국 방침이 지방에서는 실제로 어떻게 추진되었으며, 그 결과는 무엇인가? 이런 법치정책은 중국 정치에 어떤 영향을 미치고 있는가? 특히 중국의 정치발전 혹은 민주화와 관련하여 법치정책은 어떤 의의가 있는가? 이런 궁금증을 안고 톈진시, 상하이시(上海市), 광둥성(廣東省), 선전시(深圳市) 지역에서 6년 동안 현지조사를 진행했다. 한편으로는 지방의회에 대한 조사를 진행하면서 다른 한편으로는 법치정책에 대해서도 조사했던 것이다. 2005년 무렵 지방의회에 대한 현지조사가 마무리되면서 법치정책 연구에 전력을 다하기 시작했다.

그런데 중국 법치의 연구는 생각처럼 쉽지 않았다. 우선 법치이론과 타국의 경험에 대한 광범위한 학습과 연구가 필요했다. 법치는 영국과 미국 등 서구에서 시작되어 민주화의 물결을 타고 전세계로 확산되었다. 따라서 중국의 법치를 조사하기에 앞서 법치 그 자체에 대한 연구가 필요했다. 동시에 일본, 한국, 타이완 같은 동아시아 지역에서 법치가 어떻게 수용되었는가에 대한 조사도 필요했다. 또한 중국의 법치 연구는 분석 대상이 포괄적이고 광범위했기 때문에 조사해야 할 내용이 매우 많았다. 국가통치 방침으로서의 의법치국은 공산당, 정부, 의회, 법원, 검찰 등 당정기구뿐만 아니라 사회와 개인에게도 적용되었다. 중국의 법치를 이해하기 위해서는 이 모두를 분석해야 했던 것이다. 마지막으로, 이 연구는 실증적인 조사가 필요했다. 특히 법치정책이 지방에서 실제로 어떻게 추진되었고 그 결과가 어떠한가를 알기 위해서는 체계적이고 깊이있는 현지조사 ─ 주로 면접조사와 문헌자료 수집 ─ 가 필수적이었다.

이런 어려움으로 이 연구는 10년이 넘게 진행되었고, 이제야 비로소 완성될 수 있었다. 동시에 처음에 연구를 시작했을 때보다 조사 범위가 확대되면서 한 권이 아닌 '세 권의 씨리즈'로 완성되었다. 그 첫번째는 중국의 법치정책이 어떻게 형성되었고, 그것이 공산당과 국가기관에서 어떻게 실시되었는가에 대한 연구이다. 이 책은 바로 이 연구의 결과물이다. 두번째는 법치정책이 법원개혁에 어떻게 적용되었고, 이에 근거한 법원개혁은 지난 10여년 동안 실제로 어떻게 추진되었는가를 분석하는 연구이다. 세 번째는 의법치국 방침이 채택되는 데 중요한 경험을 제공했고, 동시에 법치를 전사회에 보급하기 위한 방안으로 추진된 법률보급운동(普法活動)을 분석하는 연구이다. 두번째 연구와 세번째 연구는 각각 『중국의 법원 개혁』 『중국의 법치와 법률보급 운동』으로 완성되어 서울대학교출판문화원에서 2012년 여름에 출판된다.

이 연구를 통해 필자는 중국의 정치개혁, 더 나아가서는 중국 정치 전체를 바라보는 새로운 관점과 내용을 제시하려고 노력했다. 그동안 국내외 학계에서는 중국의 정치개혁에 대해 많은 수준 높은 연구가 발표되었다. 그런데 기존 연구의 대다수는 정치개혁의 세부 내용에 대한 전문적이고 깊이있는 분석이다. 반면 개혁기 중국의 정치개혁 혹은 중국 정치 전체를 보는 관점과 내용을 제시하는 연구는 거의 없다. '나무는 보되 숲은 보지 못하는' 현상이 나타난 것이다. 그 결과 우리는 중국 정치의 세부 사항은 비교적 잘 알면서도 정작 중국 정치 전체에 대해서는 잘 모르는 답답함을 느끼고 있다.

이 연구는 이와 같은 기존 연구의 문제점을 극복하고자 노력했다. 우선, 이 연구는 중국의 정치개혁을 정치 민주화(political democratization)뿐만 아니라 정치 제도화(political institutionalization)의 관점에서도 분석해야 한다고 주장한다. 왜냐하면 중국은 1990년대 중반 이후 의식적으로 정치 제도화의 관점에서 정치개혁을 추진해왔기 때문이다. 이런 상황에서 정치 민주화의 관점에서만 정치개혁을 분석하면 중국의 실제 상황을 제대로 이해할 수 없다. '중국에서는 정치개혁이 제대로 추진되지 않았다' 혹은 '중국에서는 정치개혁이 아니라 행정개혁이 추진되었다'는 주장은 이런 잘못된 이해의 대표적인 사례이다. '중국은 일당독재 국가이기 때문에 경제성장이 곧 한계에 부딪힐 것이다' 혹은 '중국은 일당독재 국가이기 때문에 경제가 좀더 발전한 가까운 장래에 민주화가 될 것이다'라는 주장도 잘못된 이해의 또다른 사례이다. 이런 주장은 모두 정치 민주화의 관점에서만 중국의 정치개혁을 분석했기 때문에 나온 것이다.

중국이 의식적으로 정치 제도화의 관점에서 정치개혁을 추진했음을 보여주는 핵심 근거가 바로 1997년 제15차 당대회에서 공산당이 의법치국 방침을 결정하고 본격적으로 추진했다는 사실이다. 공산당은 1987년 제13차 당대회에서 '당정분리(黨政分開)'를 정치개혁의 새로운 방침으로 채택했다. 그런데 1989년에 톈안먼(天安門) 사건이 발생하고 1991년에는 소련이 붕괴하면서 당정분리 방침은 폐기되었다. 당정분리가 공산당의 권력 독점을 약화시킬 수 있기 때문이다. 이렇게 되면서 중국에는 '사회주의 시장경제 건설'이라는 경제개혁 방침(1992년 제14차 당대회에서 결정)은 확정되었지만 정치개혁 방침은 없는 상황에 빠졌다. 의법치국 방침의 결정은 바로 이런 문제점을 해결한 것이다. 즉 1987~97년까지의 10년 동안 국내외의 심각한 정치적 사건을 겪으면서 공산당은 당정분리에서 의법치국으로 정치개혁 방침을 변경했던 것이다.

이후 중국은 공산당, 정부, 의회, 법원 등에 의법치국 방침을 적용한 새로운 정치개혁을 본격적으로 추진했다. 다시 말해, 정치개혁은 의법치국 방침의 실현을 중심으로 추진되기 시작했다. 1999년 국무원(國務院, 중앙정부)의 '의법행정(依法行政, 법률에 의거한 행정)' 전면추진 결정, 1999년 최고인민법원(最高人民法院)의 법원개혁 전면실시 결정, 2002년 공산당의 '의법집정(依法執政, 법률에 의거한 권력 장악과 운영)' 본격추진 결정은 이를 잘 보여준다. 동시에 의법치국 방침의 결정 이후 이전부터 추진되어왔던 의회 개혁(특히 입법과 감독 권한의 강화), 기층민주 개혁(특히 촌민위원회의 민주적인 선거와 운영), 법률 보급과 써비스의 확대가 한층 강화되어 실시된 사실은 이를 잘 보여준다.

중국 정치를 보는 새로운 관점과 내용을 제시하고자 하는 이 연구가 얼마나 성공적인가는 학계가 평가할 것이다. 또한 중국의 법치정책이 본격적으로 추진된 지 10여년밖에 되지 않기 때문에 아직 그 내용과 성과를 객관적으로 분석하기에는 이르다고 할 수도 있다. 이런 점에서 이 연구는 향후에 더욱 보완되어야 할 것이다. 더 나아가서 이 연구에 혹시 있을지도 모르는 문제점이나 미흡한 점에 대한 수정과 보완도 앞으로 꾸준히 이루어져할 것이다. 선후배 학자들의 가르침을 기대한다.

지난 10여년 동안 이 연구를 진행하면서 여러 기관과 단체, 개인들로부터 큰 도움을 받았다. 무엇보다 광둥성과 선전시에서의 현지조사에 큰 도움을 주신 광둥성 인민정부 외사판공실의 푸 랑(傅朗) 주임과 정 홍메이(鄭紅梅) 선생께 진심으로 감사드린다. 이분들의 도움이 있었기 때문에 필자는 2004년부터 2009년까지 모두 네 차례에 걸쳐 광둥성과 선전시의 정부, 의회, 사회단체를 방문하여 깊이있는 면접조사와 문헌자료 수집을 진행할 수 있었다. 비록 이 연구에서는 자료로 직접 활용하지 않았지만 상하이시 지역과 톈진시 지역의 현지조사도 중국의 법치를 이해하는 데 큰 도움이 되었다. 현지조사를 도와주신 난카이대학(南開大學)의 주 광레이(朱光磊) 교수와 양 룽(楊龍) 교수, 상하이시 사회과학원의 선 궈밍(沈國明) 교수와 리 이하이(李軼海) 외사처장께 감사드린다.

이 연구를 위해 2005년에 서남재단의 서남포럼 연구비를 지원받았다. 그때 필자가 제출했던 계획서에 따르면 2007년에 연구결과를 제출했어야 하는데, 실제로는 그보다 한참 늦어진 2011년에야 제출할 수 있었다. 앞에서 말한 연구의 어려움도 있었지만, 건강상의 이유로 연구가 예상보다 많이 늦어졌다. 그동안 너그러운 마음으로 커다란 인내심을 보여주신 서남포럼 관계자 여러분, 특히 권오찬 선생님께 진심으로 감사드린다. 다만 이 연구 결과가 서남포럼의 빛나는 이름에 누가 되지 않기를 바랄 뿐이다.

그밖에도 이 연구를 위해 한국연구재단(구 한국학술진흥재단)과 경제인문

사회연구회(경인사)에서 일부 연구비를 지원받았다. 이러한 재정적 지원이 없었다면 이 연구는 매우 어려웠을 것이다. 이들 기관 관계자 여러분, 특히 경인사의 김세원 전 이사장님과 최규종 전 본부장님께 진심으로 감사드린다. 한편 법치 일반과 타국의 법치 경험에 대한 연구는 2006년 7월부터 2007년 7월까지 하바드대학교 옌칭연구소(Harvard-Yenching Institute)에 방문학자로 머물면서 진행했다. 필자를 초청해주신 두 웨이밍(Tu Weiming) 전 소장님과 관계자 여러분께 깊이 감사드린다. 당시 1년 동안 풍부한 자료와 안락한 조건에서 교육과 행정의 업무에서 벗어나 연구에 몰두할 수 있었고, 그것이 이 연구에 매우 큰 도움이 되었다.

이 책의 수정과 보완 과정에서도 여러분들의 도움을 받았다. 먼저, 이 책의 원고를 세심히 심사하여 유익한 개선방안을 제시해주신 서남포럼이 지정한 두 분의 익명의 심사자께 감사드린다. 원고의 수정과 보완을 통해 두 분의 의견을 최대한 수용하려고 노력했다. 또한 이 책의 초고를 꼼꼼히 읽고 좋은 의견을 말해주었을 뿐만 아니라 편집에도 큰 도움을 준 이서영, 조아라 석사에게도 진심으로 감사한다. 어렵고 복잡한 원고를 잘 편집해주신 창비의 박영신, 김정혜 선생과 성지희 선생에게도 감사드린다. 마지막으로 이 책 제2장의 일부 내용이 「중국의 법치논쟁과 정치개혁」으로 『한국과 국제정치』 제26권 제4호(2010년 겨울)에 게재되었음을 밝힌다.

2012년 5월
관악산 연구실에서
조영남

차 례

서남동양학술총서 간행사 | 21세기에 다시 쓴 간행사__4
책머리에__6

제1장 서론__17

　1. 연구 주제__19

　2. 기존 연구 검토와 연구 의의__23

　3. 연구 내용과 책의 구성__27

　4. 이 책의 주장과 함의__30

　5. 연구 방법과 자료__35

　6. 주요 개념 검토__37

제2장 법치논쟁의 전개와 결과: '인치에서 법치로'__43

　1. 법치논쟁의 전개과정__48

　(1) 마오 쩌둥 시기 중국의 법제__49

　(2) 1980년대 논쟁의 전개__50

　(3) 1990년대 논쟁의 전개__53

　(4) 2000년대 논쟁의 전개__56

　2. 법치논쟁의 쟁점과 내용__58

　(1) 법치와 인치__59

　(2) 중국 법치의 길__62

　(3) 법치와 법제__65

　3. 법치논쟁의 평가__67

　(1) 도구주의 법률관의 유지__68

　(2) 인치론의 지속적인 영향__70

(3) 공산당 영도하의 법치__72

4. 소결: 요약과 전망__75

제3장 법치정책의 등장과 발전: '법률에 의거한 통치'__77

1. 의법치국의 형성과 발전__80

(1) 중앙의 방침 결정__81

(2) 지방의 실천__83

2. 의법치국의 등장 배경__86

(1) 국내 배경__87

(2) 국제 배경__90

3. 의법치국 정책의 확정과 중점의 변화__92

(1) 1980년대 중반~1990년대 중반: 법제개혁과 의법치리__93

(2) 1990년대 중반 이후: 의법치국의 결정과 실시__95

(3) 의법치국 정책의 중점 변화__98

4. 의법치국의 실시: 시기, 과정, 방식__101

(1) 실시 시기와 지역 편차__102

(2) 실시 방식과 지도체제__106

5. 소결: 요약과 함의__110

제4장 법치와 공산당 개혁: '법률에 의거한 집정'__113

1. 공산당 개혁의 종류: 당내관계와 당정관계의 개혁__117

2. 1980,90년대의 공산당 개혁: 당정분리의 등장과 폐기__121

(1) 1980년대: 권력집중 해소를 위한 민주집중제와 당정분리__121

(2) 1990년대: 당정분리의 폐기와 정치개혁의 보수화__124

3. 의법집정의 등장 과정과 배경__127

(1) 의법집정의 등장 과정__128

(2) 의법집정의 등장 배경＿130

4. 의법집정의 정책내용과 실시＿133

(1) 당규 정비를 통한 당내관계의 법제화＿134

(2) 고위간부의 법제교육 강화와 법제의식의 제고＿138

(3) 법률 제정을 통한 당정관계의 제도화＿142

(4) 공산당－의회 관계의 재조정＿144

5. 소결: 요약과 평가＿149

제5장 법치와 정부개혁: '법률에 의거한 행정'＿153

1. 의법행정의 등장과 정책내용＿160

2. 광둥성과 선전시의 의법행정 실시＿165

3. 선전시의 의법행정 정책 1: 정부 행정의 법제화＿168

(1) 정부 기구 및 행위의 9개 법정화＿168

(2) '법치정부 지표'의 제정과 실시＿170

4. 선전시의 의법행정 정책 2: 행정 인허가제도의 개혁＿173

5. 선전시의 의법행정 정책 3: 행정삼분제와 대부처제＿178

(1) 행정삼분제의 실시 배경과 과정＿178

(2) 행정삼분제의 결과와 평가＿183

(3) 2009년 '대부처제 개혁'의 전면 실시＿186

6. 소결: 평가와 전망＿189

제6장 법치와 법원개혁: '사법공정과 효율'＿193

1. 중국 법원의 문제점＿197

(1) 법원의 외부 제약요소: 사법권의 지방화＿198

(2) 법원의 내부 제약요소: 법원 운영의 행정화＿201

(3) 법관의 자질 문제: 법관의 대중화＿204

2. 법원개혁의 정책내용__209

3. 법원개혁의 실시 사례__215

(1) 산둥성 칭다오시 중급법원의 사례__216

(2) 상하이시 황푸구 법원의 사례__217

(3) 광둥성 선전시 옌톈구 법원의 사례__218

4. 법원개혁의 평가__220

(1) 평가__220

(2) 개혁 정책과 과정의 문제점__224

5. 법원개혁의 전망__230

6. 소결: 요약__234

제7장 결론__237

1. 연구 요약__239

2. 의법치국의 평가__243

3. 법치와 중국의 민주화 논쟁__247

4. 법치와 중국의 정치발전: 몇가지 명제__251

참고문헌__256

찾아보기__289

수록도표·그림 목록__297

제1장

서론

서론에서는 먼저 이 책이 분석하려는 연구 주제를 제시할 것이다. 또한 학계의 기존 연구를 검토하여 이 책의 연구가 어떤 학술적 의의를 갖는가를 살펴보고, 이후에 이 책의 연구 내용과 구성, 핵심 주장과 함의, 연구 방법과 자료를 차례로 검토할 것이다. 마지막으로 이 책에서 사용하는 몇가지 주요 개념에 대해 간단하게 설명할 것이다.

1. 연구 주제

중국공산당(이하 공산당)은 1997년 9월 제15차 전국대표대회(이하 당대회)에서 '사회주의 법치국가' 수립과 '의법치국(依法治國)', 즉 법률에 의거한 국가 통치(governing the state according to law)를 당의 새로운 방침으로 결정했다. "중국은 정치체제의 개혁을 계속 추진하여 사회주의 민주를 더욱 확대하고, 사회주의 법제(法制)를 완비하며, 의법치국을 실시하여 사회주의 법치국가를 건설"할 것이며, 의법치국은 "사회주의 시장경제의 기본

요구이고, 사회문명 진보의 중요한 표지이며, 국가의 장기적 안정의 보장"
이라고 언급했다(江澤民 2000, 30~31면). 이어 1999년 3월 제9기 전국인민대
표대회(全國人民代表大會, 이하 전국인대) 제2차 회의에서 "중화인민공화국은
의법치국을 실시하여 사회주의 법치국가를 건설한다"[1]는 문구를 헌법 전
문(前文)에 추가함으로써 의법치국과 사회주의 법치국가 건설은 국가통치
방침이자 정치개혁의 핵심 목표로 확정되었다(조영남 2006c, 63면).

중국에서 공산당은 '영도핵심(領導核心)'이므로, 당대회의 결정은 모든
국가기관이 반드시 집행해야 하는 최고 권위를 갖는다. 이에 따라 제15차
당대회 이후 공산당과 국가기관은 세부 방침과 정책을 마련하고 집행하기
시작했다. 먼저, 중앙정부인 국무원(國務院)은 1999년 11월에 〈의법행정의
전면추진 결정〉(關於全面推進依法行政的決定, 이하 〈1999년 결정〉)을 발표하면
서, 정부개혁의 방침이자 핵심 목표로 '의법행정(依法行政)', 즉 법률에 의
거한 행정(administration according to law)을 결정했다. 이것은 2004년 〈의
법행정의 전면추진 실시요강〉(全面推進依法行政實施綱要, 이하 〈2004년 요강〉)
을 반포하면서 더욱 강화되었다(袁曙宏 2004, 329~32, 334~43면; 江必新 2004). 최
고인민법원(最高人民法院, 이하 최고법원)도 1999년 10월 〈인민법원 5년 개
혁 요강〉(이하 〈법원개혁 요강〉)을 발표하여, 사법공정(司法公正)과 사법효율
(司法效率) 제고를 목표로 하는 법원개혁 방침을 확정했다(最高人民法院研究
室 2000, 72면; 公丕祥 2009, 74면). 이후 2005년에 제2차(2004~2008), 2009년에 제
3차(2009~13) 〈법원개혁 요강〉을 발표했다. 공산당도 2002년 제16차 당대
회에서 의법치국을 당 개혁에 적용한 '의법집정(依法執政)', 즉 법률에 의
거한 집정(ruling the state according to law)을 채택했다. 이후 2004년 공
산당 제16기 중앙위원회 제4차 전체회의(이하 16기 4중전회)에서 '집정능력
(국가 통치능력) 강화'가 당 방침으로 결정되고, 의법집정은 그 중 하나가 되

---

1) 「中華人民共和國憲法修正案」(中共中央文獻研究室 2000, 808면).

었다(張恆山 2004, 1~23, 115~36면; 俞可平 2007, 1~9면).

이처럼 의법치국과 사회주의 법치국가 수립을 공산당의 방침으로 채택하고 공산당 및 주요 국가기관의 세부 방침과 정책으로 추진한 것은 매우 중요한 의미를 갖는다. 첫째, 이것은 1997년 제15차 당대회를 기점으로 종합적이고 체계적인 새로운 정치개혁 프로그램이 등장했음을 의미한다. 1987년 제13차 당대회에서 공산당과 정부의 기능적 분리 방침, 즉 '당정분리(黨政分開)'를 핵심 내용으로 하는 정치개혁이 결정된 바 있으나 1989년 톈안먼(天安門) 사건과 1991년 소련 붕괴 등 국내외 환경의 변화로 이 방침은 제대로 추진되지 못했다. 다시 말해, 제13차 당대회의 정치개혁 프로그램은 1990년대 초에 사실상 폐기되었다. 1992년에 열린 14차 당대회에서는 경제개혁이 주요 사안이 되어, '사회주의 시장경제 건설'이 경제개혁 방침으로 확정되면서 시장경제 도입과 경제적 대외개방(즉, 무역과 투자)이 본격적으로 추진되었다.

이런 상황에서 1997년 제15차 당대회를 통해 공산당이 의법치국 방침을 확정함으로써, 정치개혁을 둘러싼 논의를 끝내고 경제개혁 프로그램에 상응하는 종합적이고 체계적인 정치개혁 프로그램을 제시하게 된 것이다. 이로써 중국이 추구하는 개혁·개방 정책의 양대 목표, 즉 사회주의 시장경제와 법치국가 수립이 확정되었다. 공산당과 주요 국가기관은 이를 실천할 세부 방침과 정책을 결정하고 추진했는데 공산당의 의법집정, 정부의 의법행정, 법원의 사법공정과 효율 제고가 바로 그것이다. 이와 같은 새로운 정치개혁 프로그램은 삼권분립(三權分立), 다당제, 직선제, 국민의 정치적·시민적 권리 보장과 정치참여 확대를 주요 내용으로 하는 정치 민주화(political democratization)와는 분명히 다르다. 중국은 정치 민주화가 아니라 국가기구의 수립과 발전(state-building), 정치과정의 합리화와 안정화, 국가 통치의 법제화와 규범화를 주요 내용으로 하는 정치 제도화(political institutionalization)를 목표로 정치개혁을 추진한다는 사실을 분명히 했다.

둘째, 의법치국의 등장은 법치정책이 개별 영역의 부분적인 개혁정책에서 국가통치 방침이자 정치개혁의 목표가 되었음을 의미한다. 이전의 법제정책은 마오 쩌둥(毛澤東) 시기에 나타났던 일인독재나 소규모 통치집단에 의한 자의적인 권력행사, 즉 인치(人治)를 해결할 목적으로 제기되었다. 이런 인치의 극단적인 사례가 바로 문화대혁명(1966~76년, 이하 문혁)이었다. 그래서 법률 제정을 통해 국가기구를 정비하고, 공산당 간부와 정부 관료의 권력남용과 일탈행위(예를 들어, 부패)를 규제하는 것이 법제정책의 중요 내용이었다. 또한 개혁·개방 정책과 함께 사적 소유제도와 시장제도가 본격적으로 도입되면서 시장경제 운영과 대외 경제활동에 필요한 법률제도를 수립하고 집행하는 과제가 법제정책의 또다른 중요한 내용이 되었다. 이처럼 1990년대 초기까지 법제정책은 주로 법률과 관련된 분야에 속했으며 과거의 정치혼란을 방지하고 중국의 당면 과제인 경제개혁을 실행할 목적으로 추진되었다.

그러나 1997년 제15차 당대회에서 의법치국이 확정되면서 법치정책은 이제 법률 영역을 넘어서 국가와 사회 전체 영역에 적용되는 통치방침이 되었고 전체 정치개혁을 총괄하는 방침이자 목표가 되었다. 법치정책을 주요 내용으로 하고 법치국가 수립을 핵심 목표로 한다는 것이 이때 추진된 정치개혁의 중요한 특징이라고 할 수 있다. 이처럼 제15차 당대회 이후 의법치국 방침의 확정과 실시는, 법치를 중심으로 하는 새로운 정치개혁 방침의 실시라는 점에서 개혁기의 정치개혁을 이해하는 데에 매우 중요하다.

이 연구는 바로 이것을 분석하려고 한다. 즉, 1990년대 중반부터 공산당이 본격적으로 추진하고 있는 의법치국 방침에 초점을 맞추어, 중국의 통치방식 개혁을 분석한다. 기존 연구가 공산당·정부·의회·법원 등 개별 기관이나, 정치·행정·법률 등 특정 분야의 개별 정책의 분석을 통해 정치개혁을 이해하려고 했다면, 이 연구는 이런 기관과 분야 모두를 포괄하는 새로운 통치방식의 등장과 실시를 분석한다는 점에서 특징이 있다. 이를 통해 중국의 정치개혁과 정치발전에 대한 새로운 시각과 이해를 제공하는 것이 이 연구의 최종 목표이다.

2. 기존 연구 검토와 연구 의의

이 연구는 두 분야의 기존 연구와 연결된다. 첫째는 중국의 법치정책에 대한 연구이다. 개혁기 중국에서 법률 및 사법제도의 역할이 중요해지고 동시에 사회 전반으로 법치가 확대되면서 '중국의 법치정책'에 대한 연구가 증가했다. 의법치국은 '중국의 법치정책'이므로 마땅히 이에 대한 기존 연구를 살펴봐야 한다. 둘째는 중국의 정치개혁 일반에 대한 연구이다. 이 연구는 의법치국 방침을 단순한 법제개혁이 아니라 공산당과 정부·법원 등 주요 국가기관을 모두 포괄하는 새로운 정치개혁으로 파악하므로 정치개혁에 대한 기존 연구를 검토할 필요가 있다.

1990년대 들어 중국의 법률제도와 사법제도가 정비되고 그 역할이 전에 비해 크게 증가하면서 이에 대한 세계 학계의 관심이 증가했다. 중국의 법치정책에 대한 기존 연구는 크게 두 가지로 나눌 수 있다.[2] 첫째는 법률개혁(legal reform) 연구이다. 이것은 헌법·민법·형법·행정법 등 개혁기에 제정된 각종 법률의 내용과 특징을 분석하는 것이다(Clarke 2008; Potter 1994b; 2001; Lubman 1996b; 1999; Chen 1999; Hsu 2003). 둘째는 사법개혁(judicial reform) 연구이다. 여기에는 법원개혁(Liebman 2007, 620~43면; Clarke 2003b, 164~92면; Zhang 2006, 138~63면), 검찰(檢察院)·경찰(公安)·교도소 개혁(Chu

---

2) 기존 연구에 대한 개괄은 Liang 2008, 3~5면을 참조할 수 있다.

2000, 157~210면; Tanner and Green 2007, 644~70면; Hualing 2005, 213~29면), 민사소송제도 개혁(Woo and Gallagher 2011), 변호사제도 개혁(Young 2005, 1133~49면; Fu and Cullen 2008, 111~27면; Michelson 2006, 1~38면), 무상 법률구조(法律救助)제도 개혁(Liebman 1999, 211~86면; Lee and Regan 2009, 541~65면), 각종 사법제도 개혁의 종합적 분석 등이 포함된다(정철 2009; Peerenboom 2002; 2006b, 184~232면; 2010; Chow 2009). 이런 두 종류의 연구는 주로 법학자에 의해 주도되었으며, 따라서 이들 연구는 대개 법학의 연구 범위에 속한다고 할 수 있다.

그런데 중국의 법치정책에 대한 기존 연구에는 두 가지 부족한 점이 있다. 첫째, 분석 관점이 협소하다. 기존 연구는 주로 법학의 관점에서 의법치국을 법률개혁과 사법개혁으로 국한해 보는 경향이 있다. 이런 분석 관점의 협소화는 분석대상의 축소, 즉 법원이나 다른 사법기관만을 분석하는 문제를 불러온다. 그런데 중국의 공식문건이나 실제 추진된 정책을 보면, 의법치국은 결코 법률개혁이나 사법개혁으로 한정할 수 없다. 예를 들어, 2008년 2월 국무원이 발표한 백서『중국의 법치건설(中國的法治建設)』에서는 중국이 추진하는 법치건설의 주요 내용으로 의회개혁, 정부개혁, 사법개혁이 모두 포함되었다(國務院 新聞辦公室 2008; Horsley 2006, 93~108면). 한마디로, 의법치국은 당정(黨政)을 모두 포괄하는 종합적인 정치개혁 프로그램이며, 따라서 정치개혁의 관점에서 보아야 그 성격과 의미를 정확히 이해할 수 있다.[3]

둘째, 기존 연구는 중국의 법치정책을 주로 이론적 측면에서 분석한다는 문제가 있다. 중국의 법치논쟁 분석이나 법치정책의 성격 분석은 대표적인 사례다(Turner, Feinerman and Guy 2000; Peerenboom 2002, 126~87면; 2004a, 113~45면; Zhao 2006b; Li 2007, 115~57면). 이에 비해 의법치국의 실제 집행에

---

3) 빈 량(Bin Liang)도 중국의 법률개혁을 정치개혁의 한 부분으로 보아야 한다고 주장한다(Liang 2008, 42면). 다만 그도 법치정책이 정치개혁으로서 어떤 내용으로 어떻게 추진되었는가는 분석하지 않았다.

대한 연구는 거의 없다. 광둥성(廣東省)에서 법치정책이 추진된 배경과 내용, 의미를 분석한 리의 연구만 예외이다(Li 2000, 199~220면). 다만 이 연구도 1997년 제15차 당대회 이전의 상황을 개괄적으로 서술하고 있다는 한계가 있다. 이렇게 되면서 의법치국이 중국의 정치과정을 실제로 어떻게 변화시켰고 그것이 갖는 실제 의미가 무엇인지를 제대로 이해할 수 없다는 문제가 발생한다.

중국의 법치정책에 대한 기존 연구의 문제점을 극복하기 위해서는 우선 법률개혁이나 사법개혁이 아니라 정치개혁의 관점에서 의법치국을 분석해야 한다. 이는 의법치국과 관련된 공산당, 정부, 의회, 법원 등을 종합적으로 분석해야 한다는 것을 의미한다. 또한 법치정책의 이론적 논의뿐만 아니라 그것의 실제 집행상황을 분석해야 한다. 이를 통해서만 정치개혁으로서의 의법치국이 어떤 의미를 갖는가를 이해할 수 있다. 이 연구는 이런 두 가지 과제를 모두 수행함으로써 중국의 법치정책에 대한 기존 연구의 미비점을 보완하려고 한다.

한편, 중국의 정치개혁에 대해서는 그동안 많은 연구가 있었다. 여기서 기존 연구 모두를 검토할 수는 없고, 대신 이 책의 연구와 직접 관련되는 연구만을 간단히 살펴보겠다. 우선 공산당과 개별 국가기관에 대한 연구가 있다. 개혁기 공산당의 개혁을 분석한 샴보, 브로드가드와 정의 연구(Shambaugh 2008; Brodsgaard and Yongnian 2006; Brodsgaard and Zheng 2004), 중국의 의회제도를 분석한 오브라이언, 테너, 샤, 조영남의 연구가 대표적이다(O'Brien 1990; Tanner 1999; Xia 2008; 조영남 2000; 2006b; Cho 2009b). 또한 개혁기 급속한 사회경제적 변화와 세계화 추세에 대응하여 중국이 성공적으로 국가체제를 개혁한 내용, 과정, 결과를 분석한 정, 양, 노튼과 양의 연구가 있다(Zheng 2004; Yang 2004; Naughton and Yang 2004). 반면, 개혁기 중국의 정치개혁과 국가 관리체제(governance)의 문제를 비판적으로 분석한 하월, 페이, 셔크의 연구도 있다(Howell 2004; Pei 2006; Shirk 2007).

중국의 정치개혁에 대한 이상의 연구는 각자의 연구 주제 및 분야와 관련해서는 모두 중요한 의의가 있다. 다만 정치개혁 전체에 대한 이해라는 측면에서는 두 가지가 부족하다. 첫째, 공산당과 개별 국가기관에 대한 연구는 '나무는 보되 숲은 보지 못하는' 한계가 있다. 정치개혁은 공산당과 주요 국가기관 전체를 포괄하는 방침과 세부 정책이 유기적으로 결합되어 추진된 것이기 때문에, 이를 포괄하는 종합적인 연구가 보완되지 않는다면 공산당과 개별 국가기관 연구는 정치개혁에 대한 단편적 사실만을 제공할 수밖에 없다. 이런 면에서 정치개혁 전체를 종합적으로 볼 수 있는 새로운 관점과 이에 근거한 체계적인 분석이 필요하다.

둘째, 정부와 국가 관리체제 개혁에 대한 연구는 의법치국이 새로운 정치개혁이라는 사실, 다시 말해 의법치국의 의의와 중요성을 제대로 파악하지 못하는 한계가 있다. 물론 이들은 1980년대 이후 중국에서 법제 또는 법치정책이 추진되었다는 사실을 알고 있고, 이에 대해 긍정적으로(정, 양, 노튼의 연구) 또는 부정적으로(하월, 페이, 셔크의 연구) 평가한다. 문제는 이들 연구가 의법치국을 단순히 법률개혁이나 사법개혁으로 보고 있다는 점이다. 이는 일부 연구가 1997년 의법치국 방침이 본격적으로 추진되기 이전에 수행되었다는 시기적 한계 때문일 수도 있다. 그러나 전체적으로 보면, 시기적 한계보다 관점의 한계가 크게 작용했다. 이런 점에서 이들 연구는 법학의 관점에서 중국의 법치정책을 분석한 기존 연구와 유사한 문제가 있다. 일부 학자들이 1990년대 들어 법치가 '통치수단'에서 '개혁의 근본목표'로 변화했으며 이 점에서 큰 의의가 있다고 올바르게 파악하기는 했으나(Liu and Dittmer 2006, 1~24면), 이들도 실증연구를 통해 이를 논증하지는 못했다는 한계가 있다.

이 연구는 이상에서 살펴본 정치개혁에 대한 기존 연구의 한계를 보완하고자 한다. 무엇보다, 이 연구는 의법치국 방침을 새로운 정치개혁 프로그램으로 파악하고, 공산당과 개별 국가기관 전체를 분석대상에 포함시킴으로써 정치개혁에 대한 종합적인 관점과 체계적인 이해를 제공한다. 또한 이 연구를 통해, 1987년 제13차 당대회에서 결정된 당정분리 방침을 핵심으로 하는 정치개혁이 좌절된 이후 중국은 1997년 제15차 당대회에서 의법치국 방침을 핵심으로 하는 새로운 정치개혁을 확정했고, 현재까지 그것을 일관되게 추진하고 있다는 사실을 알게 될 것이다.

이처럼 이 연구는 법학과 정치학에서 중국의 법치정책과 정치개혁을 분석한 기존 연구를 한 단계 발전시키는 데 의의를 둔다. 그것이 얼마나 성공적인가는 이 책의 연구 수준에 의해 결정될 것이고, 이에 대한 평가는 학계의 몫이다.

3. 연구 내용과 책의 구성

공산당의 새로운 국가통치 방침으로서 의법치국은 공산당과 정부, 의회, 법원 등 국가기관뿐만 아니라 기업과 개인 등 사회 전체에도 적용된다. 따라서 의법치국과 이에 따른 통치방식의 변화를 이해하기 위해서는 국가와 사회 전반에 대한 종합적인 분석이 필요하다. 이 연구에서는 이 중에서 공산당과 주요 국가기관에 초점을 맞추어 분석하려고 한다. 다시 말해, 사회 및 기업에 대한 분석은 이 연구에 포함하지 않았다. 의법치국 방침에 의한 사회 및 국가-사회 관계의 변화는 정치개혁을 이해하는 데 매우 중요하며, 이에 대한 연구는 필수적이다. 다만 이 책에서는 시간적·공간적 제약으로 이를 제외하였고, 이에 대한 분석은 추후의 연구과제로 남겨둔다.

구체적으로 이 책에서는 다음 사항을 다룬다. 먼저, 제2장에서는 개혁기 중국에서 전개된 법치논쟁을 분석한다. 1997년 제15차 당대회에서 의법치국 방침을 확정하기 전까지 약 20년 동안 중국학계에서는 법치논쟁이 치열하게 전개되었다. 이 과정에서 1980년대 초반에 법제론(法制論)이 인치론(人治論)을 대체했고, 다시 1990년대 중반에 법치론(法治論)이 법제론을 대체하면서 학계의 주도적 지위를 차지했다. 공산당이 의법치국을 국가통치 방침으로 결정할 수 있었던 것은 바로 이와 같은 법치논쟁을 통해 올바른 관점과 내용이 마련되었기 때문이다. 따라서 이 책에서는 먼저 법치논쟁을 자세하게 살펴볼 것이다.

또한 제3장에서는 의법치국이 등장한 배경과 과정, 실제 중앙과 지방에서 실시된 법제·법치 정책의 내용을 자세히 분석한다. 의법치국은 중앙의 일방적인 결정과 지시에 의해서 추진된 것이 아니라 중앙의 방침 제시와 지방의 자발적 실천이 결합하여 등장할 수 있었다. 다시 말해, 중앙은 법제 정책 제시 후에 일부 지방에서 이뤄진 자발적인 실천을 높이 평가하여 그것을 전국적으로 확산시켰고, 그 확산과정에서 다시 일부 지방의 창의적인 생각이 결합하면서 점점 분명한 정책이 등장할 수 있었다. 따라서 초기 법제·법치 정책은 자발성과 다양성을 특징으로 한다. 이후 1997년 제15차 당대회에서 의법치국 방침을 확정하면서 전국적으로 동일한 내용의 법치 정책이 유사한 절차와 조직에 의해 실시되었다. 여기서는 이처럼 의법치국이 하나의 국가정책으로 등장하고 실시되는 배경과 과정을 상세하게 살펴볼 것이다.

이런 분석을 기초로, 공산당과 주요 국가기관이 의법치국의 세부 방침과 정책을 입안하고 추진하는 과정과 결과를 분석한다. 제4장에서는 의법치국을 공산당 개혁에 적용한 의법집정 방침과, 이를 위해 공산당이 실제로 추진한 세부 정책을 분석한다. 공산당은 '사회주의 사업의 영도핵심'이며 '유일한 집정당'으로, 당의 개혁이 없이는 어떤 정치개혁도 불가능하다. 그래서 중국은 의법치국의 실현을 위해 공산당 자체의 개혁을 추진했고, 그것이 바로 의법집정이다. 이는 1997년 제15차 당대회에서 제시되었고, 2002년 제16차 당대회에서 공산당의 공식 방침으로 결정되었으며, 2004년 16기 4중전회에서 더욱 정교하게 발전했다.

이어 제5장에서는 의법치국 방침을 정부개혁에 적용한 의법행정과 이 것의 구체적인 실시내용을 분석한다. 의법치국 방침이 제시된 지 2년 후 인 1999년에 국무원은 '의법행정의 전면실시'를 결정하고 각급 지방정부 에 이를 적극 추진하도록 지시했다. 이후 정부개혁은 의법행정을 중심으 로 추진되었다. 정부는 전체 법률·법규의 80% 이상을 집행하는 의법치국 의 핵심 주체이다. 따라서 의법치국이 제대로 실시되어 통치방식이 실제 로 변화할 수 있을 것인가는 의법행정의 성실한 추진 여부에 달려 있다. 여 기서는 중국에서 경제개혁뿐만 아니라 행정개혁에서도 선도적인 역할을 수행하는 광둥성 선전시(深圳市)를 사례로 든다.

제6장에서는 법원개혁을 분석한다. 국무원과 마찬가지로 최고법원도 1997년 의법치국이 결정된 이후 이를 법원에 적용하기 위해 1999년 〈법 원개혁 요강〉을 제정하고 추진하기 시작했다. 법원은 '법치 실현의 보루' 로서, 의법치국 방침을 제대로 실현하기 위해서는 법원개혁이 반드시 필 요했다. 그런데 정부개혁이나 의회개혁과는 달리 법원개혁은 중앙의 주 도하에 좀더 체계적이고 전면적으로 추진되었다는 특징이 있다. 제1차 (1999~2003) 개혁 이후 다시 두 차례에 걸쳐 5개년 계획이 수립, 추진된 것 은 이를 잘 보여준다. 이는 법원개혁이 다른 분야에 비해 상대적으로 늦었 고, 또한 그것이 매우 민감한 영역이기 때문에 공산당 중앙과 최고법원이 적극적으로 개입한 결과라고 할 수 있다.

중국의 법치정책 실시와 정치개혁을 이해하기 위해서는 의회개혁도 검 토해야 한다. 의회개혁은 중앙의회인 전국인대와 지방의회인 각급 지방인 민대표대회(이하 지방인대)를 모두 포함하는 것으로, 의회의 입법 및 감독 역할 강화를 중심으로 추진되었다. 사실 의회개혁은 의법치국 방침이 결 정되기 10여년 전인 1980년대 중반부터 본격적으로 추진되어 법률제도 수립과 집행을 주도했다. 이런 면에서 의회개혁은 의법치국의 등장에 필 요한 제도와 환경을 제공했다고 할 수 있다. 의법치국 결정 이후에는 이것이 더욱 강력하게 추진되었다. 의법치국이 의회의 입법 강화뿐만 아니라 정부의 법률집행 감독도 요구했기 때문이다. 그런데 의회개혁 연구는 다른 국가기관에 대한 연구보다 상대적으로 많은 것이 사실이다. 필자도 지난 10여년 동안 이를 집중적으로 연구했다(조영남 2000; 2006b). 따라서 연구의 중복을 피하기 위해 이 책에서는 의회개혁에 대한 분석을 생략하려고 한다.

의법치국과 이것이 공산당 및 국가기관에 적용된 세부 방침, 즉 의법집정, 의법행정, 법원 및 의회의 역할 강화는 상호 유기적으로 연결되어 있다. 또한 실제 추진과정에서는 공산당과 국가기관의 세부 방침들이 분명하게 구분되지 않는 경우도 있다. 모든 국가기관과 사회를 대상으로 하는 의법치국과 공산당을 대상으로 하는 의법집정의 결합은 대표적이다. 따라서 이들은 서로 통합된 하나의 방침으로 보아야 한다. 그런데 이런 세부 방침들이 구체적으로 어떤 내용으로 어떻게 추진되었는가를 이해하지 못한다면 전체 방침도 이해할 수 없다. 그래서 이 연구에서는 이들을 분리해서 분석하려고 한다. 또한 공산당과 국가기관이 어떻게 의법치국을 실시했는가를 분석할 때에는 중국에서 인식되는 중요도에 따라 공산당, 정부, 법원 순서로 검토할 것이다.

4. 이 책의 주장과 함의

이 연구를 통해 필자는 다음 사항들을 주장한다. 먼저, 의법치국은 국가 통치방식의 법제화(法制化, legalization)를 위한 종합적인 정치개혁이다. 이 방침의 목적은, 공산당이 법률제도의 수립과 집행을 통해 통치구조와 통치과정을 합리화(合理化, rationalization) 및 규범화(規範化, standardization)하고, 궁극적으로는 이를 통해 공산당의 일당통치를 안정적으로 유지하는 것이다. 의법치국의 등장으로 공산당은 당정분리 방침을 대체하는 새로운 정치개혁 프로그램을 확립하고 추진할 수 있게 되었다. 이는 중국이 정치 민주화가 아니라 정치 제도화를 목적으로 정치개혁을 추진하고 있다는 사실을 보여준다.

또한 기존의 정치개혁은 주로 공산당과 개별 국가기관의 통치 '내용'에 대한 개혁이었다. 공산당과 국가기관의 기능적 분리(즉, 당정분리 정책), 공산당 간부와 공무원 인사제도 개혁, 공산당과 국가(특히 중앙정부)의 권한 이양 및 분산(즉, 분권화分權化, decentralization 정책), 의회의 입법 및 감독 강화 등이 대표적이다. 반면, 의법치국은 공산당과 국가기관의 통치 '방식'에 대한 개혁이라는 점에서 특징이 있다. 이는 정치개혁의 초점이 '무엇을 변화시킬 것인가'에서 '현 체제를 어떻게 운영할 것인가'로 바뀌었다는 사실을 보여준다. 동시에 의법치국은 과거에 추진했던 개별적인 정치개혁을 유기적으로 통합한 종합적인 정치개혁이다. 이렇게 되면서 이것은 국가와 사회 분야에 적용되는 다양한 세부 방침과 정책을 포함하게 되었다. 여기에는 공산당의 의법집정, 정부의 의법행정, 의회의 입법·감독 강화, 법원의 사법공정과 사법효율 제고, 기층민주 확대가 포함된다.

의법치국은 중국학계의 치열한 논쟁을 통해 점진적으로 등장할 수 있었다. 법치논쟁은 단순한 학술논쟁이 아니며, 공산당과 정부의 개혁정책과 밀접히 연계되면서 이뤄졌다. 이런 면에서 법치논쟁은 정치개혁 논쟁의 중요한 부분이다. 20년에 걸친 법치논쟁이 전개된 끝에, 인치론과 법제론이 비판을 받고 법치론이 주도권을 잡았다. 그 결과 중국의 법치정책인 의법치국이 공산당과 국가의 새로운 통치방침으로 확정되었다. 중국의 법치론은 여러가지 한계가 있지만, 지금까지 발전해왔고 향후에도 그럴 것이다.

동시에, 의법치국은 중앙의 정책 결정과 지방의 자발적 실천이 결합하여 점진적으로 등장했다. 1980년대부터 공산당과 국무원은 '사회주의 법제 수립' 방침을 결정하고 공산당 및 국가기관의 법률 내 활동 원칙, 법률제도의 정비와 체계화, 사법기관의 정비와 발전을 추진했다. 또한 지방은 중앙의 이러한 방침을 배경으로 치안부재 등 지역문제를 해결하기 위해 법제 선전과 교육, '의법치리(依法治理)', 즉 법률에 의거한 관리(administering according to law) 등 새로운 법제정책을 실시했다. 1990년대 중반 의법치국의 등장은 이러한 중앙의 정책 결정과 지방의 실천이 결합한 결과이다.

의법치국의 실시는 정치 제도화를 목표로 하였으며, 중요한 성과를 거둔 것이 사실이다. 그러나 이것은 이론적·실천적 측면에서 분명한 한계가 있기 때문에 중국이 당면한 복잡하고 심각한 정치·사회 문제를 해결할 수 있을지는 장담할 수 없다. 이론적 측면에서 보면, 첫째, 의법치국은 당정결합을 전제로 한 정치 제도화 정책으로, 이것만으로는 권력집중과 이에 따른 부패 및 비효율 문제를 해결할 수 없다. 이 문제를 해결하기 위해서는 당정분리와 함께, 국가기관 사이에 견제와 균형(checks and balance)을 이루는 정치체제를 수립해야 한다. 둘째, 의법치국은 국민의 정치참여를 배제하기 때문에 한계가 있다. 사회 모순이 축적되고 정치억압이 지속될수록 국민의 정치참여 요구는 높아가는데, 통치방식의 법제화만으로는 이를 수용할 수 없다. 다당제, 직선제, 국민의 시민적·정치적 기본권 보장 등 정치적 민주화가 필요하다.

실천적 측면에서 보면, 국민과 사회의 참여가 제한된 상황에서 국가가 의법치국을 주도하면서 국가권력의 통제와 국민 권리의 보호가 소홀해지는 문제가 있다. 그래서 의법치국은 권력 통제와 권리 보호라는 법치(rule of law)보다, 사회와 개인에 대한 국가통제의 강화라는 법제(rule by law)의 성격을 강하게 띤다. 게다가, 의법치국은 공산당과 핵심 권력기관에 대한 '법률에 의거한 통제'가 부족하다. 단적으로 공산당에 대한 통제는 '자율통제'이고, 군·검찰·경찰 등 권력기구는 '내부감독'만 받는다. 이는 현행 정치체제를 개혁하지 않는 한 해결될 수 없다. 결국 국가권력의 통제와 국민 권리의 보호, 법률지상 원칙의 수립과 공산당 및 권력기관에 대한 법률의 통제를 확립하기 위해서는 통치방식의 법제화와 함께 정치 민주화가 반드시 추진되어야 한다. 그렇지 않고 만약 현재처럼 추진된다면, 의법치국은 제한된 성과만을 거둘 것이다.

한편, 중국의 통치방식 개혁 연구는 몇가지 측면에서 학술적이고 현실적인 의의가 있다. 첫째, 중국의 정치발전을 이해하고 향후 정치변화를 전망하는 데 도움을 줄 수 있다. 필자는 중국이 1990년대에 들어 정치 민주화가 아니라 정치 제도화를 중심으로 정치개혁을 추진하였다고 주장해왔다 (조영남 2009, 55~98면; 2010, 203~28면; Cho 2009b, 163~72면; 2009b, 71~106면). 중국이 직선제나 다당제 도입 등에는 관심이 없으면서, 의회의 입법 및 감독 역할 강화에는 지속적인 노력을 기울여온 사실은 이를 잘 보여준다. 이 연구에서 살펴볼 의법치국의 실시와 통치방식의 개혁도 필자의 이런 주장을 뒷받침하는 중요한 사례이다. 향후에도 중국은 기존 경로에 따라 정치개혁을 추진할 것이다. 다시 말해, 최소한 단기간 내에는 권력분립, 다당제, 직선제와 같은 민주적인 정치요소를 도입하는 민주화 개혁은 실시하지 않을 것이다. 이처럼 통치방식 개혁의 연구는 중국 정치발전의 현황을 이해하고 향후 정치변화를 전망하는 데 도움을 줄 수 있다.

이와 관련하여, 중국의 정치개혁에 대한 두 가지 '편향'을 바로잡을 필요가 있다. 이것들은 지금까지 중국전문가와 일반 지식인 사이에서 마치 '상식'처럼 간주되고 있는 것들이다. 하나는 1990년대 이후 중국이 정치개혁을 사실상 중단하고 대신 행정개혁을 추진했다는 생각이다. 기구개편과 인원축소를 중심으로 한 정부개혁, 공무원제도 도입을 중심으로 한 인사제도 개혁, 정부 인허가제도 개혁, 중앙-지방 관계 개혁이 행정개혁의 대표적인 사례로 꼽는다. 이에 비해 권력구조 개편이나 국민의 정치참여 확대를 위한 정치개혁은 기층단위에서만 일부 실시되었고, 이런 면에서 정치개혁은 1990년대 들어 사실상 중단되었다는 것이다.

이런 생각은 일부 타당하지만 정확한 것은 아니다. 이 연구가 주장하듯이, 중국은 1980년대 초부터, 특히 1997년 의법치국 방침의 결정 이후 지금까지 의법치국을 중심으로 하는 정치개혁을 꾸준히 추진해왔고, 이에 따라 공산당과 국가기관의 통치방식이 점진적으로 개혁되었기 때문이다. 다만 이런 개혁들이 겉으로 보기에는 공산당과 개별 국가기관에 의해 자율적이고 산발적으로, 또한 장기간에 걸쳐 점진적으로 추진되었기 때문에, 일반인뿐만 아니라 중국전문가들도 이를 제대로 파악할 수 없었던 것이다. 따라서 중국이 주로 행정개혁만 추진했고 정치개혁은 추진하지 않았다는 견해는 수정되어야 한다.

다른 하나는, 중국은 민주화 개혁을 추진하지 않았고 그래서 경제발전에 비해 정치발전은 거의 없었다는 생각이다. 이 견해도 일부 타당하지만 정확한 것은 아니다. 우선 중국이 권력분립체제의 수립, 다당제와 직선제의 도입, 국민의 시민적·정치적 권리 보장 등 민주적 정치개혁을 제대로 추진하지 않은 것은 사실이다. 이런 면에서 중국의 민주화는 시장화(市場化)에 비해 크게 지체되었다. 그러나 중국에 정치발전이 없었던 것은 아니다. 공산당과 국가기관의 수립과 정비, 권력기관 운영의 합리화와 규범화, 법률체계의 정비와 실시 등 정치 제도화를 중심으로 한 정치개혁은 꾸준히 추진되었기 때문이다. 이런 면에서 중국은 정치발전에서도 일정한 성과를 거두었다고 할 수 있다. 중국이 지난 30년 동안 연 10%의 고도 경제성장을 이룩하고 상대적으로 사회적 안정을 유지할 수 있었던 것은 바로 이와 같은 정치 제도화를 통한 정치발전이 뒷받침되었기 때문이다. 요컨대, 정치 민주화만을 기준으로 정치발전을 평가하는 것은 협소한 관점이고, 이런 관점만으로는 중국의 정치변화와 정치체제의 안정성을 제대로 평가할 수 없다. 따라서 이 편향도 수정되어야 한다.

둘째, 이 연구는 21세기 중국이 지역 강대국(regional power)에서 세계 강대국(global power)으로 부상할 수 있을지 여부를 판단하는 중요한 하나의 근거를 제공할 수 있다. 중국이 세계 강대국으로 부상할지 여부는 일차적으로 경제발전의 지속 여부에 달렸다. 중국이 지난 30년 동안 연 10%의 경제성장을 달성했던 것처럼 향후에도 6~7%의 고도 경제성장을 지속할 수 있다면, 세계 강대국으로의 부상은 거의 확실하다. 그러나 개혁·개방 30년이 지난 현재 정치·사회적으로 불안요소가 증가하고 있고, 중국이 정치개혁을 통해 이를 제대로 해결하지 못한다면 경제성장은 큰 난관에 봉착할 것이다.

따라서 중국의 부상 여부를 정확히 판단하려면 정치체제의 안정성 여부를 분석해야 한다. 이 책은 이에 대한 하나의 근거를 제시할 것이다. 만약 의법치국을 중심으로 하는 정치개혁이 제대로 추진되어 공산당과 국가기관의 통치행위가 규범화·합리화된다면, 또한 국민의 정치참여가 일정 정도 허용되는 좀더 유연한 정치체제가 수립된다면, 공산당의 일당집권은 중국이 당면한 여러가지의 사회·경제적 문제에도 불구하고 생각보다 오래갈 수 있다. 반대의 경우에는 사회·경제적 문제가 더욱 심각해지고 국민의 민주화 요구가 증대되면서, 공산당 통치는 위기에 직면할 수 있다. 결국 정치체제가 불안정해지고, 이로 인해 중국은 고도의 경제성장을 지속하지 못할 것이다. 이는 중국이 세계 강대국으로 부상할 수 없음을 의미한다.

5. 연구 방법과 자료

이 연구는 문헌자료 분석방법을 주로 사용했고, 면접조사(interview) 방법을 통해 부족한 자료를 보완했다. 우선, 법치논쟁의 전개, 의법치국 방침의 등장과 실시, 공산당의 통치방식 개혁, 법원개혁 부분은 기본적으로 관련 문헌자료를 수집하고 분석하는 방법을 통해 연구를 진행했다. 필요할 경우에는 면접조사를 실시하여 문헌자료를 통해서는 파악할 수 없는 일부 내용을 보완했다. 문헌자료에는 공산당과 국가기관이 발간한 공식문건과 기초자료, 중국학자들의 기존 연구 등이 포함되는데, 특히 공산당 연구는 아직까지 매우 민감한 주제이기 때문에 면접조사나 설문조사 등 문헌자료 분석 이외의 방법을 사용하기가 매우 어렵다.

의법행정과 정부개혁의 분석에서는 광둥성 선전시를 대상으로 한 지역 사례 분석방법을 사용했다. 의법행정의 세부 정책은 주로 지방정부 차원에서 추진되었기 때문에 이를 이해하기 위해서는 지방정부에 대한 분석이 반드시 필요하다. 광둥성과 선전시는 경제개혁의 선도지역이면서 동시에 '행정개혁의 시험지(試驗田)'로 전국에서 가장 먼저 의법행정을 실시한 곳이기에 이들 지역이 적합하다고 판단했다. 이를 위해 필자는 2004년부터 2009년까지 광둥성 정부의 도움을 받아 광둥성과 선전시를 방문하여 정부, 의회, 사회단체, 즉 노동조합(工會), 경영자단체(工商聯), 여성단체(婦聯), 청년단체(共靑團), 소비자단체(消費者協會) 관계자들을 심층적으로 면접조사했다. 이번 연구에서는 국가-사회 관계 분석이 제외되면서 직접적으로 활용하지는 않았지만, 법치정책을 둘러싼 국가와 사회단체 간의 관계를 분석하기 위해 필자는 2003년부터 2005년까지 상하이시(上海市) 사회과학원의 도움을 받아 상하이시 정부, 의회, 사회단체를 수차례 조사했다. 이런 조사에서 파악한 내용은 이 연구에 많은 도움을 주었다.

한편 필자는 의법치국 방침과 통치방식의 개혁을 연구하기 위해 2003년부터 지금까지 중국 현지에서 체계적으로 문헌자료를 수집해왔다. 여기에는 공산당, 정부, 의회, 법원이 공식 발간한 각종 문건과 통계자료, 중국 대학과 연구소가 발행한 각종 자료, 중국학자들의 연구 등이 포함된다. 또한 2006년부터 2007년까지 1년 동안 미국 하바드대학교 옌칭연구소(Harvard-Yenching Institute)에서 연구년을 보낼 때 중국과 세계 각국의 법치와 관련된 많은 영문 자료와 기존 연구를 수집, 활용하였다.

6. 주요 개념 검토

마지막으로 이 책에서 사용하는 주요 개념에 대해 살펴보자. 먼저, 법치(法治, rule of law)는 학계에서 다양한 의미로 정의된다. 가장 일반적인 정의는 두 가지이다. 첫째는 법치의 형식적(formal) 정의이다(형식적 법치). 이에 따르면, 법치는 법이 국가권력과 통치 엘리뜨를 제한할 수 있는 체제를 가리킨다. 이것이 가능하기 위해서는 사전에 정해진 절차에 따라 제정된 법이 국민 모두에게 분명하게 공포되고, 모두에게 동등하게 적용되며, 법은 최고의 권위를 가져야 한다. 그러나 이 정의는 민주나 개인의 인권 보호 등 법치의 내용에 대해서는 문제 삼지 않는다. 다시 말해, 일정한 형식과 조건만 갖추면 법치라고 간주한다(Peerenboom 2002, 2면; Carothers 1998, 95면; Tamanaha 2004a, 114~15면).

둘째는 실질적(substantive) 정의이다(실질적 법치). 형식적 정의와 달리 실질적 정의는 법치의 내용을 중시한다. 그래서 법은 인권을 포함한 개인의 시민적·정치적 권리를 최우선적으로 보장해야 한다. 이것이 가능하기 위해서는 특정한 정치체제, 즉 자유민주주의가 실제로 작동해야 한다. 따라서 실질적 법치의 관점에서는 개인의 모든 권리가 보장되고 자유민주주의가 실현될 경우에만 법치라고 부른다(Tamanaha 2004a, 91면).[4]

이 책에서는 1997년 이후 중국이 공식적으로 추진하는 법치정책을 가

---

4) 학자에 따라 형식적 법치와 실질적 법치를 부르는 명칭이 다르다. 예를 들어, 피렌붐은 이것을 '얇은'(thin) 법치와 '두꺼운'(thick) 법치, 레이츠는 '약한'(weak) 법치와 '강한'(strong) 법치, 클린필드(Rachel Kleinfeld)는 '목적적'(end-based) 법치와 '제도적'(institutional) 법치, 바로스는 '협의'(narrow) 또는 '도구적'(instrumental) 법치와 '광의'(broad) 또는 '입헌적'(constitutional) 법치라고 부른다(Peerenboom 2002, 3면; Reitz 1997, 34~47면; Barros 2003, 188~93면).

리키는 개념으로 '의법치국'을 사용할 것이다. 의법치국의 언어적 의미는 '법률에 의거한 국가 통치'이다. 일부 중국학자들은 의법치국이 곧 법치라고 주장하며 양자를 같은 개념으로 사용한다(李林 2008, 394면). 필자는 이에 신중해야 한다고 생각한다. 서양의 역사적·사회적 배경에서 만들어진 법치와 현재 중국이 추진하고 있는 의법치국은, 공통점도 있지만 차이점도 있기 때문이다. 따라서 혼란을 피하기 위해 필자는 '중국의 법치 또는 그 정책'을 지칭할 때에는 의법치국이라는 용어를 사용할 것이다.

중국의 공식 설명에 의하면, 의법치국은 "국가의 전략적인 기본방침(方略)"이고 "전사회의 합의(共識, consensus)"이다. 또한 의법치국은 사회주의 법치국가 수립을 통해 최종적으로는 '인민민주의 실현', 즉 사회주의 민주의 제도화와 법제화의 실현을 목표로 한다. 이를 위해서는 입법 및 법률체계의 완비, 의법행정, 사법공정과 사법효율의 제고, 인권 존중, 사회 법률의식의 제고를 달성해야 한다(國務院 新聞辦公室 2008; 卓澤淵 2007, 45~46면). 이를 통해 우리는 의법치국의 성격(즉, 기본방침), 목표(즉, 사회주의 법치국가의 수립과 인민민주의 실현), 수단(즉, 입법·행정·사법체계 완비와 국민 법의식의 제고)에 대해서 비교적 분명하게 알 수 있다.

의법치국의 정의와 관련하여, 중국에서는 1996년 2월 중앙 영도동지(中央領導同志) 법제강좌(法制講座)에서 장 쩌민(江澤民) 전 총서기가 제시한 정의가 일반적으로 수용되고 있다. 2002년 12월 중국 헌법 시행 20주년 기념대회에서 후 진타오(胡錦濤) 총서기가 행한 연설이 대표적이다. 이에 따르면, "의법치국은 광대한 인민군중이 공산당의 영도하에 헌법과 법률의 규정에 의거하여 각종 통로와 형식을 통해 국가사무, 경제·문화사업, 사회 사무를 관리하고, 국가 각 영역의 업무가 모두 법률에 의거하여 진행되도록 하여, 점차로 사회주의 민주가 법제화 및 제도화되도록 보장하는 것"이다(卓澤淵 2007, 2면). 여기서 알 수 있듯이 의법치국은 공산당의 영도, 국민의 참여, 법률에 의거한 국가업무 처리 등 다양한 요소를 포함하는 것으로,

일반적인 법치 개념보다 포괄적이다.

다음으로, 의법집정의 의미와 정의이다. 중국에서 공산당은 사회주의 사업을 지도하는 '영도당'이면서 동시에 국가권력을 장악 및 운영하는 유일한 '집정당'이다(張恆山·李林·劉永艷·封麗霞 2004, v. 110면). 여기서 '영도'(領導, leadership)는 "공산당이 사회 전영역에서 인민의 공동이익을 실현할 가치·노선·정책을 제시하고, 인민군중·사회단체·민주당파(民主黨派)를 조직 및 인도하여 공산당이 제시한 올바른 가치·노선·정책을 실현하기 위해 노력하는 제반 활동"을 가리킨다. 이에 비해 '집정'(執政, ruling the state)은 "공산당이 국가권력기관에 진입하고, 공산당 대표들이 국가권력기관을 장악하여 공공사무를 관리하는 제반 활동"을 가리킨다(張恆山·李林·劉永艷·封麗霞 2004, vi. 2~4, 25, 37~38면; 俞可平 2007, 4면).

이처럼 공산당의 영도와 집정은 분명히 다르고, 집정은 국가권력의 장악 및 행사와 관련된 공적 활동이기 때문에 법을 통해 규제하는 것이 필요하다. 이처럼 의법집정은 공산당의 영도와 집정을 분리하여 이해함으로써 제기될 수 있었다. 요컨대, 의법집정은 '공산당이 법률에 의거하여 국가권력기관에 진입하여 정권을 장악하고, 법률에 의거하여 전체 사회성원에게 구속력 있는 정책을 결정하고 집행하는 등의 국가관리 사무에 종사하는 활동'으로 정의할 수 있다.

이와 비슷하게, 의법행정은 중앙과 지방의 각급 행정기관(즉, 정부)이 법률에 의거하여 권력을 취득하고, 법률이 허용하는 범위 내에서 법정절차에 따라 행정권한을 행사하며, 위법(違法)행정에 대해서는 반드시 법적 책임을 지는 활동을 가리킨다(袁曙宏 2004, 2면; 卓泽淵 2007, 243~44면). 여기서 알 수 있는 것처럼, 의법행정은 법률제도를 통해 정부행위를 규제하는 정부 행정의 법제화(legalization of administration) 정책이다(國務院 法制辦公室 政府法制研究中心 2008, 137면; 國務院 法制辦公室秘書行政司 1999, 2면).

한편, 이 책에서는 의법치국, 의법행정, 의법집정 등 의법치국과 관련된 중국식 한자어 표현을 '법률에 의거한 통치' '법률에 의거한 행정' '법률에 의거한 집정' 같은 우리말 번역어 대신에 그대로 사용할 것이다. 우선이 개념들은 번역어가 아닌 한자어를 사용해도 의미가 통한다. 동시에 필요한 내용을 생생하게 전달하는 데에는 우리말 번역어보다 한자어의 압축적 표현이 더욱 유용할 경우가 많기 때문이다.

의법치국, 의법집정, 의법행정은 모두 '법률에 의거한' 통치·집정·행정을 의미한다. 그렇다면 여기서 어디까지를 법으로 볼 것인가 하는 문제가제기된다. 다시 말해, 전국인대와 전국인대 상무위원회가 제정하고 전체국가기관, 사회단체, 국민이 집행하는 헌법과 법률만을 법으로 볼 것인가, 아니면 여기에 더해 공산당 당대회나 중앙위원회가 제정하고 전체 당조직과 당원이 집행하는 '당법(黨法)', 즉 당헌(黨章)과 당규(黨規)도 법으로 볼것인가 하는 문제가 있다. 편의상 전자를 협의의 법률관, 후자를 광의의 법률관으로 부를 수 있다.

학계에서 통용되는 법치의 관점에서 보면, 협의의 법률관만이 타당하다. 공산당은 국가기관이 아닌 하나의 정치조직에 불과하며, 공산당이 제정한 당헌·당규는 당원들에게만 법적 효력이 있기 때문이다. 그런데 공산당과 국가가 인적·조직적으로 결합되고, 실제 정치과정에서 공산당이 국가를 종종 대체하는 '당-국가'(party-state) 체제인 중국에서는 광의의 법률관이 정치현실에 더 잘 부합하는 경우가 많다. 그래서 최소한 공산당의의법집정을 분석할 때에는 헌법·법률뿐만 아니라 당헌·당규도 법으로 보아야 한다. 모든 당조직과 당원이 법률뿐만 아니라 당규도 반드시 준수해야 하고, 이런 면에서 이들에게는 당규도 법률과 같은 구속력을 갖기 때문이다(胡开敏等 2001, 32면; 中共中央辦公廳法規室等「中國共產黨地方委員會工作條例」 1996, 255~56면). 뿐만 아니라 당조직과 당원의 활동을 규제하는 실제 효과면에서 보면 당규가 법률에 우선하고 또한 강력한 경우가 많다.

참고로, 중국에서 공산당과 전체 국가기관을 규제하는 '법률성 규정'은 다음 세 가지이다.[5] 첫째는 전국인대와 전국인대 상무위원회가 법정절차에 따라 제정하는 헌법과 법률이다. 여기에는 법률과 동등한 효력을 갖는 결정(決定)과 결의(決議)가 포함된다. 둘째는 공산당 중앙(이 경우는 당대회와 중앙위원회)이 〈당규 제정절차 조례〉(黨內法規制定程序暫行條例, 1990년 7월 제정)에 의거하여 제정하는 당헌과 당규이다. 셋째는 공산당 중앙(이 경우는 당대회와 중앙위원회뿐만 아니라 정치국과 정치국 상무위원회)이 공식 또는 비공식 절차에 의거하여 결정하고 공개·비공개로 하달하는 각종 규정이다. 이것은 자의적인 성격의 규정이지만 경우에 따라서는 법률 못지않은 구속력을 갖는다.

예를 들어, 전국인대의 입법권한에 대한 규정으로는 1991년 공산당 중앙이 비공개로 하달한 〈입법업무 영도 강화 의견〉(關於加強立法工作領導的若干意見, 일명 '1991년 중앙8호 문건', 이하 〈의견〉)이 있다. 〈의견〉에 의해 전국인대는 헌법, 정치 방면의 법률, 중대한 경제·행정 방면의 법률을 제외한 나머지 법률을 자율적으로 제정할 수 있게 되면서 입법권한이 크게 신장되었다(조영남 2000, 271~73면; Tanner 1994, 400~401면; 彭沖 1993, 174면; 蔡定劍 1993, 253~54면). 이후 2000년에 〈입법법(立法法)〉이 제정되어 각 국가기관의 입법권한이 명시되었지만, 이 법에는 공산당과 전국인대 관계에 대한 규정이 없다(喬曉陽 2000, 315~33). 그래서 〈의견〉이 여전히 유효하다. 이처럼 〈의견〉은 법률은 말할 것도 없고 엄격한 의미의 당규도 아니지만, 전국인대의 입법권한 및 절차와 관련하여 공산당과 전국인대 관계를 규정하는 법률성 규정이라고 할 수 있다.

이와 관련하여 창 스궁(强世功)은 중국의 헌정체제를 이해하려면 '실제

---

5) 그밖에 전국적으로 적용되는 법률성 규정에는 국무원이 제정하는 행정법규가 있다. 그런데 이는 공산당과 의회 등 다른 국가기관까지 포괄하는 것은 아니다. 또한 지방인대가 제정하는 지방성법규(地方性法規)와 지방정부가 제정하는 행정규장(行政規章)도 있는데, 이것은 모두 해당지역에만 적용된다.

헌법'(real constitution)의 관점에서 성문헌법뿐만 아니라 불문헌법도 함께 분석해야 한다고 주장한다. 불문헌법의 사례로는 공산당 영도를 규정한 당헌, 삼위일체, 즉 총서기·국가주석·중앙군사위원회 주석의 일인집권에 대한 헌법관례(憲法慣例), 중앙-지방 관계를 규정하는 헌법학설(憲法學說), 홍콩의 헌법성 법률(憲法性法律, constitutional statue)인 〈홍콩기본법(香港基本法)〉을 들고 있다(Shigong 2010, 12~46면; 强世功 2009, 412~54면). 이 같은 창 스궁의 주장은 이 책이 채택하는 광의의 법률관과 동일한 관점에 입각해 있다고 생각된다. 다만, 앞에서 말했듯이 이 책에서는 공산당의 의법집정을 분석할 때에만 광의의 법률관을 적용했다.

제2장

법치논쟁의 전개와 결과: '인치에서 법치로'

이미 잘 알려진 것처럼, 1978년 12월 공산당 제11기 중앙위원회 제3차 전체회의(이하 11기 3중전회)에서 공산당은 '사회주의 현대화 건설'(개혁·개방)과 함께 '사회주의 민주 건설' 및 '사회주의 법제 완비(法制健全)'를 새로운 당 노선으로 확정했다. 이후 1980년대에 개혁·개방 정책은 힘있게 추진되었지만, 민주 건설과 법제 완비는 상대적으로 보았을 때 그렇지 못했다. 그리고 1990년대에 들어서 법제 완비 문제가 다시 제기되었다. 가장 큰 이유는 1992년 공산당 제14차 당대회에서 '사회주의 시장경제론'을 채택하면서 일정한 법률제도의 수립과 집행이 당면 과제로 등장했기 때문이다. 중국에서도 흔히 이야기되듯이, '시장경제는 법치경제'로서 법률제도의 수립과 집행이 없으면 시장경제가 제대로 작동할 수 없다. 그래서 이 문제가 다시 등장했던 것이다.

그런데 의법치국 방침의 등장과 관련하여 이와 같은 현실적 배경만 지적하는 것은 일면적이다. 중국 국가정책의 대부분이 그렇듯이, 의법치국은 그동안 중국 내에서 치열하게 전개되었던 이론적 탐색과 논의를 배경으로 등장했기 때문이다. 따라서 이론적 배경에 대한 분석은 왜 중국이

1990년대 후반에 들어 법치정책을 국가의 통치방침으로 공식 채택했는지를 이해하는 데 매우 중요하다. 요컨대 1970년대 후반부터 1990년대 중반까지 약 20년 동안 학계와 법조계에서 전개된 치열한 논쟁을 거쳐 법치이론은 '인치'에서 '법제'로, 이것이 다시 '법치'로 발전할 수 있었다. 만약 이런 이론적 준비가 없었다면, 1997년 제15차 당대회에서 의법치국은 새로운 통치방침으로 채택될 수 없었을 것이다.

또한 기존 연구가 보여주듯이 법치는 민주주의만큼이나 정의하기 어려운 개념이다.[1] 동시에 법치의 실현을 위해서는 어떻게 하는 것이 바람직한가에 대해서도 현재까지 논의가 진행 중이다.[2] 그렇다면 중국학자들은 이 문제를 어떻게 이해하며, 이를 둘러싸고 어떤 논의가 전개되었는가를 분석할 필요가 있다. 실제로 지난 30년 동안 중국에서는 법치와 관련하여 다양한 개념들이 사용되었다. 예를 들어, 1978년부터 1990년대 초까지는 법치가 아니라 법제가, 의법치국이 아니라 이법치국(以法治國, ruling the state by use of law)이 공식 표현법(提法)으로 사용되었다. 따라서 이에 대한 체계적이고 깊이있는 분석은 중국의 법치이론과 실제 정책을 이해하는 데 필요하다.

제1장에서 검토했듯이, 중국의 법제개혁에 대해서는 그동안 많은 학자들의 다양한 연구가 있었다. 이 중에서 법치논쟁의 연구는 수적으로 적을 뿐만 아니라 내용 면에서도 몇가지 문제가 있다. 먼저, 일부 연구는 법치논쟁을 주로 1980년대에 초점을 맞추어 분석함으로써 1990년대 논쟁을 지나치게 단순화하는 문제가 있다(Peerenboom 2002, 56~60면; Shen 2000, 26~27면).

---

1) 법치의 개념에 대한 논의는 다음을 참조. Peerenboom 2002, 2~4, 65~109면; 2004a, 1~55, 113, 145면; Kleinfeld 2006, 31~73면; Reitz 1997, 144~89면; Tamanaha 2004a, 91~111면; Clark 1999, 28~44면.
2) 이에 대해서는 다음을 참조. Fukuyama 2010, 33~44면; Carothers 1998, 95~106면; Carothers 2003.

또한 일부 연구는 이론 논의와 실제 정책을 혼합하여 분석함으로써 이론 논의를 부수적으로만 검토하는 문제가 있다(Li 2007, 115~57면). 중국에서 이론과 정책은 밀접히 연관되어 있기 때문에 양자를 결합하여 분석하는 것은 타당하다. 그러나 이렇게 하기 전에 먼저 이론 논의를 독립적으로 검토하고 그런 후에 이것이 실제 정책과 어떻게 연결되는가를 검토해야 함에도, 이 연구는 그렇게 하지 못했다.

마지막으로 실제의 이론 논의를 지나치게 추상화하여 모델화하는 문제도 있다. 예를 들어, 피렌붐은 중국에서 논의되는 법치의 이상형을 자유민주주의(liberal democratic) 법치, 공동체적(communitarian) 법치, 신권위주의(neo-authoritarian) 법치, 국가사회주의(state socialist) 법치로 나누고, 현재 중국은 국가사회주의 법치에 해당한다고 주장한다(Peerenboom 2002, 3~4, 71, 103~109면). 이런 유형화는 필요하고 중요하다. 그러나 실제 논의에 대한 정확하고 체계적인 파악을 전제로 하지 않으면 이 유형화는 현실과 유리된 연구가 될 수 있다.

이런 문제점을 보완하기 위해 필자는 의법치국 방침이 공식 채택되기 이전까지 중국에서 전개된 법치논쟁을 자세히 분석하려 한다. 먼저, 개혁기 법치논쟁을 개괄적으로 검토하면서 주요 쟁점과 결과를 살펴볼 것이다. 또한 마오 쩌둥 시기의 법제에 대해서도 간략하게 검토할 것이다. 다음으로, 법치논쟁의 제반 쟁점과 구체적인 논쟁내용을 상세하게 검토할 것이다. 마지막으로, 이런 분석을 토대로 법치논쟁의 한계와 문제점을 검토할 것이다.

이상의 분석을 통해 이 장에서는 다음 사항을 주장한다. 먼저, 의법치국 방침은 1970년대 말부터 1990년대 중반까지 전개된 법치논쟁을 이론적 배경으로 하여 등장할 수 있었다. 이 논쟁을 거쳐 법치론이 인치론과 법제론을 물리치고 이론적 주도권을 잡았고, 이것이 국가정책에 반영된 것이 바로 의법치국 방침이다. 법치논쟁에서는 법치와 인치의 관계, 중국에서의 법치 실현방법, 법제와 법치의 관계 등이 핵심 쟁점이었다. 이와 같은 법치 논쟁은 많은 성과를 거두었지만 동시에 한계도 보여주었다. 도구주의 법률관의 유지, 인치론의 지속적인 영향, 공산당 영도하의 법치가 바로 그것이다. 이는 단순히 학술적인 문제가 아니며, 중국의 현실정치가 반영된 것이라고 볼 수 있다.

1. 법치논쟁의 전개과정

개혁기 중국의 법치논쟁은 크게 세 시기로 나누어 검토할 수 있다.[3] 첫째는 1980년대로, 이 시기에는 '인치-법치' 논쟁이 중심이었다. 이 논쟁은 1982년의 헌법 제정(소위 〈82헌법〉)과 1987년의 13차 당대회를 통해 일단락되었다. 둘째는 1990년대로, 법치 실현방법에 대한 논쟁, 즉 '중국 법치의 길(中國法治之路)' 논쟁과 '법치-법제' 논쟁이 중심이었다. 이 논쟁은 1997년 15차 당대회와 1999년 헌법 개정을 통해 일단락되었다. 셋째는 2000년대로, 이때에는 전과 같은 활발한 논쟁은 없었지만, 2000년에 장 쩌민이 의법치국과 '이덕치국'(以德治國, 덕에 의한 통치)을 결합해야 한다는 덕치론을 주장함으로써 새로운 의제를 던졌다.

이와 같은 법치논쟁은 공산당의 정책 결정과 밀접하게 연관되어 이뤄졌다. 먼저, 덩 샤오핑(鄧小平) 같은 최고지도자가 법치와 관련하여 문제를 제기하거나 공산당 중앙이 추상적 방침을 결정한다. 이후, 학자들은 이런 문제제기와 추상적 방침을 정당화하고 실행 가능한 정책으로 구체화하기 위해 논쟁을 전개한다. 이런 학자들의 논의를 기반으로 공산당은 다시 법

---

3) 중국학자들의 '법제건설' 시기 구분은 다음을 참조. 羅燿培 2007, 87~95면; 蔡定劍 2008, 278~92면; 人民代表大會制度研究所 2004, 74~77면. 논쟁의 종류와 구체적인 내용에 대해서는 張恆山 2009 참조.

치와 관련된 공식 방침과 세부 정책을 확정한다. 이렇게 결정된 방침과 정책을 공산당과 국가기관이 집행한다.

예를 들어, 1978년 11기 3중전회에서 덩 샤오핑은 문혁의 경험에 근거하여 법제 수립의 필요성을 역설했다. 이런 문제제기에 입각해 공산당은 '사회주의 민주 건설'과 '법제 완비' 방침을 결정했으며, 학자들은 이를 기점으로 1979년부터 1982년까지 전국적으로 인치-법치 논쟁을 전개했다. 그리고 이런 논쟁에서 수렴된 의견을 기초로 공산당은 1982년에 〈헌법〉(이른바 '82헌법')을 제정했다. 1990년대 논쟁도 유사한데, 1996년 2월 법제 강좌에서 장 쩌민이 의법치국 방침을 천명한 이후 1996년에서 1997년까지 전국적으로 법치-법제 논쟁이 전개되었다. 이 논쟁의 결과에 근거하여 1997년 제15차 당대회에서 의법치국 방침을 결정하고, 1999년에 헌법 수정을 통해 이를 전문(前文)에 명기했다.

(1) 마오 쩌둥 시기 중국의 법제

1949년 중화인민공화국 건국부터 1957년 반우파투쟁 이전까지의 시기에는 법제가 완전히 무시되지 않았다. 예를 들어, 둥 비우(董必武, 1886~1975)는 혁명질서 유지, 인민민주독재의 공고화, 인민의 민주권리 및 합법권리의 보호, 국가 경제건설 보장을 위해 '혁명법제'가 필요하다고 역설했다. 동시에 그는 공산당과 국가조직은 헌법과 법률을 준수하는 데 모범을 보여야 하며 만인은 법 앞에서 평등하다는 등의, 법제와 관련된 몇가지 기본원칙을 제시했다(程燎原 1999, 5~6면).

이런 흐름은 1957년 반우파투쟁이 전개되면서 무너지기 시작한다. 단적으로 이때부터 인치가 혁명법제를 대신하고, "인치가 필요하지 법치는 필요 없다(要人治不要法治)"는 분위기가 지배적이었다(中國社會科學院法學研究所 2008, 62면). 문혁 기간에는 이런 경향이 더욱 심화되었다. 그래서 한 중국

학자는 이 시기 법사상을 다섯 가지 특징으로 정리한다. 첫째는 법 허무주의이다. 이는 법은 있어도 좋고 없어도 좋으며, 당 정책이 법을 대신할 수 있다는 생각이다. 둘째는 법학 교조주의이다. 이는 맑스-레닌주의(Marx-Leninism)와 마오 쩌둥의 말을 진리로 여기고 이들의 어록을 편집, 주해하는 것이 맑스주의 법학이라고 간주하는 경향이다. 셋째는 법 경험주의이다. 이는 법이론의 가치를 부정하고 외국의 법문화와 성과를 참고하는 것을 거부하는 흐름이다. 넷째는 법 도구주의이다. 이는 법의 윤리적 가치를 거부하고 법을 공산당 통치의 도구로만 간주하는 경향이다. 다섯째는 법 실용주의이다. 이는 법이 프롤레타리아 계급독재에 기여해야 한다는 사실을 강조하고 법의 존엄과 권위를 존중하지 않는 흐름이다(李步雲 2007, 76면).

이런 법사상은 개혁기에 들어 사회주의 법제정책과 함께 조금씩 개선되었다. 그러나 한 국가의 법사상이 하루아침에 바뀔 수는 없다. 특히 중국처럼 인치와 도구주의 법제 전통이 오랜 국가에서는 더욱 그렇다. 그래서 한 중국학자는 중국의 법제 발전시기를 구분하면서 1949년에서 1980년대 중반까지를 하나로 묶어 '칼자루(刀把子)' 시대로 규정한다. 즉, 법은 계급독재의 도구였고, 대부분의 법은 형법이고, 법집행의 주체는 법원이었다. 법원은 칼자루를 쥐고 적을 진압하듯 국민을 대상으로 법을 집행했다는 것이다. 이후 중국의 법제는 법이 행정관리의 도구로서 국민을 통제하고 관리하는 수단인 '지휘봉(指揮棒)' 시대를 지나 법이 국가권력을 통제하고 국민의 기본권을 보장하는 수단인 '말굴레(馬籠頭)' 시대로 점진적으로 나아가고 있다(蔡定劍 2008, 285면).

(2) 1980년대 논쟁의 전개

1978년 11기 3중전회는 1980년대 법치논쟁의 시발점이었다. 이어 1979년에 「'형법' 및 '형사소송법'의 실시 보장에 대한 중공중앙의 지시」를 통해 공산당은 최초로 '법치'라는 용어를 사용하는데, 이 문건에서 "법의 엄격한 집행 여부가 사회주의 법치를 가늠하는 중요한 지표"라고 명시했다(李步雲 2007, 32면). 이후 '문혁 4인방'(장 칭江靑·왕 훙원王洪文·장 춘차오張春橋·야오원위안姚文元 등의 문혁 주도세력) 재판이 진행되면서 1980년『인민일보(人民日報)』는 사설을 통해 현대법의 5대 원칙, 즉 사법독립·사법민주·실사구시(實事求是)·인도주의·법 평등을 제시하고, 최초로 '이법치국(以法治國)'을 제시했다(李步雲 2007, 77면).

이런 상황을 배경으로 1979년부터 인치-법치 논쟁이 전개되었다.[4] 이와 관련해 중국사회과학원의 법학연구소와 이 연구소의 학술지인『법학연구(法學硏究)』가 큰 역할을 담당했다. 법학연구소는 1979년 3월에 '전국법학연구소 기획회의'를 개최하여 인치론을 비판하고 법치론을 주장하기 위한 준비작업을 진행했다.『법학연구』는 인치-법치 논쟁의 특집란을 개설해 논쟁을 촉진하였으며 이때 발표된 논문을 선별하여 1981년에는『법제와 인치 문제 토론집(法制與人治問題討論集)』을 발간했다.[5]

인치-법치 논쟁에서는 다양한 쟁점이 부각되었는데, 그 중에서 네 가지가 특히 중요했다. 첫째는 사회주의 민주 건설과 법제 개선의 필요성, 둘째는 민주와 법제 간의 상호관련성, 셋째는 중국이 추구해야 하는 민주와 법제의 기본원칙, 넷째는 민주와 법제 건설의 지도방침과 중점 사업이다(程燎原 1999, 28~33면).

이런 쟁점을 둘러싸고 논쟁이 전개되면서 학자들간에는 일정한 합의가 이뤄졌다. 먼저, 정치안정의 유지, 사회주의 현대화 추동(특히 경제활

---

4) 1979년 1월 26일『인민일보』에 왕 리밍(王禮明)의 「인치와 법치(人治和法治)」가 실린 이후『인민일보』와『광명일보(光明日報)』등 공산당 기관지에도 인치-법치 논쟁에 관련된 글이 많이 게재되었다. 이에 대한 상세한 정리는 羅煇培 2004, 112~38면 참조.
5) 이 자료는 이후 法治與人治問題討論集 編輯組『法治與人治問題討論集』(北京: 社會科學文獻出版社 2003)으로 다시 출판되었다.

동의 규범 제공), 민주의 법적 보장, 즉 법을 통한 국민의 기본권 명시와 보장을 위해서는 법제 개선이 필요하다는 것이다(李步雲 2007, 39면). 또한 민주와 법제 간의 관련성에 대해서는 "민주는 법제의 기초이고, 법제는 민주의 무기"라는 장 여우위(張友漁)의 주장이 수용되었다. 올바른 법체계가 수립, 집행되려면 국민의 참여, 즉 민주가 전제되어야 한다. 그래서 민주는 법제의 기초이다. 또한 민주가 대규모 군중집회와 파괴를 동반한 '대민주(大民主)'로 전락하지 않으려면 법으로 민주제도를 규정하고 국민의 권리를 보장해야 한다(程燎原 1999, 31면). 그래서 법제는 민주를 보호하는 무기이다. 그밖에 민주와 법제 수립의 기본원칙으로 민주, 통일, 법 앞의 평등 등이 제시되었다. 마지막으로 덩 샤오핑의 '16자(字) 방침'이 민주와 법제 수립의 지도방침으로 자리잡았다. '16자 방침'은 "의거할 법이 있고(有法可依), 있는 법은 반드시 준수하고(有法必依), 법집행은 반드시 엄격히 하고(執法必嚴), 위법은 반드시 추궁한다(違法必究)"는 방침을 말한다(程燎原 1999, 33면).

인치-법치 논쟁은 1982년 12월 제5기 전국인대 제5차 회의에서 〈82헌법〉이 제정되면서 일단락되었다. 〈82헌법〉 제1장 제5조는 1978년 11기 3중전회의 방침을 담고 있다. "모든 국가기관과 무장역량, 각 정당 및 사회단체, 각 기업 및 사업조직은 반드시 헌법과 법률을 준수해야 한다. 헌법과 법률을 위반한 모든 행위는 반드시 추궁한다. 어떤 조직 혹은 개인도 헌법과 법률을 초월한 특권을 가질 수 없다"는 것이다. 이를 근거로, 일부 학자들은 인치-법치 논쟁에서 법치론이 승리했다고 주장한다(程燎原 1999, 77면; Peerenboom 2002, 57면). 그러나 이는 1978년 방침을 헌법에 명기한 것일 뿐이며, 법치론이 주장한 개념과 내용이 수용된 것은 아니었다. 즉, 법치론은 부분적인 승리를 거두었을 뿐이다. 이런 점에서 〈82헌법〉은 분명한 한계가 있다. 이에 대해서는 뒤에서 자세히 검토하겠다.

이런 한계는 이후에도 지속되었다. 1987년 10월에 개최된 제13차 당대회는 이를 계승하여 '법치 실현'이 아니라 '법제 완비'를 강조했다. 우선 중국이 추구하는 '중국 특색의 사회주의 민주정치' 건설에서, '고도의 민주'와 함께 '법제의 완비'가 정치개혁의 장기목표가 되었다. 참고로, 단기목표는 "효율을 제고하고 활력을 증강하며 각 방면의 적극성을 동원하는 데 유리한 영도체제를 건립하는 것"이다. 이렇게 되면서 정치개혁은 '사회주의 민주 건설'과 '사회주의 법제 완비'를 목표로 한다는 표현법이 공식화되었다. 또한 법제 완비가 당정분리, 분권화, 정부기구 개혁, 간부제도 개혁 등과 함께 7대 정치개혁의 하나로 선정되었다.[6]

한편, 인치-법치 논쟁 이외에도 1980년대에는 법 앞에서의 평등, 법의 계급성, 법의 지향성, 즉 국민의 권리 보호를 강조할 것인가 아니면 국민의 의무를 강조할 것인가 하는 문제 등이 집중 토론되었다. 이런 논쟁을 통해 1980년대에는 법치와 관련된 주요 개념과 내용에 대한 인식이 심화되었다 (中國社會科學院法學硏究所 2008, 21~22면).

(3) 1990년대 논쟁의 전개

1992년 공산당 제14차 당대회에서 사회주의 시장경제론이 채택된 이후, 제1차 법치-법제 논쟁, 즉 시장경제는 '법제'경제인가 아니면 '법치'경제인가 하는 논쟁이 전개되었다. 법제경제 지지자들은 시장경제에서 정부가 경제활동을 규제하고 시장을 감독 및 관리하기 위해서는 일정한 법률체계 및 법집행체계, 즉 법제가 필요하다고 생각했다. 그래서 이들은 시장경제는 법제경제라고 주장했다. 반면, 법치경제 지지자들은 시장경제와 법치 간의 필연적 연관성을 강조했다. 현대적 의미의 법치는 시장경제와 민주

---

6) 趙紫陽 「沿著有中國特色的社會主義道路前進」(1987. 10), 中共中央文獻硏究室 1991, 4~61면.

정치의 산물로, 시장경제는 법치를 필요로 한다는 것이다. 시장경제는 자유경제로서 반드시 정부의 권력을 제한해야 하는데, 이것이 법치라는 것이다(程燎原 1999, 133~39면; 張恆山 2009, 95~100면).

이와 비슷한 시기(1993~95)에 중국이 어떻게 법치를 실현할 것인가를 둘러싼 논쟁, 즉 '중국 법치의 길' 논쟁이 전개되었다(程燎原 1999, 258~59면). 여기서는 법치의 추진주체 문제를 둘러싸고 '국가주도형 법치건설 모델론'과 '민간주도형 법치건설 모델론'이 대립했다. 또한 이와 함께 법치 실현을 위한 자원 동원 문제를 둘러싸고 선진 경험의 도입을 주장하는 '이식론(移植論)'과, 중국 경험의 활용을 주장하는 '본토론(本土論)'이 대립했다(張恆山 2009, 335~53면). 이 논쟁에서는 그밖에도 다양한 내용들이 논의되었다.

이후 1996년 2월에 개최된 '법제강좌'는 제2차 법치-법제 논쟁이 전개되는 계기가 되었다. 이 강좌에서 사회과학원 법학연구소의 리 자푸(李家福) 연구원은 「의법치국과 사회주의 법제 건설의 이론 및 실천 문제(關於依法治國, 建設社會主義法制國家的理論與實踐)」라는 글에서 의법치국을 통한 사회주의 법제국가 건설의 필요성을 역설했다(司法部 宣傳司 2001(上), 967~73면). 이 강좌에 참석한 장 쩌민은 「의법치국과 국가의 장기적이고 안정적인 통치의 보장(依法治國, 保障國家長治久安)」이라는 발표를 통해, "의법치국은 사회진보 및 사회문명의 중요한 하나의 지표이며, 사회주의 현대화 국가 건설의 필연적 요구"라고 주장했다(司法部 宣傳司 2001(上), 965~66면). 국가 최고지도자에 의해 의법치국이 공식 승인된 것이다. 이어 동년 3월 제8기 전국인대 제4차 회의에서는 "의법치국과 사회주의 법제국가 건설은 국가의 장기적 안정의 중요한 보장"이라는 표현법이 등장했다(程燎原 1999, 260~61면).

이런 배경 속에서 1996,97년에 의법치국 관련 학술회의가 개최되고, 『인민일보』와 『광명일보』 등 주요 신문도 이와 관련된 글을 집중 게재했다.

이런 과정을 통해 법치-법제 논쟁이 전국적으로 전개될 수 있었다. 예를 들어, 1996년 4월에는 사회과학원 법학연구소가 '의법치국과 사회주의 법치국가 건설 학술토론회'를 개최했고, 동년 11월에는 선전대학(深圳大學)이 '사회주의 법치국가 건설 학술토론회'를 개최했다. 이어 1997년 4월에는 사회과학원 법학연구소 등이 공동으로 '의법치국과 정신문명 건설 학술토론회'를 개최했다(程燎原 1999, 265면; 羅燿培 2007, 91~93면).

또한 이 무렵 여러 학술대회에서 발표된 논문과, 각종 잡지 및 신문 등에 발표된 글을 묶은 다양한 서적이 출간되었다. 중국법제출판사가 씨리즈로 출간한『의법치국, 사회주의 법치국가의 건설』(依法治國, 建設社會主義法治國家, 1996),『의법치국과 사법개혁』(依法治國與司法改革, 1999),『의법치국과 청렴정치의 건설』(依法治國與廉政建設, 1999) 등은 대표적인 예이다.

1996년을 기점으로 의법치국 논의가 활발히 전개된 것은 논문, 신문 및 잡지 글의 통계를 통해서도 확인할 수 있다. 한 중국학자의 분석에 의하면, 1979~2005년에 의법치국을 제목으로 한 논문은 모두 2,366편이 출간되었다. 이 중에서 1979~95년에 출간된 것은 7편뿐이고, 나머지 2,359편은 모두 1996년 이후에 나온 것이다. 이 중에서 1996년에는 49편, 1997년에는 162편, 1998년과 1999년에는 각각 400편과 417편이 발표되었다. 이는 '법치' 제목을 달고 출간된 저서에서도 확인할 수 있다. 같은 통계에 의하면, 1979~2005년 기간에 '중국민주' 제목의 저서는 총35권, '법제' 제목의 저서는 87권, '법치' 제목의 저서는 97권이다. 97권의 '법치' 제목의 저서 중에서 1996년 이전에 출간된 것은 2권뿐이고 나머지는 모두 1996년 이후에 출간되었다(張利華 2006, 56~58면).

한편 1996,97년의 법치-법제 논쟁을 통해 중국학자들 간에는 의법치국과 관련하여 일정한 합의가 형성되었다. 첫째, 의법치국의 정의로는 앞에서 말한 장 쩌민의 규정(2002년 후 진타오가 반복한)이 수용되었다. 둘째,

의법치국은 사회주의 시장경제 건설, 사회주의 민주정치 촉진, 사회주의 정신문명 추진, 국가안정과 장기적이고 안정적인 통치의 보장을 위해 필요하다고 인식되었다. 셋째, 의법치국의 실현을 위한 기본요구로 사회주의 법체계 완비, 완전한 민주제도와 감독제도의 구비, 의법행정, 사법공정과 효율 제고, 국민의 법의식 제고 등이 제기되었다(王家福 外 2008, 4~13면; 李林 2008, 393~94면). 이런 논의를 기초로 1997년 공산당 제15차 당대회의 결정과 1999년 제9기 전국인대 제2차 회의의 헌법 수정이 이루어졌다.

(4) 2000년대 논쟁의 전개

2000년대에 들어서는 전과 같은 대규모의 법치논쟁이 전개되지 않았다. 이는 일차적으로 의법치국과 사회주의 법치국가 수립이 1997년과 1999년에 공산당과 국가의 공식 방침으로 결정되었기 때문이다. 즉, 의법치국의 성격, 목표, 정책 등 기본적인 방안이 확정되었기 때문에 이를 둘러싼 원론적 차원의 학술논쟁을 다시 전개할 필요가 없었다.

대신 법치논쟁은 구체적인 사안에 대해 특정 분야의 관계자를 중심으로 전개되었다.[7] 법원개혁을 중심으로 한 사법개혁 논쟁이 대표적이다. 최고법원은 1999년 10월에 〈법원개혁 요강〉(1999~2003)을 발표한 이후, 2005년 10월에 제2차(2004~2008), 2009년 3월에 제3차(2009~13) 〈법원개혁 요강〉을 발표했다(最高人民法院研究室 2000). 이를 배경으로 중국학자들은 어떤 원칙과 방침에 따라 법원을 개혁할 것인가에 대한 논쟁을 전개했다.[8] 제3차 〈법원개혁 요강〉을 둘러싼 논쟁은 대표적인 예이다.[9]

---

7) 법원개혁에 대한 자세한 분석은 조영남 2012b 참조.
8) 이에 대한 전반적인 검토는 人民司法 編輯部 2003; 司法改革研究課題組 2005를 참조.
9) 제3차 5개년 법원개혁안에 대한 학자들의 논쟁은 다음을 참조. 王利平 2009a; 2009b; 王建勛 2009; 秦旭東 2009.

이와 같은 사법개혁 논쟁 외에 2000년대에 들어 법치논쟁과 관련한 중요한 사항은 장 쩌민이 법치와 덕치의 결합, 즉 덕치론을 제기한 것이다. 2000년 6월 '중앙 사상정치 업무회의(中央思想政治工作會議)'에서 장 쩌민은 "법치와 권위 및 강제수단은 사회성원의 행위를 규제한다. 덕치와 설득력 및 권고는 사회성원의 사상인식과 도덕적 각성을 제고한다. 도덕규범과 법규범은 마땅히 상호 결합하여 통일적으로 역할을 발휘해야 한다"고 주장함으로써 법치와 덕치의 결합을 공식 제기했다. 또한 2001년 1월 '전국 선전부장 회의(全國宣傳部長會議)'에서는 "우리가 중국 특색의 사회주의를 건설하고 사회주의 시장경제를 발전시키는 과정에서 나태함이 없이 사회주의 법치건설을 강화하고 덕을 이용한 통치(이덕치국)를 실시해야 한다"고 주장했다(朱力宇 2004, 375면).

이후 중국학자들은 장 쩌민의 덕치론을 정당화 및 체계화하기 위해 다양한 논의를 전개한다. 일부를 살펴보면, 의법치국과 이덕치국의 결합이 "인류 통치경험의 과학적 총괄이며, 중국 특색의 사회주의 사업을 건설하는 데 매우 필요한 것이고, 삼개대표(三個代表)를 견지하여 최종적으로 공산주의를 실현하는 위대한 사업의 필연적 길"이라고 주장하는 학자들이 있다. 이들은 덕치가 "인류사회가 도덕을 이용하여 사회성원의 행위를 통제하고 평가하는 일종의 수단"으로, 인치와는 아무런 관련이 없으며, 의법치국과 이덕치국은 각각 작동체계, 운행규칙 및 활동범위가 다르고, 양자는 상호보완 관계에 있다고 주장했다(朱力宇 2004, 385면; 郝鐵川 2004, 163~68면).

장 쩌민의 덕치론에 대해 중국학자들이 공식적으로 반대의견을 제기하는 것은 쉽지 않은 일이었다. 이는 현재도 마찬가지여서, 덕치론을 둘러싼 공개적인 찬반논쟁은 전개되지 않고 있다. 그렇다고 반대의견이 없는 것은 아니다. 한 중국연구자의 지적에 따르면, 상당수 법학자와 법률 종사자, 특히 지방의 입법 및 사법부 관계자들은 "이덕치국에 대해 여전히 이해하지 못하겠다고 생각하고, 심지어는 원한을 갖고 있다." 많은 중국학자들은, 유가의 덕치는 필연적으로 형치(刑治)에 이르기 때문에 덕치와 법치는 결합될 수 없다고 생각한다고 한다. 또한 이들은, 도덕은 중시해야 하지만 덕치를 해서는 안 되며, 국가통치 방침은 일원적이어야 하고, 그것은 법치여야 한다고 본다(夏勇 2004, 61면). 이런 상황을 놓고 볼 때, 일정한 조건이 갖추어지면 덕치론을 둘러싼 공개적·전면적 논쟁이 전개될 가능성이 있다.

2. 법치논쟁의 쟁점과 내용

샤 용(夏勇)에 의하면, 1980,90년대 중국의 법치논쟁에서는 다양한 주제가 토론되었다. 법의 본질(즉, 법은 통치계급 의지의 실현인가), 법과 공산당 정책 간의 관계, 법의 계승 가능성(즉, 과거 및 타국의 법을 계승 및 참고할 것인가), 법의 중심(本位) 문제(즉, 법은 국민의 권리 보호를 중심으로 할 것인가 아니면 의무 규정을 중심으로 할 것인가), 법문화, 인권, 시장경제와 법제건설, 법과 사회의 관계 등이 그것이다(夏勇 2004, 53면). 반면 리(Jiefen Li)는 중국의 법치논쟁에서 네 가지 사항, 즉 의법치국과 사회주의 법치국가의 의미, 중국의 법치건설 모델, 중국 법치의 가치, 중국 법치 실현의 중점 사업이 쟁점이었다고 주장한다(Li 2007, 128~36면).

이처럼 법치논쟁에서는 많은 주제가 토론되었지만 여기서는 세 가지 주제를 집중 검토할 것이다. 첫째는 법치와 인치 중 어느 것이 바람직한 것인가(인치-법치 논쟁), 둘째는 중국의 법치 실현을 위한 타당한 모델은 무엇인가(중국 법치의 길 논쟁), 셋째는 법치와 법제 간의 관계이다(법치-법제 논쟁).

(1) 법치와 인치

중국이 법치를 추구해야 하는가 아니면 인치를 고수해야 하는가는 1980년대 인치-법치 논쟁의 핵심 쟁점이었다. 이 논쟁의 분류방식은 학자마다 조금씩 다르다. 한 중국학자는 논쟁을 법치론, 인치론, 결합론으로 분류하고, 다른 학자는 법치론, 결합론, 폐기론으로 분류한다.[10] 그런데 당시에 인치론을 공개적으로 옹호하는 학자들은 소수였기 때문에, 논쟁은 후자의 방식으로 분류하는 것이 타당하다고 본다.

첫째는 법치론이다. 법치론자들은 문혁의 비통한 경험을 근거로 들어, 법치만이 국민의 기본권을 보호하고 자의적인 권력 행사를 통제함으로써 장기적인 정치·사회적 안정을 가져올 수 있다고 주장했다. 또한 중국이 개혁·개방 정책을 추진하기 위해서는 법치가 필수불가결하다고 주장했다. 다양한 경제활동은 법에 근거하여 보장, 관리될 수 있기 때문이다. 또한, 법치의 실행이 4항 기본원칙, 특히 공산당 영도와 배치되지 않는다고 주장했다. 중국의 법치는 공산당 영도하의 법치이고, 동시에 법 지상주의(法律至上, the supremacy of law)와 법 만능주의를 거부함으로써 공산당의 최고 지위를 인정하기 때문이다(程燎原 1999, 48~55면; 張恆山 2009, 79~89면). 여기서 당시 법치론이 공산당 영도라는 성역(聖域)을 넘지 못하고 법치의 기본원칙 중 하나인 법 지상주의를 부정했다는 사실을 알 수 있다.

둘째는 인치-법치 결합론이다. 이는 인치론의 변형이다. 결합론자들은 법치와 인치를 독특하게 이해한다. 이들에 따르면, 법치가 법률 수단을 이용하여 국가를 통치하는 방법이라면, 인치는 통치계급이 조직의 인사(人

---

10) 전자의 예로 李步雲 2008, 33면, 후자의 예로는 程燎原 1999, 48~69면; 蔡定劍·王晨光 2008, 7면; 張恆山 2009, 75면을 들 수 있다. 한편 각 주장의 자세한 내용에 대해서는 法治與人治問題討論集 編輯組 『法治與人治問題討論集』(北京: 社會科學文獻出版社 2003)에 실린 논문을 참고할 수 있다.

事) 수단을 이용하여 국가를 통치하는 방법이다. 즉, 법치와 인치는 모두 공산당의 통치방법인데, 법을 이용할 것인가 아니면 인사권을 이용할 것인가에 차이가 있을 뿐이다. 따라서 법치와 인치는 상호 보완하는 것이지 대립되는 것이 아니다. 이런 이해에 근거하여, 결합론자들은 법치를 위해 인치를 폐기해야 한다는 주장을 비판했다. 사회주의 국가인 중국에서 프롤레타리아 독재를 위해서는 인사수단을 이용한 통치, 즉 인치가 반드시 필요하다는 것이다(程燎原 1999, 57~58면; 張恒山 2009, 89~94면). 또한 중국 역사를 볼 때, 유가의 인치와 법가의 법치는 항상 통치의 기본 방식으로 병존했다고 주장했다.

법치론자들은 결합론자들의 주장에 대해 몇가지 측면에서 비판했다. 결합론자들은 법과 법치, 사람의 역할과 인치를 혼동하고 있는데, 국가 통치에서 사람(통치자)의 역할을 중시하는 것이 인치는 아니라는 것이다. 인치의 본질은 법과 제도를 무시하고 통치자의 권위를 법의 권위보다 상위에 놓는 것이며, 법치의 본질은 법과 제도를 숭상하고 법의 권위를 통치자의 권위보다 상위에 놓는 것이다. 이들은 중국 역사에서도 유가의 인치와 법가의 법치는 서로 대립했다고 말한다. 그리고 최근 역사에서 볼 때 문혁은 인치의 극치로서, 문혁의 재발을 막기 위해서는 인치에서 벗어나야 한다고 주장한다(程燎原 1999, 59~61면).

셋째는 인치-법치 폐기론이다. 폐기론자들은 법치 및 인치 개념을 버리고, 대신 사회주의 민주 발전과 사회주의 법제 완비라는 공식을 사용할 것을 주장한다. 법치와 인치는 모두 문제가 있어서, 법치의 기본 특징은 법지상주의이고 인치는 현인(賢人)정치를 가리키는데, 현재 중국 상황에서는 이 모두를 수용할 수 없다는 것이다. 특히 법치는 법의 역할을 과장하고 법을 지고무상의 지위로 격상시키는데, 이렇게 되면 공산당 영도가 경시되고 공산당의 역할이 무시되는 결과가 초래될 수 있다. 중국이 4항 기본원칙, 특히 공산당 영도를 고수하는 한 법치는 수용될 수 없다는 주장이다

(程燎原 1999, 55~56면; 張恒山 2009, 92~94면).

　이상의 논쟁을 거쳐 법치론이 아닌 인치-법치 폐기론이 주류 견해가 되었다. 폐기론이 권위를 획득한 결과, 법치 실현이 아니라 '사회주의 민주 발전'과 '사회주의 법제 완비'가 공산당과 국가의 공식 표현법이 되었고, 사회와 학교에서도 이것이 일반화되었다. 또한 앞에서 말했듯이 〈82헌법〉 제정을 통해 법치론이 주장했던 일부 정신이 헌법 전문에 반영되었지만 그것은 매우 제한적이었다. 〈82헌법〉 제정 이후 법치라는 용어가 공산당, 국가, 사회에서 사용되지 않으면서, 법치론이 주장했던 내용도 함께 사라지고 법제가 그 자리를 대신했다. 이런 면에서 〈82헌법〉 제정과정에서 법치론의 승리는 부분적이다.

　그런데 인치-법치 논쟁에서 법치론이 아니라 폐기론이 주류를 차지한 것은, 당시 정치지도자의 생각과 일반 국민의 인식수준을 고려할 때 당연한 것일지도 모른다. 예를 들어, 1988년 초에서 1989년 5월 사이에 중국의 주요 대도시 시민을 대상으로 실시된 설문조사 결과에 따르면, 인치-법치 선호도 조사 항목에서 '인치 선호'는 9.3%로 '제도 선호'의 21.4%보다 훨씬 낮았다. 그렇지만 응답자의 61.9%가 호응한 데서 보듯 대도시 시민들조차 제도보다는 '인치와 제도의 결합'을 선호하는 것으로 조사되었다(張明澍 1994, 39면).

　이후 1987년 제13차 당대회 무렵 법치의 가치에 대한 논의가 재개되면서 법치 개념이 다시 등장했다. 이때 일부 학자들은 전과 다르게 법 지상주의를 주장하고, 법치의 가치를 실질적 가치(substantive value)와 형식적 가치(formal value)로 구분하여 분석하는 등 진일보한 논의를 전개했다(程燎原 1999, 83~91면). 하지만 법치를 공산당과 국가의 공식 표현법으로 확정한 것은 10년 후인 1997년 제15차 당대회에서였다. 이렇게 인치-법치 논쟁에서 제기된 법치론은 우여곡절을 거쳐 1997년에 드디어 주류 이론이 될 수 있었다.

(2) 중국 법치의 길

대부분의 중국 정치지도자와 학자들은 의법치국의 필요성에 공감한다. 하지만 그것을 어떻게 추진할 것인가에 대해서는 합의된 내용이나 계획이 없다(夏勇 2004, 57면; 劉靖華·姜憲利 外 2006, 120~21면). 이 때문에 법치 실현 방법을 놓고 중국 내에서는 다양한 논쟁이 이뤄졌다. 또한 의법치국의 실제 추진상황을 보면, 1990년대 초반부터 중반까지 각 지방은 중앙이 제시한 분명한 노선도(road map)가 없는 상태에서 각자의 상황과 조건에 맞추어 다양한 내용의 의법치국 정책을 시험실시했다(李林 2007, 38~39면). 이는 전국인대의 분명한 방침 없이 각급 지방인대가 다양한 실험과 시행착오를 통해 입법 및 감독 활동을 전개하고, 그것을 바탕으로 관련법을 제정함으로써 의회제도가 점차 제도화되는 과정을 겪은 것과 매우 유사하다.[11]

중국 법치의 길에 대한 논쟁은 1990년대 전반기(1993~95)에 집중적으로 전개되었는데, 네 가지 주장으로 정리해볼 수 있다. 첫째, 인문주의 법치론을 주장하는 이들은 서양 계몽주의 시대 이래의 인문주의 담론을 강조하여, 인간 존중과 인간 가치 및 존엄의 실현을 지도이념으로 삼아 중국의 법치모델을 구축해야 한다고 주장했다. 따라서 법치 실현에서 민간이 중심이 되어야 한다. 둘째, 개량주의 법치론을 주장하는 이들은 법치 실현에서 국가가 주도적 역할을 해야 한다고 주장했다. 서양의 점진적 진화 모델과는 달리 중국은 정부 주도의 법치를 실시해야 한다는 것이다. 셋째, 역사주의 법치론을 주장하는 이들은 중국이 법치를 실시할 때 중국 인민의 실천에 의존하고 본토의 자원과 역사를 활용하여 점진적으로 추진해야 한다고 주장했다. 넷째, 절충주의 법치론을 주장하는 이들은 법치 실현에서 정

---

11) 이에 대해서는 Cho 2009a 참조.

부가 주도하고 민간이 보조하는 모델을 주장했다(舒國瀅 2008, 268~69면; 李林 2008, 397~98면).

이런 다양한 주장은 크게 두 가지 쟁점을 중심으로 한다. 첫번째 쟁점은 누가 법치의 추진주체가 되어야 하는가이다(程燎原 1999, 314~15면). 다수의 학자들은 '국가주도형 법치건설 모델'을 주장했다. 즉, 중국과 같은 후발국가에서는 국가가 주도적으로 계획을 수립하고 정책을 추진함으로써 법치가 실현될 수 있다는 것이다. 유럽과 같은 서구 사회에서는 경제발전과 사회진화에 따라 민간이 주도하는 '사회진화형'(社會演進型) 법치가 가능했다. 그러나 중국의 상황은 다르다. 중국은 근대 이후 끊임없는 외부 압력과 내부 위기에 직면하면서 법치를 실현하고자 노력해왔다. 또한 중국처럼 시간이 부족하고 자원이 빈약한 상황에서는 국가가 법치 추진을 주도해야 한다(蔣立山 2006, 85~146면; 蔣立山 2000, 129~75면; 劉靖華·姜憲利 2006, 152면; 劉隆享 1998, 300면).

이에 대해 다른 학자들은 '민간주도형 법치건설 모델'을 제시했다. 즉, 법치는 국가권력의 제한을 기본 목표로 삼는데, 국가가 법치 실현을 주도한다면 이것은 달성될 수 없다는 것이다. 또한, 법치를 실현하기 위해서는 국민의 법치의식이 필요한데, 이를 위해서도 민간이 주체가 되어 법치를 추진해야 한다. 마지막으로 서양의 법치 역사를 보면, 시민사회가 법치의 전세이고 기초이며, 법치의 중요한 추진자임을 알 수 있다. 따라서 시민사회의 역량을 강화하고 강화된 시민사회를 중심으로 민간이 법치 실시를 주도해야 한다(王長斌 2000, 120~28면; 範忠信 2008, 299~309면; 郭道暉 2008, 146~61면).

이 두 가지 모델을 종합한 절충론도 제기되었다. 중국의 의법치국 추진 상황을 보면, 국가가 주도하고 있는 것은 분명하다. 이는 과거에 민간(특히 시민사회)이 법치를 추동할 역량을 갖추지 못했기 때문이다. 그러나 1990년대 들어 각종 사회단체가 급증하고 이들의 활동이 활발해지면서 법치 실현에서 사회의 역할이 점차로 증가하고 있다. 이들에 따르면, 시간이 가면서 중국의 법치 실현은 '국가주도형'과 '민간주도형'의 절충, 즉 국가가 주도하고 민간이 보조하는 모델이 되어야 한다(陸德生·紀榮榮 2000, 54면).

두번째 쟁점은 법치 실현과정에서 어떤 경험과 자원을 동원할 것인가이다. 일부 학자들은 중국의 신속한 법치 실현을 위해서 서구 선진국의 법치 정신과 경험을 적극 도입해야 한다고 주장한다(소위 '이식론'). 이에 대해 다수의 학자들은 반대의견을 제시했다. 중국은 서구 선진국과 정치체제가 다를 뿐만 아니라 역사적·사회적 경험도 다르기 때문에 서양의 정신과 경험을 도입하는 것은 타당하지 않다는 것이다. 대신 국내 자원과 경험을 총동원하여 중국 고유의 법치를 실현해야 한다고 주장한다(소위 '본토론', 程燎原 1999, 307~10면; 張恆山 2009, 335~53면).

한편 이 문제와 관련하여 해외 학자들간에도 유사한 두 가지 주장이 제기되었다. 우선 동아시아 법치를 연구하는 학자들은 국가적 접근(statist approach)을 강조한다. 한국, 타이완, 싱가포르, 말레이시아 등 동아시아 각국의 경험에 근거할 때, 이들 국가의 법제개혁과 법치발전은 국가 엘리뜨들에 의한 '위로부터의 방식'으로 추진되었다는 것이다. 이는 시장경제의 발전과 시민사회 형성에 기반해 법치가 발전한 서구 국가들과는 다른 것이다(Jaysuriya 1999a, 8~10, 12~13면).[12] 이와 같은 주장은, 1980년대부터 동아시아 발전국가 모델에 입각하여 국가주도의 경제발전 전략을 추진해온 중국에도 적용될 수 있다.

이에 비해, 일부 학자들은 1990년대에 등장한 제3세계 법치개혁 지원 프로그램이 '새로운 법치 정통론'(new rule-of-law orthodoxy)에 입각하고 있다고 지적하면서, 이것이 갖는 문제점을 비판한다. 새로운 법치 정통론

---

12) 참고로 타이완의 법치발전을 분석한 천(Tsung-fu Chen)은 다른 주장을 제기한다. 즉, 타이완 법치의 추동력은 경제발전에 따른 사회·경제적 변화와 국민의 각성이라는 것이다(Chen 2003, 376면).

은 미국 등 선진국의 법치 모델을 제3세계에 이식하려고 노력했고, 그 과정에서 법치와 관련된 형식적 구조와 국가제도 건설에 지나치게 많은 관심을 집중했으며, 시민사회의 형성과 법치가 빈곤층에 미치는 영향 등은 경시했다는 것이다. 특히 법치발전은 단순히 사법부의 발전일 뿐만 아니라 행정체계, 입법체계, 사회분쟁 조정기제 등 많은 요소에 영향을 받는 것인데도, 사법부를 법치발전의 중심으로 보아 법원과 변호사제도 개혁에 집중하는 경향은 문제가 있다고 말한다(Golub 2006, 116~19, 197면; Upham 2006, 75~104면; Jensen 2003b, 336~81면). 이 비판은 법치와 관련된 국가역량 강화뿐만 아니라 민간, 특히 시민사회 강화를 강조하는 것으로, 민간주도형 법치건설 모델을 옹호하는 것이다.

이상의 논쟁을 거치면서 중국에서는 본토론에 입각하여 국가주도형 법치발전 모델을 추진해야 한다는 주장이 주류를 차지했다.

(3) 법치와 법제

1990년대 법치-법제 논쟁에서 핵심 쟁점은 법치와 법제 간의 관계 문제였다. 예를 들어, 1996년 2월 법제강좌에서 장 쩌민은 의법치국의 필요성에 대해서는 언급했지만 법치국가인가 아니면 법제국가인가에 대해서는 언급하지 않았다. 동년 3월에 개최된 제8기 전국인대 제4차 회의에서는 '법치'국가가 아니라 '법제'국가라는 용어가 사용되었다.

법제는 다양한 의미로 해석된다. 첫째, 법제란 '법제의 총칭', 즉 각종 법체계와 그것의 집행과 관련된 행정 및 사법체계 전체를 지칭하는 것이다. 둘째, 법제는 단순히 법과 제도의 합성어이다. 셋째, 법제는 법의 제정(立法), 집행(執法), 준수(守法)와 관련된 전체 계통이다. 넷째, 현대적 의미의 법제는 현대 법이 가지고 있는 가치, 원칙, 표준 등을 가리키는 것이다(夏勇 2004, 3~5면). 이 관점에서 보면 법제와 '형식적 법치'는 크게 다르지 않다.

다시 말해 법제와 법치는 같은 개념이다. 이런 네 가지 해석 중에서 첫번째 해석, 즉 법제는 법제의 총칭이라는 정의가 광범위하게 수용되었다.

법치와 법제 간의 관계에 대해서는 세 가지 주장이 제기되었다. 첫째는 양자를 같은 개념으로 보고, 법제 개념을 옹호하는 주장이다. 앞에서 살펴본 법제의 네번째 해석이 이에 해당한다. 둘째는 양자를 완전히 다른 개념으로 보고, 법치 개념을 옹호하는 주장이다. 셋째는 양자가 비록 별개의 개념이지만 상호 밀접히 연관되어 있기 때문에 양자를 통일적으로 보아야 한다는 주장이다. 이 중 첫번째 주장은 소수 견해였기 때문에, 논쟁은 주로 둘째와 셋째 주장 간에 전개되었다. 단 둘째와 셋째 주장 모두 기본적으로 법치 옹호론의 입장에 서 있었으므로 양자는 대립적이라기보다는 보완적인 관계에 있다.

우선, 일부 학자들은 사회주의 시장경제는 법제경제가 아닌 법치경제이고, 중국은 법제국가가 아니라 법치국가를 건설해야 한다고 주장했다. 왜냐하면 법제(legal system)와 법치(rule of law)는 다른 개념이고, 법치가 더 타당하기 때문이다. 그 이유는 첫째, 법제는 법제의 총칭일 뿐인 반면 법치는 법의 운영, 방식, 정도, 과정 등을 표현하는 개념이다. 뿐만 아니라 법치는 법 지상주의와 법의 공정성·보편성·공개성을 기본요구로 하고, 법의 권력 제한 및 인권 보장을 기본원칙으로 한다. 둘째, 가치지향에서 법치는 인민주권, 법 앞의 평등을 강조하고 도구주의 법률관을 반대한다. 그러나 법제에는 이런 가치특성이 없다. 셋째, 인치와의 관계에서 법치는 인치의 반대개념이지만, 법제는 그렇지 않다. 다시 말해 인치하에서도 법제는 가능하다. 고대 법가(法家)사상은 이를 잘 보여준다. 넷째, 법치는 시장경제와 민주정치를 기반으로 하는데, 법제는 어떤 경제제도나 정치체제에서도 가능하다(程燎原 1999, 266~67면; 李步雲 2008, 33~34면).

반면, 일부 학자들은 법치와 법제가 비록 다른 개념이지만 서로 밀접히 연관되어 있기 때문에 양자를 통일적으로 보아야 한다고 주장했다. 우선 법제는 법치의 기초이면서 전제이다. 비교적 완전한 법제가 갖추어지지 않으면 법치가 불가능하기 때문이다. 이런 측면에서 법치와 법제는 불가분의 관계에 있다. 그러나 동시에 법치와 법제는 다른 개념이다. 법제의 초점은 질서유지이지만, 법치의 초점은 권력을 효과적으로 제약하는 것이기 때문이다. 이런 면에서 보면 법치는 법제보다 한 차원 높은 개념이다(李林 2008, 397면; 郭道暉 2008, 78면).

이상의 논의를 거치면서, 법제와 법치는 비록 지향과 내용이 다른 별도의 개념이지만 상호 밀접히 연관된다는 주장이 보편적으로 수용되었다. 이 법치-법제 논쟁은 법치를 인치로부터 완전히 분리함으로써 드디어 보편적 의미의 법치가 등장하도록 했다는 데에 의의가 있다. 법제는 인치와도 충분히 공존할 수 있는 개념이고, 만약 법제와 법치가 같은 또는 유사한 개념으로 간주된다면, 법치의 가치는 제대로 수립될 수 없다. 이런 측면에서 법치-법제 논쟁은 중국의 법치와 관련하여 이론적으로 큰 의미를 갖는다고 평가할 수 있다. 실제로 이 논쟁을 토대로 해 1997년 제15차 당대회에서 법치론이 수용될 수 있었다.

3. 법치논쟁의 평가

이상에서 살펴본 법치논쟁과 이론 탐색은 몇가지 가시적인 성과를 낳았다. 먼저, 법치 개념의 등장과 발전이다. 1980년대 인치-법치 논쟁을 통해 '법제'가 '인치'를 대신하고, 1990년대 법치-법제 논쟁을 통해 다시 '법치'가 '법제'를 대신한 것은 이를 잘 보여준다. 또한 주요 개념의 변화와 함께 법치의 실제 내용도 더욱 충실해졌다. 그 결과 1990년대 후반에는 법치론이 인치론과 법제론을 대신하여 이론적 주도권을 확보할 수 있었다. 그밖에도 1997년 제15차 당대회를 통해 의법치국이 국가통치 방침이 되고 사회주의 법치국가 수립이 정치개혁의 목표로 확정된 것도 큰 성과이다.

그런데 법치논쟁은 이런 성과에도 불구하고 몇가지 한계를 드러냈다. 도구주의 법률관의 지속, 인치론의 영향, 공산당 영도하의 법치가 대표적이다. 이런 한계는 향후 중국이 의법치국을 추진하는 데 커다란 걸림돌로 작용할 것이다.

(1) 도구주의 법률관의 유지

많은 연구자들이 지적하듯이, 사회주의 법률관은 기본적으로 법 도구주의와 법 허무주의를 가장 큰 특징으로 한다. 중국도 예외는 아니다. 마오 쩌둥 시기는 말할 것도 없이 현재에 이르기까지 도구주의 법률관은 여전히 커다란 영향을 미치고 있다(Potter 2001, 11면). 즉, 중국에서 법은 여전히 공산당과 정부로부터 독립된 지위를 확보하지 못하고 그 결과 행정적 특징과 함께 도구적 특성을 갖고 있는 것이다(Liang 2008, 182~83면). 특히 중국의 도구주의 법률관은 단순히 사회주의 시대의 산물이 아니라 깊은 역사적 뿌리를 갖는다.[13] 전통시대 중국에서 법은 주로 형법(刑法)을 의미하고, 법은 국가가 국민을 통치하는 정치적 도구, 행정을 위한 통치 도구(법가), 덕치(德治)와 예치(禮治)를 보완하는 주변적 도구(유가), 사회안정을 위한 도구로 간주되었다(Chen 1999, 15~17면).

마오 쩌둥 시대뿐만 아니라 법제 완비가 공식 방침으로 결정된 1980년대에도 도구주의 법률관은 지배적이었다. 예를 들어, 장 여우위는 민주법제의 중요성에 대해 다음과 같이 설명했다. "사회주의 민주와 사회주의 법제는 불가분이며, 이것은 모두 사회주의 경제기초를 공고히 하고, 사회주

---

13) 중국의 법률문화에 대해서는 판중신(范忠信)·정 딩(鄭定)·잔 쉬에눙(詹學農) 지음, 이인철 옮김, 『중국법률문화탐구: 정리법과 중국인』(情理法與中國人中國傳統法律文化探微, 서울: 일조각 1996) 참조.

의 발전을 추진하며, 4개 현대화를 추진하는 유력한 도구이다. 이런 점에서 이 두 가지는 모두 목적이며 수단이다"(張友漁 1992, 47면). 한마디로 "사회주의 법치는 현대화 건설의 필요불가결한 도구"이며, 정치지도자들이 사회주의 법치를 옹호하는 이유는 법이 경제발전을 실현하는 수단으로 공산당의 당면 목표인 현대화 달성에 도움이 되기 때문이라는 것이다(程燎原 1999, 294~98면).

1990년대 들어 법치 개념이 등장했을 때에도 마찬가지였다. 다시 말해 법 도구주의 관점에서 법치를 옹호하는 것이 주류였다. 예를 들어 한 중국 학자에 따르면, "법치는 현대국가를 통치하는 가장 좋은 길"이며, "법치란 인민이 집단의지와 집단이익을 체현하고 있는 법으로 국가를 다스리는 것"이다(滕文生 1994, 249면). 여기서 법치는 국가권력의 제한을 통해 개인 권리를 보호한다는 측면보다는 국가가 국민을 통치하는 수단으로 법을 이용한다는 법제 혹은 '법률을 이용한 통치'(rule by law)의 측면이 더욱 두드러지게 부각된다.

물론 1980년대 이후 일부 중국학자들은 윤리적·보편적 가치 차원에서 법치를 옹호하고 있다. 우선 이들에 따르면 법의 도구성 주장은 잘못이 없다. 단, 법은 국가가 국민을 통치하는 도구가 아니라 개인과 사회가 국가권력을 통제하고 정부행위를 규제하는 도구여야 한다. 또한 법치는 법의 제정과 집행 등 절차상의 합리성과 타당성이라는 형식적 가치뿐만 아니라, 인권과 시민적·정치적 권리를 수호하기 위한 체제로서 입헌주의와 민주주의라는 실질적 가치를 갖추어야 한다. 다시 말해 이들은 형식적 법치를 넘어 실질적 법치가 중국에서도 추진되어야 한다고 주장한다(程燎原 1999, 292~93, 295~96면). 이렇게 할 경우에만 법치의 핵심 목표, 즉 국가권력의 제한과 국민 권리의 보장이 실현될 수 있기 때문이다(人民代表大會制度研究所 2004, 39면). 그러나 이런 관점은 아직까지 이론적으로나 실천적으로 중국에서 주류를 점하고 있지 못하다.

도구주의 법률관이 지속되는 한 의법치국은 법을 통한 권력 제한과 국민 권리의 보장을 추구하는 법치보다는, 국가가 법을 이용해 국민을 통제하는 법제에 머물 것이다. 따라서 의법치국은 도구주의 법률관에서 벗어나야 한다. 이를 위해서는 '아래로부터의 압력'과 국민의 정치참여가 보장되어야 한다. 결국 법치의 실현 여부는 법제개혁이 아니라 정치개혁에 달려 있는 것이다.

(2) 인치론의 지속적인 영향

문혁의 비통한 경험, 제11기 3중전회에서의 사회주의 법제 완비 방침의 결정, 인치-법치 논쟁 등 여러 과정을 거치면서 인치론은 많은 비판을 받았다. 그 결과 최근에는 인치론을 공개적으로 옹호하는 정치지도자나 학자들은 거의 없다. 이렇게 보면 인치론은 최소한 이론적으로는 폐기된 것처럼 보인다. 그러나 사실은 그렇게 간단하지 않다. 앞에서 살펴보았듯이 인치론의 변형인 인치-법치 결합론과 인치-법치 폐기론이 여전히 강력하게 주장되었고, 그 중에서 폐기론이 1990년대 중반까지 국가와 사회 모두에서 주도적인 지위를 차지했다.

이후 중국에서 전개된 상황은 이론적 차원에서도 인치론이 지대한 영향을 미치고 있다는 사실을 보여준다. 첫번째 사례는 1980년대 후반 이후 많은 지식인들이 주장하는 신권위주의론이다. 신권위주의론은 3단계의 민주화 발전, 즉 전체주의에서 권위주의로, 다시 권위주의에서 민주주의로의 발전을 주장한다는 측면에서는 점진주의이다. 또한 신권위주의론은 경제체제 이행과 민주화 과정에서 강력한 정치지도력이 필요하다고 주장한다는 측면에서는 엘리뜨주의이다. 이 때문에 민주주의 옹호자들은 신권위주의를 '현대판 계몽군주론'이라고 비판한다(조영남 2006c, 77~78면). 다시 말해 신권위주의는 인치론에 기반하고 있다는 것이다(程燎原 1999, 77면). 신권위주의론은 그 내용이 일부 수정, 보완되었지만 현재까지도 정치개혁에 대한 주류 이론의 하나로 커다란 영향을 미치고 있다.

두번째 사례는 장 쩌민의 덕치론(법치와 덕치의 결합)이다. 공산당과 일부 중국학자들은 덕치론이 인치를 주장하는 것은 아니라고 한다. 한 중국학자에 따르면, 인치에는 두 종류가 있다. 하나는 통치자 개인의 권위와 능력으로 국가를 통치하는 것(일반적 의미의 인치)이고, 다른 하나는 도덕과 교화(敎化)로 국가를 통치하는 것(유가의 덕치론)이다. 장 쩌민의 덕치론은 후자에 해당한다는 것이다(夏勇 2004, 11면). 다른 학자는 덕치에도 두가지 종류가 있다고 주장한다. 하나는 인치하의 덕치이고, 다른 하나는 민주에 기초한 덕치이며, 장 쩌민의 덕치론은 후자에 해당한다(郝鐵川 2004, 167~68면). 그러나 한 외국 연구자의 주장처럼, 장 쩌민의 '법치와 덕치 결합론'은 덕치를 주장하는 유가사상과 법을 이용한 통치를 주장하는 법가사상의 잔재물로 해석할 수도 있다(Li 2007, 143면).

한편 일부 중국학자들은 유가의 덕치사상을 재해석하여 장 쩌민의 덕치론에 이론적 토대를 제공하려고 시도한다. 샤 용에 따르면, 유가의 덕치에서 덕은 천지 본성과 인간 본성을 가리키는 원초적 개념이다. 따라서 덕치는 수양을 통해 본성을 함양한 군자(君子)가 국가를 통치하는 것을 가리킬 뿐만 아니라, 천지 본성에 맞는 올바른 제도와 법도가 세상에 존재하도록 하는 것을 의미한다. 이렇게 볼 때 유가의 덕치는 법가의 형치를 반대하여 도덕으로 국민을 다스림으로써 권력자가 마음대로 법을 만들어 전횡을 일삼고 살육하는 것을 억제하는 의미를 갖는다. 이런 의미에서 유가의 인치(즉, 덕치)는 법가의 인치(즉, 군주 개인의 통치)와 다르다. 즉, 유가의 인치는 성인의 통치를 가리키며, 플라톤의 인치가 철인왕(哲人王, philosopher king) 통치를 가리키는 것과 유사하다(夏勇 2004, 73~77면). 이와 같이 샤 용은 덕치를 단순한 인치로 보지 않고 그보다 훨씬 심오한 의미와 내용을 갖는 것으로 해석한다.

이처럼 1979~82년의 인치-법치 논쟁 이후 30년이 흘렀지만 중국에서는 인치론이 여전히 영향력을 발휘하고 있다. 특히 의법치국과 사회주의 법치국가 수립을 국가통치 방침과 정치개혁 목표로 결정한 장 쩌민이 몇년 후에 덕치론을 제기했다는 사실은 중국에서 법치론의 기초가 얼마나 허약한 것인가, 반대로 인치론의 뿌리가 얼마나 깊은가를 다시 한번 확인시켜주었다. 향후에도 이 문제는 쉽게 해결되지 않을 것이며, 의법치국이 인치의 그늘에서 벗어나기는 쉽지 않을 것이다.

(3) 공산당 영도하의 법치

중국의 법치 실현과 관련하여 가장 중요한 이론적·실천적 문제는 공산당 일당체제하에서 의법치국이 가능한가 하는 점이다. 이 문제에 대해 공산당의 입장은 분명하고 확고하다. 즉, 중국의 의법치국은 공산당의 최고 권위와 지위를 인정한 상태에서 공산당의 영도하에 추진되는 법치정책이라는 것이다. 다시 말해, 의법치국은 법 지상주의가 아니라 '공산당 지상주의'를 기본원칙으로 한다.

이를 이론적으로 표현한 것이 바로 '세 가지 유기적 통일론(三個有機統一)'이다. 2007년 10월의 제17차 당대회에서 행한 후 진타오 총서기의 '정치보고'에 나와 있듯이, 중국은 '공산당 영도, 인민의 주인화(當家作主), 의법치국의 유기적 통일' 방침을 견지한다(李林 2007, 26~28면). 그런데 문제는 이 세 가지 원칙들이 상호간에 어떻게 논리적이고 실제적으로 연결되는가에 대해 공산당과 중국학자들이 분명하게 설명하지 못한다는 점이다. 결국 세 가지 유기적 통일론은 중국이 사회주의 민주와 의법치국을 계속 추구할 것이지만 공산당의 최고 권위와 지도적 지위는 결코 포기하지 않겠다는 것을 보여준다. 이런 입장에서는 법 지상주의가 설 자리가 없다.

'공산당 영도하의 법치'라는 공산당의 입장에 대해 중국학자들이 명시적이고도 직접적으로 비판하기는 쉽지 않다. 실제로 일부학자들은 인치-법치 논쟁에 대한 검토에서 보았듯이, 적극적으로 법 지상주의를 비판하고 공산당의 최고 권위와 영도를 옹호한다. 이에 비해 일부학자들은 법 지상주의를 법치의 가장 기본적인 원칙으로 인정하고, 의법치국을 위해서는 법 지상주의가 반드시 실현되어야 한다고 주장한다(卓泽淵 2007, 20~24면). 그러나 이것도 추상적인 차원의 주장이며, 명시적으로 공산당 영도를 부정하는 것은 아니다. 이처럼 현재까지 의법치국에서 공산당 영도 원칙은 여전히 성역으로 남아 있다.

한편, 공산당 일당체제와 법치의 양립 가능성에 대해 대다수 외국 학자들은 회의적인 입장을 갖고 있는데 일부 학자들은 이것이 가능하다고 본다. 이는 일차로 어떤 법치의 입장에 서느냐에 따라 달라진다. 만약 실질적 법치의 관점에서 본다면, 공산당 일당체제와 법치는 양립할 수 없다. 반면 형식적 법치의 관점에서 본다면 공산당 일당체제와 법치는 양립할 수 있는 것이다.

우선 많은 외국 학자들은 공산당 일당체제와 법치는 양립하기 어렵다고 본다. 한마디로, 공산당 일당체제가 지속되는 한 중국에서 법은 공산당의 정치동원 및 사회통제 수단, 정부 및 관료 통제 수단, 경제활동의 규범 역할밖에 할 수 없다는 것이다(Lubman 1996a, 9~14, 19~20면). 또한 향후 법치 실시와 관련하여 중국이 당면한 최대 과제는 법 지상주의와 공산당 영도 간의 관계를 재정립하는 것, 다시 말해 공산당을 실제적으로 법의 통제하에 놓음으로써 법 지상주의를 확립하는 것이다. 이를 위해서는 단순한 법 제개혁이나 사법개혁이 아닌 정치개혁이 필요하다(Turner 2000, 7면; Cai and Yang 2006, 179면; Zhang 2006, 162~63면; Lubman 1999, 2~3면).

정치학의 관점에서 법치를 분석하는 일부 학자들도 이런 관점을 지지한다. 예를 들어, 마라발과 셰보르스끼는, 정부가 왜 법을 따라야 하느냐에 답하기 위해서는 정부와 통치집단이 그렇게 할 수밖에 없는 동기와 구조를 파악하는 것이 중요하다고 말한다. 결국 법치와 법제의 차이는 권력 분포(distribution of power), 물질적 자원의 분산, 조직된 이익의 분산에 달려 있다(Maravall and Przeworski 2003, 1~4면). 그래서 중국과 같이 권력이 집중되어 있는 정치구조에서 법은 통치집단의 도구로 전락하고 법치는 실현될 수 없는 것이다.

이에 비해, 피렌붐은 공산당 일당체제와 법치가 충분히 양립할 수 있다고 주장한다. 피렌붐은 법치를 '얇은' 법치(형식적 법치)와 '두꺼운' 법치(실질적 법치)로 구분하고, 얇은 법치는 정치체제의 성격을 문제 삼지 않기 때문에 공산당 일당체제하에서도 법치가 실현될 수 있다고 본다(Peerenboom 2002, 10~12, 188면; 2006b, 60~61면). 실제로 얇은 법치의 관점에서 볼 때 지난 30년 동안 중국의 법치는 매우 커다란 성과를 거두었다고 그는 주장한다. 예를 들어, 입법이 증가하면서 일정한 법체계가 수립되었고, 법원과 검찰 등 사법제도가 정비되었다. 또한 법이 널리 보급되고 국민의 법의식이 높아지면서 일상생활에서 법은 더욱 중요한 역할을 하게 되었다(Peerenboom 2002, 6~7, 558면; 2006b, 195~99면).

이러한 형식적 법치의 관점에서 볼 때, 현재 법치 실시와 관련하여 중국이 당면한 최대 과제는 공산당 일당체제나 사회주의 이데올로기가 아니라 법치 실현에 필요한 제도가 미비하다는 점이다. 혼란스런 입법체계, 허약한 사법체계, 훈련이 부족한 법관과 변호사, 낮은 법률의식, 취약한 행정·사법체계, 건강한 시민사회 부족, 관본위(官本位)와 가부장적 전통의 영향, 만연한 부패 등이 법치 실현의 중요한 걸림돌이다(Peerenboom 2002, 12면; 2006, 197~98면).

이렇듯, 의법치국은 공산당 일당체제하에서도 일정한 성과를 거둘 수 있다. 홍콩, 싱가포르, 말레이시아의 경험은 이를 잘 보여준다. 그러나 공산당 일당체제하에서는 형식적 법치조차도 많은 제약을 받을 것이다. 실질적 법치뿐만 아니라 형식적 법치를 위해서도 법 지상주의가 수용되어 법이 국가권력과 통치 엘리뜨를 실제로 통제할 수 있어야 하는데, 이것이 쉽지 않기 때문이다. 전국적으로 광범위하게 나타나는 지방정부의 '약탈 국가적 행태'는 법이 공산당 간부와 정부 관료를 통제하는 데 한계가 있다는 사실을 보여준다(Pei 2006). 한편 실질적 법치는 중국이 민주화되기 전에는 결코 실현될 수 없다.

4. 소결: 요약과 전망

개혁기 중국의 법치정책은 1978년 11기 3중전회의 '사회주의 법제 완비'에서 1997년 제15차 당대회의 '의법치국과 사회주의 법치국가 건설'로 발전했다. 이는 일차적으로 중국이 변화된 환경에 적응하면서 당면한 국정과제를 해결하기 위해 노력한 결과이다. 중국은 문혁의 혼란을 극복하고 정치안정을 달성해야 했으며, 개혁·개방 정책을 추진하기 위해 법적·제도적 정비도 서둘러야 했다. 특히 1990년대에 들어 시장제도가 확립되고 세계경제체제로의 편입이 가속화되면서 경제 관련 법률체계의 수립과 집행에 필요한 행정·사법체계의 정비는 가장 시급한 정치적 과제였다. 이와 같은 과제를 해결하기 위해 중국은 법제 완비와 의법치국 및 법치국가의 수립을 추진했던 것이다.

중국 법치정책의 변화는 지속적인 이론 탐색과 논의의 결과이기도 하다. 먼저, 1980년대의 인치-법치 논쟁을 통해 인치가 비판받고 법제가 그를 대신했다. 동시에 사회주의 민주 발전과 함께 사회주의 법제 완비가 정치개혁의 핵심 과제로 결정되었다. 다음으로, 1990년대 중국 법치의 길 논쟁을 통해 국가주도형 법치건설 모델이 정당화되었다. 마지막으로, 법치-법제 논쟁을 통해서 법치가 법제를 대신하고, 의법치국과 사회주의 법치국가의 수립이 결정되었다. 이와 같은 과정을 통해 법치론이 인치론과 법제론을 모두 물리치고 이론적 주도권을 확보할 수 있었다.

지난 30년의 법치논쟁은 적지 않은 성과를 거두었지만 동시에 분명한 한계도 보여주었다. 도구주의 법률관의 유지, 인치론의 지속적인 영향, 공산당 영도하의 법치는 이를 잘 보여준다. 이런 한계는 중국학계의 학술적·이론적 문제점을 보여주는 것일 뿐만 아니라, 중국 현실정치의 문제점을 반영한 것이기도 하다. 따라서 이런 한계는 학술적 토론이나 연구만으로 해결될 수 없다. 뿐만 아니라 이는 단순히 법제개혁이나 사법개혁을 통해서 해결될 수 있는 것도 아니다. 결국 향후 법치의 실현 여부는 궁극적으로 정치개혁의 추진 여부에 의해 결정될 것이다.

제3장

법치정책의 등장과 발전: '법률에 의거한 통치'

제2장에서 보았듯이, 법치논쟁은 의법치국 방침이 등장하는 데 필요한 이론적 근거를 제시했다는 점에서 중요한 의의가 있다. 그런데 법치논쟁이 실제 법치정책으로 구체화하기 위해서는 그것을 요구하는 현실적 배경과, 이를 정책화해 추진하는 중앙과 지방의 다양한 주체가 있어야 한다. 따라서 앞에서 법치논쟁을 분석한 것에 이어 제3장에서는 이것을 정책화하는 과정과 결과를 살펴보려 한다.

첫째, 의법치국의 내용과 성격을 분석할 것이다. 이 책의 제1장 '서론'에서 법치정책은 단순한 법률개혁이나 사법개혁이 아니라고 주장했다. 그렇다면 의법치국의 구체적인 내용은 무엇이고, 만약 그것이 법률개혁 또는 사법개혁으로 국한될 수 없다면 어떤 성격을 갖고 있는가를 분석해야 한다. 둘째, 의법치국의 형성과 집행을 분석할 것이다. 정치개혁 프로그램으로서 의법치국은 하루아침에 형성될 수 없다. 또한 그것의 집행도 전국적으로 일사불란하게 이루어질 수 없다. 의법치국의 내용이 공산당, 정부, 의회, 법원의 개혁을 포괄하는 종합적인 것이기 때문이다. 따라서 의법치국이 구체적으로 어떻게 형성되어 발전했고, 실제로 각 지방에서는 어떤 내용으로 어떤 방식을 통해 집행되었는가를 상세하게 분석할 필요가 있다.

이 장의 논의 순서는 다음과 같다. 먼저, 의법치국이 형성, 발전하는 과정을 중앙의 방침 결정과 지방의 실천으로 나누어 살펴본다. 시기적으로는 1980년대부터 1990년대 중반까지가 주된 분석대상이다. 다음으로, 의법치국이 추진된 중국 국내외 배경을 검토할 것이다. 의법치국은 기본적으로 국내적 배경에서 시작되었지만, 국제배경도 일정한 역할을 한 것이 사실이다. 따라서 이에 대한 검토가 필요하다. 이어, 의법치국의 구체적인 정책내용을 분석할 것이다. 1997년 제15차 당대회 이후 확정된 내용이 분석의 중심이 된다. 마지막으로, 의법치국이 지방에서 어떤 정책내용으로 어떤 방식을 통해 집행되었는가를 자세히 분석할 것이다.

이상의 분석을 통해 얻은 결론은 이렇다. 첫째, 의법치국은 단순한 법률개혁이나 사법개혁이 아니라 '국가 통치방식(治國模式)'의 전환을 목표로 추진하는 종합적인 정치개혁이다. 1980년대에 추진하던 법제개혁이 1990년대 들어 의회개혁(입법강화), 정부개혁(의법행정), 사법개혁(사법공정과 효율), 공산당 개혁(의법집정)을 포괄하는 정치개혁으로 발전한 것이다. 둘째, 의법치국은 중앙의 방침과 지방의 자발적 실천이 상호 영향을 미치면서 점진적이고 장기적인 과정을 통해 형성되었다. 또한 중앙의 구체적 활동지침이 없는 상황에서 지방 차원의 다양한 시험실시(試點, pilot implementation)를 통해 추진되었다. 그래서 의법치국의 정책내용과 추진방식은 지방마다 편차를 보였고 이후 1990년대 후반에 들어 중앙의 노력과 지방의 상호교류를 통해 정책이 통일되는 현상이 나타난다.

1. 의법치국의 형성과 발전

의법치국은 공산당 중앙의 방침 결정과 지방의 자발적 실천이 결합하여 하나의 국가통치 방침으로 등장할 수 있었다. 의법치국은 초기 국가 법률체계의 수립과 정부행위의 법제화를 목표로 한 법제개혁에서 시작하여, 국가 통치방식의 전환을 목표로 다양한 개혁을 포괄하는 종합적인 정치개혁으로 발전했다.

(1) 중앙의 방침 결정

공산당 중앙은 1970년대 말부터 2000년대 초까지 법제·법치 정책을 지속적으로 결정한다. 1978년 12월 11기 3중전회에서는 사회주의 민주 수립과 법제 완비 방침을 결정하였다. 이를 통해 공산당은 문혁의 혼란을 종식하고 통치의 안정성을 회복하고자 했다. 이런 생각은 11기 3중전회의 「공보(公報)」에 잘 나타난다. 공산당은 "인민민주를 보장하기 위해 반드시 사회주의 법제를 강화해야 하며, 이를 통해 민주가 제도화되고 법제화되도록 해야 한다. 또한 이를 통해 이같은 제도와 법률이 안정성, 연속성 및 지대한 권위를 갖도록 해야 한다. 그리하여 의거할 법이 있고, 있는 법은 반드시 준수하고, 법집행은 반드시 엄격히 하고, 위법은 반드시 추궁한다.""만인은 법 앞에 평등하고, 어떤 개인도 법을 넘어서는 특권을 가질 수 없다는 것을 보장해야 한다"(中共中央文獻研究室 1982, 10면; Epstein 1994, 19~20면).

이와 같은 공산당의 법제강화 방침은 1982년 제정된 〈82헌법〉에 그대로 반영된다. 〈82헌법〉 제1장 제5조는 "모든 국가기관과 무장역량, 각 정당 및 사회단체, 각 기업 및 사업조직은 반드시 헌법과 법률을 준수해야 한다. 헌법과 법률을 위반한 모든 행위는 반드시 추궁한다. 어떤 조직 혹은 개인도 헌법과 법률을 초월한 특권을 가질 수 없다"라고 규정하고 있다. 1987년 10월에 개최된 13차 당대회는 이를 계승하여 '법제강화'를 강조했다. 우선 중국이 추구하는 '중국 특색의 사회주의 민주정치' 수립에서, '고도의 민주'와 함께 '법제의 완비'가 정치개혁의 '장기목표'가 되었다. 그래서 중국의 정치개혁은 '사회주의 민주 건설'과 '사회주의 법제 완비'라는 두 가지 목표를 추구한다는 공식 표현법이 만들어졌다.[1]

한편, 제2장에서 상세하게 검토했듯이, 1980년대와 1990년대에 중국학계에서는 법제·법치와 관련한 다양한 주제를 둘러싸고 치열한 논쟁이 전개되었다. 이것은 공산당 중앙의 정책 결정에 일정한 영향을 미쳤다. 예를들어, 1980년대 초반에 전개된 '인치-법치 논쟁'을 통해 인치가 비판받고 법제가 인치를 대신했다. 이런 논쟁의 성과는 앞에서 살펴본 〈82헌법〉과 1987년 13차 당대회의 '정치보고'에 반영되었다. 또한 1990년대에는 '법치-법제 논쟁'에서 법제·이법치국의 주장이 비판을 받고, 대신 법치·의법치국의 주장이 주도적 위치를 차지했다(張恆山 2009; 黃之英 2000; 程燎原 1999; 法治與人治問題討論集 編輯組 2003). 이런 법치-법제 논쟁을 배경으로 1996년 2월 제3차 정치국 법제강좌에서 장 쩌민 전 총서기는 의법치국을 주장할 수 있었다.

구체적으로, 당시 국무원 사법부 부장이었던 샤오 양(肖揚)에 의하면, 1995년 하반기에 사법부 당조(黨組)가 제3차 법제강좌를 준비하면서 법조계의 최대 관심사인 '의법치국'과 다른 또 하나의 주제를 공산당 중앙에 보고했다. 이때 장 쩌민 총서기가 두 가지 주제 중에서 '의법치국, 사회주의 법제국가 건설의 이론과 실천 문제'를 직접 선택했다고 한다. 이렇게 되면서 의법치국은 공산당 최고지도자의 승인과 지지를 받게 되었다. 이후 1997년 제15차 당대회 준비과정에서 정치보고 기초(起草)팀이 법조계에 '법치국가'와 '법제국가'에 대한 의견을 물어오고, 법조계가 '법치국가'를 제시함으로써 '의법치국, 사회주의 법치국가 건설'이 정치보고에 채택되었다(人民日報理論部 2009, 64~73면). 이런 논쟁과 결정을 배경으로 1999년

---

1) 趙紫陽, 앞의 글 4~61면 참조.

3월 제9기 전국인대 제2차 회의에서 "중화인민공화국은 의법치국을 실시하여 사회주의 법치국가를 건설한다"는 문구가 헌법 전문에 추가됨으로써 의법치국과 사회주의 법치국가의 수립은 국가통치 방침과 목표로 확정되었다(中共中央文獻研究室 2000, 808면).

이와 관련하여, 1980년대 상하이시 당서기였던 장 쩌민은 상하이시의 법제 선전과 교육을 매우 중시했다고 한다. 예를 들어 그는 1986년 4월 당정 고위간부 140명이 참여하는 제1차 법제강좌를 개최한 이후 매주 1회, 총 8회까지 이를 지속했다. 이런 영향으로 주 룽지(朱鎔基), 우 방궈(吳邦國), 황 쥐(黃菊) 등 후임 당서기도 법제 선전 및 교육을 중시하여 법제개혁을 공산당의 중요한 일상사업에 포함시켰다(司法部 宣傳司 2001(下), 1633~37면). 이와 같은 상하이시에서의 경험은 장 쩌민이 의법치국과 사회주의 법치국가의 수립을 주장하는 데 일정한 영향을 미친 것으로 보인다.

마지막으로 후 진타오 총서기는 2002년 제16차 당대회에서 '세 가지 유기적 통일론'을 제기했고, 이것은 2007년 제17차 당대회에서도 반복되었다. 이에 따르면 중국은 '중국 특색의 민주주의 건설'에서 '공산당 영도, 인민의 주인화, 의법치국의 유기적 통일' 방침을 견지한다. 16차 당대회 이전까지 중국에서는 흔히 '두 가지 통일론', 즉 '공산당 영도와 인민의 주인화의 통일'을 이야기했는데 의법치국이 국가통치 방침이 되면서 '세 가지 통일론'이 등장한 것이다(舒揚 2007, 31~36면). 이렇게 되면서 의법치국은 공산당 영도 및 인민의 주인화와 동급의 지도지침이 되었다.

(2) 지방의 실천

의법치국이 국가통치 방침으로 등장할 수 있었던 또다른 배경으로는 지방의 자발적 실천을 들 수 있다. 구체적으로, 1980년대 초부터 전국 각지에서는 악화된 사회치안을 개선할 목적으로 다양한 형태의 법제 선전 및 교육을 전개하였다(王稱心·蔣立山 2008, 1면).[2] 이런 활동과정에서 1980년대 중반 무렵, 법률 학습과 실천을 결합한 '의법치리'가 등장했다. 여기서 의법치리는 "인민군중이 법에 의거하여 각종 통로와 형식을 통해 지방사무, 업종(行業)사무 및 기층사무를 관리함으로써 공공관리의 법치화를 실현하는 활동"을 말한다(袁曙宏·肖義舜 2003, 1면). 이렇게 1980년대 중반 일부 지방에서 시작된 의법치리가 중앙의 법제·법치 방침과 결합하여 1990년대 중반 무렵 의법치국으로 발전할 수 있었다.

먼저, 법제 선전과 교육의 선도지역인 랴오닝성(遼寧省) 번시시(本溪市)에서 의법치리(依法治理)가 등장하는 과정을 살펴보자. 국무원은 1979년에 전국의 10개 지방을 법제 선전의 시험실시 지역으로 결정했는데, 번시시도 그 중의 하나였다. 이에 따라 번시시는 1981~84년 기간 동안 전체 시를 대상으로 대대적인 법제 선전과 교육 활동을 전개했다. 이는 형사범죄가 문혁 기간에 비해 1.6배가 증가하고 청소년 범죄가 전체 범죄의 70%를 차지하는 등 심각해지는 사회치안 문제에 대응하기 위한 것이었다. 이런 노력의 결과 형사사건은 1981년 1만분의 12에서 1984년 1만분의 8.6으로 감소했다.[3] 이런 성공에 힘입어 번시시는 1984년에는 고위간부를 중점 대상

---

2) 의법치리에 대해 1990년 국무원 사법부 부장이던 차이 청(蔡誠)은 다음과 같이 정의했다. 의법치리는 "광대한 인민군중에 의존하여 법률수단을 운영하고, 법률·법규의 규범에 의거하여 각종 통로와 형식을 통해 국가의 정치·경제·문화·군사 등 각 방면의 사업을 관리하여 그것들을 점차로 법제의 궤도에 들게 하며, 국가의 정치생활·경제생활·사회생활의 법제화와 규범화를 실현하여 국가의 장기간의 안정적 통치를 보장하는 것"이다(司法部 宣傳司 2001(下), 1154면). 이런 의법치리의 정의는 1996년 장 쩌민에 의해 채택되었고, 현재 중국에서 의법치국의 정의로 사용되고 있다.

3) 지린성(吉林省) 푸위현(扶餘縣)에서도 이와 유사한 노력이 전개되었다. 1981년 형사사건 발생률이 전에 비해 급증하면서 1982년 공산당 푸위현위원회는 전지역에 걸쳐 법제 선전과 교육을 전개하기 시작했다. 여기에는 법률상식 보급, 군중의 범죄와의 전쟁 참여 독려, 대대적인 범죄와의 전쟁 전개 등이 포함되었다. 이렇게 하여 1984년 사회 치안상황이 개선되는 효과를 거두었다(司法部 宣傳司 2001(下), 1049~55면).

으로, 1985년에는 농촌 및 도시 기층단위를 중점 대상으로 법률 보급을 확대 실시했다. 이 과정에서 법률 학습과 실천이 결합된 의법치리가 일부 농촌과 기업에서 자발적으로 출현했던 것이다.

이런 경험을 기초로 번시시는 1986년부터 의법치리를 기층에서 시 단위로 확대 실시하는 '의법치시'(依法治市, 법률에 의거한 도시 통치) 방침을 결정하고 집행하기 시작했다. 당시 의법치시의 내용은 의회의 역할 강화, 법원의 독립적 직권행사와 엄격한 법률 집행, 정부의 법률에 의거한 권력행사와 정부의 부당행위 감독의 강화, 기업 및 기층 단위의 법률에 의거한 관리 실시, 일반 시민의 법률에 의거한 권익 보호와 업무수행 참여 등이었다(司法部 宣傳司 2001(下), 1957~61면). 이렇게 하여 번시시에서 의법치리가 의법치시로 발전할 수 있었다.

한편, 국무원 사법부는 이같은 일부 지방의 법제 선전과 의법치리 활동의 성과에 주목하고 이를 전국적으로 확산시키기 위해 '법률상식 보급'(法律常識普及, 약칭 '법률보급'普法)운동(이하 법률보급운동)을 전개하기로 결정한다.[4] 구체적으로, 1984년 국무원 사법부는 번시시에서 '전국 법제 선전업무 현장회의(全國法制宣傳工作現場會議)'를 개최하여, 향후 5년 동안 법률보급운동을 전국적으로 전개한다는 구상을 논의했다. 이후 1985년 6월에 '전국 법제 선전교육 업무회의(全國法制宣傳敎育工作會議)'를 개최하여 제1차 5개년(1986~90) 법률보급운동 초안을 검토했다. 당시 전국인대 상무위원회 위원장 펑 전(彭眞), 공산당 선전부 부장 덩 리췬(鄧力群), 정법위원회 서기 천 비센(陳丕顯)이 이를 지지하였다. 이런 과정을 거쳐 1986년부터 제1차 5개년 법률보급운동이 전개되었고, 이를 통해 번시시의 경험이 다른 지방으로 확산되기 시작한다. 특히 국무원 사법부는 의법치리의 전국적 확산을 위해 1988년 장시성(江西省) 주장시(九江市)에서 '제1차 의법치리

---

4) 이에 대한 자세한 내용은 조영남 2012a 참조.

전국회의(全國部分城市市長 學法用法座談會)'를 개최했다(袁曙宏·肖義舜 2003, 18~21면).

　의법치리의 전국적 확산과 상급 행정단위로의 발전, 즉 기층단위의 의법치리에서 현(縣)·시로, 다시 성·직할시·자치구(의법치현·시·성·구)으로 발전하게 된 것은 1991년 시작된 제2차 5개년(1991~95) 법률보급운동 시기부터이다. 국무원 사법부는 의법치리의 전국적 확산을 제2차 법률보급운동의 핵심 과제 중 하나로 결정하고, 의법치리 확산을 위한 전국회의를 매년 개최했다. 이것이 의법치리가 전국적으로 확산되는 데 큰 기여를 했다. 그 결과 1995년에 의법치현·시·성은 30개 성·직할시·자치구의 40%인 12개, 전국 지급시(地級市)의 45%, 현급시(縣級市) 및 현(縣)의 49%, 행정촌의 50%에서 실시된다(朱景文 2007, 583면).

　이처럼 지방 차원에서 진행된 의법치리와 의법치현·시·성은 1996년 2월 장 쩌민의 의법치국 방침 천명과 1997년 15차 당대회에서의 결정을 통해 드디어 국가 방침으로 발전한다. 의법치국이 바로 그것이다. 또한 이렇게 되면서 그동안 의법치리나 의법치현·시·성 추진에 소극적이었던 지방도 모두 참여하게 되었다. 특히 1996년부터 제3차 5개년(1996~2000) 법률보급운동이 전개되면서, 의법치국은 이제 전국적인 정책이 되었다. 그 결과, 2000년에 전국 30개 성(직할시·자치구)의 100%, 지급시의 95%, 현급시 및 현의 87%, 기층단위의 75%에서 의법치현(시·성)이 실시된다. 2003년에는 이것이 성급의 100%, 지급시의 98%, 현급시 및 현의 95%, 기층단위의 92%로 확대되었다(朱景文 2007, 587면).

2. 의법치국의 등장 배경

　중국은 다양한 국내외 환경의 변화 속에서 특정한 목표를 달성하기 위해 법제·법치 정책을 추진해왔다. 이런 배경과 목표는 시기에 따라 다른 양상을 보인다. 대략적으로 1980년대와 1990년대 초까지는 주로 국내 상황 변화와 '위로부터의 의도'가 법제정책을 추진하게 된 주요 배경이었다. 여기에는 문혁의 정치적 혼란 종식과 재발 방지, 법률제도의 정비와 집행을 통한 공산당 통치의 안정성 확보, 시장경제와 사적 소유제도의 도입 등 개혁·개방 정책의 추진에 필요한 법률체계 정비 등이 속한다.

반면 1990년대 중반 이후에는 주로 국제환경 변화와 '밑으로부터의 압력과 요구'에 의해 법치정책, 즉 의법치국이 추진되었다. 우선 국내 배경으로는 사회의 이익분화(다원화)에 따른 갈등 및 충돌의 복잡화와 법률을 통한 문제 해결의 필요성 증대, 법률을 통해 중앙-지방 관계를 제도화하려는 지방정부의 요청, 시민의 권리의식 증가와 함께 나타난 합법적 권익보호 요구와 정부의 자의적 권력행사에 대한 비판 증가 등을 들 수 있다. 국제 배경으로는 2001년 세계무역기구(WTO) 가입을 중심으로 한 중국 경제의 세계경제체제로의 통합 가속화가 가장 중요하다.

(1) 국내 배경

1980년대 중국이 법제정책을 추진한 첫째 배경으로 문혁의 혼란을 극복하고 정치안정을 회복하려는 공산당의 의도를 들 수 있다. 1976년 문혁 종결 이후 정치지도자와 지식인들은 문혁 10년의 정치적·사회적 혼란을 통해 국가제도와 법 권위가 무너진 결과를 직접 체험했고, 그것이 개인, 사회, 국가에 어떤 해악을 끼쳤는가도 확인하였다. 이들은 이런 정치적·사회적 혼란의 주요 원인이 인치라고 판단했다(程燎原 1999, 3~4면; 人民代表大會制度研究所 2004, 73면). 공산당과 국가의 권위를 무력화한 마오 쩌둥의 개인숭배와 문혁 4인방의 전횡은 인치의 상징이며 결과였다.

이런 문제의식 속에서 공산당은 사회주의 민주 수립과 법제 완비를 제기한다. 법률체계의 수립 및 집행이 사회안정을 도모하고 단결을 공고히 하여 이를 통해 장기적인 정치·사회의 안정을 보장할 수 있을 것으로 기대한 것이다(Diamant, Lubman and O'Brien 2005, 3, 7면; Gallagher 2005, 74~77면). 앞에서 살펴본 1978년 11기 3중전회의 「공보」는 이를 잘 보여준다.

또한 공산당은 법제개혁을 통해 개혁·개방 정책을 정당화하고 공고화하고자 했다. 이는 1984년부터 도시지역의 국유기업 개혁이 본격적으로 진행되고, 1987년 제13차 당대회에서 '사회주의 초급단계론'과 '사회주의 상품경제론'이 채택되면서 더욱 절실했다. 개인과 기업이 계획경제의 틀에서 벗어나 다양한 시장경제 활동에 종사함에 따라 이를 규제할 수 있는 새로운 규칙이 필요했고, 그것은 법 제정과 집행을 통해서만 가능했던 것이다(程燎原 1999, 30면; Shen 2000, 25면; Li 2000, 212~15면; Chen 1999, 1면).

이는 1992년 제14차 당대회에서 '사회주의 시장경제론'을 채택하면서 본격화된다. 국내적으로는 시장제도가 더욱 확대되고 대외적으로는 무역과 직접투자가 증가하면서 중국 경제는 세계경제에 깊숙이 편입되었다. 이렇게 되면서 시장경제에 맞는 법체계 수립이 매우 시급한 과제로 제기되었다. 1992년 이후 완전한 법률체계 수립을 위한 신속한 법제정이 전국인대와 각급 지방인대의 핵심 과제로 추진된 것은 이 때문이다.[5] 이처럼 시장경제의 발전과 함께 법치가 추진된 것은 한국, 타이완, 싱가포르, 말레이시아 등 동아시아 국가에서 1970년대 이후 보편적으로 나타난 현상이다(Peerenboom 2004b, 39면; Lee 2004, 225~49면; Thio 2004, 183~224면).

다른 한편, 1990년대에 들어 공산당은 국가 통치방식과 정부 운영방식의 변화를 모색하기 시작한다. 경제발전과 시장경제의 확대에 따라 경제·사회관리가 더욱 전문화되고 사회집단간의 이익분화가 심화되면서 공산당은 당의 지시와 행정명령에 의존하는 기존의 방식으로는 더이상 국가를

---

5) 이에 대한 자세한 분석은 조영남 2000; 2006b; Cho 2009a 참조.

통치할 수 없다는 인식에 도달했다. 단적으로, 지방 권력기관의 관점에서 보면 법률제도는 현실의 이익충돌을 해결하는 효과적인 수단일 뿐만 아니라 정부행위를 합법화 및 정당화하는 주요한 방식으로 인식되었다(葛洪義 2009, 7면). 이런 이유로 1980년대 일부 지방의 기층단위에서 시작된 의법치리를 1990년대에 의법치현·시·성으로 확대 발전시킬 수 있었다(應松年· 袁曙宏 2001; 北京市依法行政市領導小組辦公室·北京市司法局 2006; 劉雲耕 2004; 傅倫博 2000).

둘째 배경으로는 법률을 통해 중앙-지방 관계를 제도화하려는 성급 지방정부의 요청을 들 수 있다. 1980년대 개혁·개방 정책이 본격적으로 추진되면서 재정, 경제정책, 입법 등의 권한과 의무를 놓고 중앙정부와 성급 지방정부 간에 다양한 갈등이 발생했다. 이런 상황에서 지방정부는 법률을 통해 중앙과 지방의 권한과 의무를 분명히 하고, 또한 이에 입각하여 중앙-지방 관계를 제도화하기를 희망했다. 이는 중앙정부도 마찬가지였다. 이에 따라 1990년대 중반 이후 법률은 중앙-지방 관계를 제도화하는 중요한 수단으로 등장했다(Li 2000, 210~11면; 張友漁 1992, 53면; 葛洪義 2009, 4면).

셋째로는 1990년대 들어 나타난 국민들의 법제·법치 실시에 대한 요구 증가를 들 수 있다. 경제가 발전한 연해지역을 중심으로 국민들의 권리의식이 신장하면서 개인의 합법적인 권익을 보호하고 국가의 자의적인 권력행사를 비판하는 경향이 증가했다. 이에 대한 인식은 1999년 11월 국무원이 하달한 최초의 종합적인 의법행정 문건인 〈1999년 결정〉에 잘 나타나 있다. 이에 따르면, 국민들의 법률의식과 법제관념이 부단히 강화되어, 의법행정에 대한 전체 사회의 요구가 나날이 높아지고 있었다(袁曙宏 2004, 329면). 이런 변화된 국민의 의식과 행동은 1990년대 들어 법원 소송이 급증하는 현상을 통해서도 확인할 수 있다(朱景文 2007, 205~206면).

이와 유사하게, 2009년 1월 선전시 정부는 〈법치정부 건설 가속화 의견 (關於加快法治政府建設的若干意見)〉에서 의법치시와 법치정부 수립의 긴박성을 강조한다. "사회 경제구조의 변화 등으로 인해 인민군중의 민주의식과 정부 참여의 적극성은 날로 높아지고, 법률에 의거하여 자신의 합법 권익을 옹호하려는 욕구가 날로 강렬하여 법치정부 건설에 새롭고 더욱 높은 요구를 제기한다"(周成新·王成義 2009, 340~46면). 이런 국민의 권리의식 제고는 의법치국 실시의 중요한 추동력이 되었다.[6] 이런 현상은 중국만이 아니라 타이완에서도 나타났다. 즉, 경제발전과 사회변화에 따라 국민의 권리의식이 높아졌고 이것이 타이완 법치 추진의 중요한 동력이 되었다(Chen 2003, 376면).

(2) 국제 배경

1990년대 중반 이후 중국이 본격적으로 추진하게 된 의법치국을 이해하기 위해서는 국제 상황의 변화도 검토해야 한다. 중국의 의법치국은 법치의 국제적 영향하에서 전개된 것이기 때문이다(舒揚 2007, 141면). 또한 의법치국은 중국 경제가 세계경제에 깊숙이 편입되면서 요구되는 다양한 도전에 중국이 대응하는 과정의 산물이기도 하다.

우선 소련의 고르바초프(Mikhail S. Gorbachev)는 1988년 제9차 소련 공산당 대회에서, '국가와 사회의 민주화'를 위해 소련은 '사회주의 법치국가'(a socialist state under the rule of law)의 길로 가야 한다고 주장했다. 이런 주장은 사회주의 법사상의 문제점, 즉 법을 공산당 강압통치의 도구로 간주하는 법 도구주의와 법은 정치의 보조이고 공산당은 당 정책을 위해 법을 동원하고 조작할 수 있다는 법 허무주의를 극복하려는 것이었다. 고르바초프는 법제개혁을 통해 공산당 통치의 정당성을 확보하고 소련을

---

6) 광둥성 정부 고위공직자와의 인터뷰(2006년 2월 22일과 2009년 8월 11일, 광저우시廣州市; 선전시 정부 고위공직자와의 인터뷰(2006년 2월 17일과 2009년 8월 12일, 선전시); 葛洪義 2009, 14면.

민주주의 국가로 변화시킬 수 있다고 생각했다(Reitz 1997, 120~21면).

이와 비슷하게, 베트남 공산당은 소련의 영향을 받아 1991년 제7차 당 대회에서 기존의 사회주의 법제에 더해 '법률에 근거한 국가'(law-based state) 수립 방침을 공식 결정했다. 이에 따르면, 법률에 근거한 국가는 안정적이고 권위가 있으며, 모두에게 적용되는 법에 기초하여 법치를 추진하고, 법 앞의 평등을 실현하며, 법을 이용하여 정부의 정책 집행과 행정을 제한하고 감독한다. 또한 법률에 근거한 국가는 공산당과 정부 간의 직능분리를 강력하게 추진한다(Gillespie 2004, 151~52면; Nicholson 2005, 176~78, 198~99면). 이렇게 되면서, 사회주의 법제와 법률에 근거한 국가는 민주집중제(民主集中制, democratic centralism) 및 집단지도(collective mastery)와 함께 베트남 사회주의 정치의 지도이념이 되었다(Gillespie 2005, 47~54면). 이와 함께 베트남 의회의 권한과 역할, 특히 입법권이 1990년대 들어 더욱 강화되기 시작했다.

이런 사회주의권의 움직임보다 더 중요한 것은 1980년대 말, 특히 1991년 냉전 종식 이후 제3세계 국가의 법치개혁을 목표로 추진된 서방 선진국의 대대적인 법률지원운동이다. 사실 1960년대 이후 미국을 중심으로 한 서구 국가들은 제3세계 국가를 대상으로 다양한 법제개혁운동을 몇차례 전개했다. 1960년대 근대화 이론에 입각한 개발도상국 법제기구의 지원, 1970년대 경제발전과 민주화를 위한 법치개혁 지원, 1980년대의 법제발전을 통한 민주화추진 지원은 대표적인 예이다(Jensen 2003b, 345~48면; Peerenboom 2002, 148~51면).

그런데 1980년대 말부터, 특히 냉전 종식 이후 세계은행(World Bank)이 중심이 되어 민주주의 이행을 겪고 있는 제3세계 국가에 대한 법치개혁 지원운동이 다시 전개되었다. 당시 세계은행은 특정 국가에 대한 발전기금의 지원 여부를 결정하는 평가기준으로 '거버넌스'(governance) 개념을 제시했다. 여기서 거버넌스는 민주나 평등이 아닌 '양호한 질서'(good

order)를 의미하고, 구체적으로는 법치를 지칭한다(Upham 2006, 77~79면).
이렇게 되면서 1990년대에는 전세계적으로 법치가 민주주의를 대신하여
제3세계 국가의 정치·경제 문제를 해결하는 만병통치약으로 간주되었다
(Carothers 1998, 95~96면).

　이런 상황에서 1990년대 후반기에 중국이 세계무역기구 가입을 본격적
으로 준비하면서 법제의 국제표준을 도입하고 집행한 것이 의법치국을 추
진하게 된 중요한 국제 배경 중의 하나이다. 국제표준에 맞지 않는 각종 국
내 법률을 정비하고 새로운 법률을 제정하는 등의 법률정비, 법률 집행 및
판결을 국제표준에 맞추기 위한 법률 집행체계의 정비와 사법제도 개혁
등이 대표적인 사례이다.[7] 한마디로, 의법치국은 중국이 세계경제체제에
적극적이고 능동적으로 참여하기 위한 준비의 성격도 갖고 있었다(Potter
2001, 2~3, 136면; Qin 2007, 720~41면).

3. 의법치국 정책의 확정과 중점의 변화

　1990년대에 들어 중국학자들은 법치 실현을 위해 무엇이 필요한가를 두
고 논쟁을 전개했고, 이에 따라 법치의 내용에 대한 일정한 합의가 이루어
졌다. 예를 들어, 저명한 법학자인 리 부원(李步雲)은 법치국가의 지표로
법제 완비, 주권재민, 인권보장, 권력제약, 법률평등, 법률지상, 의법행정,
사법독립, 절차적 정당성, 공산당의 준법활동 등 모두 10개 항목을 제시했
다(李步雲 2008, 266~73면). 샤 용도 보편적 법률의 존재, 법률의 공포와 국민
의 인지, 법률의 안정성, 사법권위의 확보, 정부보다 상위의 법률, 사법공
정 등 모두 10개 항목의 법치 권고사항을 주장했다(夏勇 2004, 22~33면).

---

7) 광둥성 정부 고위공직자와의 인터뷰(2006년 2월 22일과 2009년 8월 11일, 광저우시).

그러나 이런 중국학자들의 주장은 실제로 지방에서 추진된 정책이 아니라 향후 목표 또는 정책방향일 뿐이다. 사실 이같은 내용은 지방에서 실제로 추진된 정책과는 상당히 거리가 있다. 따라서 실제로 추진된 의법치국의 정책내용을 보기 위해서는 지방의 실천으로 눈을 돌려야 한다.

　　여기서는 세 가지의 사실에 주의해야 한다. 먼저, 중앙의 구체적인 행동지침이 없는 상태에서 지방의 실천을 통해 의법치국의 세부 정책이 형성되었기 때문에 지방마다 정책에 차이가 났다. 이런 차이는 1990년대 후반 중앙의 노력과 지방들간의 교류를 통해 정형화된 형태의 의법치국 정책이 형성되면서 축소되었다. 그 결과 1997년 의법치국 방침이 공식 결정된 이후에는 전국적으로 동일한 정책이 집행된다. 또한 정책의 일부는 1997년 의법치국 방침의 결정과 함께 새롭게 실시된 것이지만, 정책의 대부분은 1980년대 또는 90년대부터 추진해오던 정책을 계승 발전시킨 것이다. 마지막으로 1980년대 중반에서 1990년대 초반까지의 법제·법치 정책과, 1990년대 중후반 이후의 의법치국 정책은 다르다. 이 때문에 이 두 시기를 나누어 검토해야 한다.

(1) 1980년대 중반~1990년대 중반: 법제개혁과 의법치리

　　1980년대 중반부터 1990년대 중반까지 일부 지방에서 실시된 초기의 '법제'정책은 세 가지 특징을 띠고 있다. 첫째, '법치'가 아니라 '법제'의 관점에서 추진되었다. 이에 따라 국가권력 통제나 국민의 권익 보호보다는 주로 법률 수단을 통한 국민 통제와 정부행위의 규범화 성격이 강했다. 둘째, 주요 내용도 법률 보급, 법제 선전과 교육, 지방인대의 입법 강화, 정부의 법집행 엄격화 등 법제개혁의 성격이 강했다(舒揚 2007, 149~51면). 셋째, 이 시기에는 주로 기층단위에서 의법치리가 실시되었고, 일부 선도적인 지역에서만 이것이 의법치현·시·성으로 발전했다. 다시 말해, 초기의

법치정책은 주로 의법치리를 지칭하는 것이었다.

구체적으로, 지방에서 실시된 초기 정책은 지역에 따라 편차가 있지만 다음 세 가지 사항을 공통적으로 포함한다. 첫째는 국민의 준법의식을 제고하고 불안한 사회치안을 개선하기 위한 법률 보급과 법제 선전 및 교육이다. 둘째는 정부·법원·검찰 등 국가기관의 엄격한 법률 집행과 법률에 의거한 권력행사이다. 여기에는 법원의 법률에 의거한 직권행사도 포함된다. 셋째는 지방에서 필요한 법률체계를 수립하기 위한 지방인대의 입법활동 강화와 입법수준(quality)의 제고이다(滕文生 1994, 251~52면). 이처럼 초기 정책은 정치개혁보다는 법제개혁의 성격이 강했다.

그런데 일부 지방에서 의법치리가 추진되면서 법치정책의 새로운 내용이 등장한다. 이런 의법치리는 그 적용 및 실시 대상에 따라 다시 세 가지로 나뉜다(袁曙宏·肖義舜 2003, 297~317면). 첫째는 기층 의법치리로, 여기에는 의법치촌(依法治村), 의법치창(依法治廠), 의법치교(依法治校), 의법치림(依法治林), 의법치수(依法治水) 등이 속한다. 이것은 주로 농촌 마을, 공장, 학교, 산림, 하천 등에서 전개된 법률에 의거한 관리와 운영을 가리킨다. 이와 같은 기층 의법치리는 '기층민주(基層民主)', 즉 민주선거, 민주 정책결정, 민주관리, 민주감독 등 '4대 민주'의 실천과 밀접히 관련되어 있다. 기층 의법치리 추진이 곧 기층민주의 실천을 의미하기 때문이다. 이처럼 최초의 의법치리는 기층단위에서 시작되었고, 점차로 업종 및 상급 행정단위(즉, 지방)로 확산되었으며, 궁극적으로는 의법치국으로 발전했다.

둘째는 업종(行業) 의법치리로, 이것은 각종 산업과 업종에서 실시되는 법률에 의거한 업무 관리와 운영을 가리킨다. 이것은 다시 두 가지로 구분되는데, 하나는 상하간의 조직적인 배치와 일사불란한 관리가 필요한 분야로, '수직영도 중심, 수평영도 보조(條條爲主 條條爲輔)'의 의법치리이다. 여기에는 세무(稅務), 공상(工商) 행정, 기술 감독, 금융·보험, 우편·통신, 전기, 철도 등의 업종이 해당된다. 다른 하나는 '수평영도 중심, 수직영도 보조'(塊塊爲主 條條爲輔)의 의법치리로, 대부분의 업종이 이에 해당한다. 업종별 의법치리에서는 '세 가지 제도(三制)'의 철저한 수립과 실시가 핵심 목표이다. 여기에는 '행정법집행책임제도(行政執法責任制)' '행정법집행공시제도(行政執法公示制)' '오안 및 법집행 과오 책임추궁제도(錯案和執法過錯責任追究制)'가 포함된다.

셋째는 지방(地方) 의법치리이다. 여기에는 성급 행정단위에서 실시되는 의법치성·시·구, 현급 행정단위에서 실시되는 의법치현·시·구, 향급 단위에서 실시되는 의법치향(鄕)·진(鎭)이 속한다. 여기서 중점은 현급 및 향급의 의법치리이다. 지방 의법치리의 핵심 정책내용은 지방 입법체계의 완비, 법제 선전과 교육의 실시, 행정 법집행의 강화, 사법공정 추진, 법률 써비스 제공, 법률 감독의 강화이다. 이와 같은 지방 의법치리는 이후 의법치국의 내용으로 수렴된다.

(2) 1990년대 중반 이후: 의법치국의 결정과 실시

1996년 2월 장 쩌민의 의법치국 방침 천명과 1997년 15차 당대회의 결정 이후 의법치국은 전국적으로 추진되었고, 동시에 그 내용이 일정한 방향으로 수렴되었다. 이는 우선 1997년 법률보급운동을 주도하는 중앙보법판공실(中央普法辦公室)에서 〈보법·의법치리의 업무표준(시행)(普法依法治理工作標準(試行))〉을 하달하면서, 의법치현·시·성의 통일된 실시 절차와 내용이 마련된 결과다(司法部 宣傳司 2001(下), 2049~51면). 또한 1990년대 후반기에 의법치현·시·성이 전국적으로 실시되고 그 과정에서 지방들간에 빈번한 교류가 일어나면서 정책내용이 수렴된 결과이기도 하다.

지방마다 조금씩 편차는 있지만 1997년 이후 성급 행정단위에서 실시된 의법치국 정책은 공통적으로 다음과 같은 네 가지 범주를 포함하고 있다. 첫째는 지방인대의 역할 강화를 위한 의회개혁이다. 의회개혁은 1980년대부터 추진된 정치개혁의 핵심 내용으로 1997년 의법치국 방침이 결정된 이후 다시 한번 강조되었다. 여기서는 입법과정의 민주화와 개방화, 즉 국민과 사회단체의 입법 참여 확대와 입법절차의 과학화를 중심으로 하는 입법 강화가 특히 중시되었다.

둘째는 의법행정을 중심으로 한 정부개혁이다. 정부개혁도 의회개혁처럼 1980년대부터 정치개혁의 하나로 추진되었다. 그러나 이전의 정부개혁에서 정부 기구 및 인원 축소 등이 중심이었다면, 의법치국 방침이 결정된 이후에는 법을 통한 정부행위 규제와 정부직능의 전환이 중심이었다. 의법행정은 1999년 11월에 국무원이 〈1999년 결정〉을 하달하면서 본격화되고 2004년에 〈2004년 요강〉 반포로 더욱 강화된다(袁曙宏 2004, 329~32, 334~43면; 江必新 2004).

셋째는 사법공정과 사법효율 제고를 위한 법원개혁이다. 법원개혁은 이전부터 지방법원 차원에서 산발적으로 추진되었는데, 의법치국 방침의 결정 이후에는 종합적이고 체계적인 개혁으로 변화되었다. 이를 보여주는 것이 바로 1999년 이후 연속 3회에 걸친 〈법원개혁 요강〉의 제정과 집행이다. 즉, 최고법원은 1999년 10월에 제1차, 2005년 10월에 제2차, 2009년 3월에 제3차 〈법원개혁 요강〉을 발표하고 추진해오고 있다.[8]

넷째는 국민의 법률의식 제고와 국민 기본권 보장을 강화하기 위한 법률 보급 및 법률 써비스 제공의 확대이다.[9] 이는 1986년부터 현재까지 5개년 계획으로 추진하고 있는 법률보급운동을 계승, 발전시킨 것이다. 여기서는 법률지식 보급의 확대뿐만 아니라, 변호사제도의 정비와 써비스 확대, 법률구조제도의 수립과 확대(예를 들어, 무료 법률상담소 운영) 등대 국민 법률 써비스체계의 구축과 제공이 특히 강조되었다(Liebman 1999,

---

8) 법원개혁에 대한 자세한 분석은 조영남 2012b 참조.
9) 법률보급운동과 법률구조제도의 수립에 대해서는 조영남 2012a 참조.

211~86면; Gallagher 2007, 196~227면; 北京大學 法學院 婦女法律硏究與服務中心 2002).

이런 네 가지 정책 이외에도 대부분의 지방에서는 기층민주의 수립, 즉 농촌의 촌민위원회(村民委員會)와 도시의 주민위원회(居民委員會)의 민주 선거와 운영이 의법치국의 중요 정책으로 추진되었다. 또한 1997년 이후 공산당의 통치방식 전환을 위한 의법집정이 의법치국의 핵심 정책으로 추진되었다. 그런데 의법집정은 공산당 중앙이 결정한 것으로서 지방 차원에서 논의될 사안이 아니었기 때문에 지방에서는 이에 대한 세부적인 논의 없이 중앙의 결정사항을 충실히 집행했다. 이상에서 알 수 있는 것처럼, 의법치국은 과거에 실시된 정치개혁의 중요 내용, 즉 의회개혁, 정부개혁, 사법개혁, 공산당 개혁, 기층개혁을 모두 포괄하는 종합적인 정치개혁 프로그램이 되었다.

구체적으로 성급 행정단위를 중심으로 일부 지방에서 실시된 의법치국 정책을 살펴보자. 먼저, 베이징시(北京市)의 의법치시 정책이다. 베이징시는 1999년과 2003년에 각각 〈의법치시 업무계획〉(依法治市工作規劃, 1999~2002, 2003~2007)을 작성했다. 이에 따르면, 베이징시가 추진하는 의법치시의 주요 정책은 다섯 가지이다. 첫째는 입법수준 제고를 중심으로 하는 입법 강화, 둘째는 정부개혁과 의법행정의 추진, 셋째는 사법개혁과 사법공정의 제고, 넷째는 법률 교육 및 선전 강화, 다섯째는 법률 써비스체계의 개선이다(土稱心·蔣立山 2008, 219~35면; 北京市依法行政市領導小組辦公室·北京市司法局 2006, 2~4면).

상하이시의 의법치시 정책도 이와 비슷하다. 구체적으로 1999년 8월 상하이시 당위원회는 〈상하이시 의법치시 업무의 진일보 추진요강(上海市依法治市工作推進綱要)〉을 제정했다. 이에 따르면, 핵심 사업은 모두 여섯 가지이다. 첫째는 입법수준 제고를 중심으로 한 입법 강화, 둘째는 정부 법제 수립의 강화와 의법행정의 능력 및 수준 제고, 셋째는 사법개혁 추진과 사법공정의 수호, 넷째는 시민의 법제 선전 및 교육 강화, 다섯째는 법률 써비스체계 개선과 법률 써비스시장의 규범화, 여섯째는 정부의 감독 강화와 법률의 효과적 실시다(司法部 宣傳司 2001(上), 196~200면).

마지막으로 광둥성의 정책을 보자. 1990년대 후반기에 들어 광둥성의 의법치성은 입법강화(의회), 의법행정(정부), 사법공정(법원), 법률 보급(사회), 민주 건설(기층) 등 모두 다섯 가지 내용으로 집약되었다. 이는 앞에서 살펴보았듯이 전국 공통으로 나타나는 현상이다. 이를 광둥성에서는 "두 머리를 잡고(抓兩頭), 두 가지 제도를 건설하며(建兩制), 세 가지 중점 항목을 추진한다(突出三項)"고 표현했다. 여기서 '두 머리'는 ① 의법행정 및 사법공정(윗머리)과 ② 기층민주 건설(아랫머리), '두 가지 제도'는 ① 행정집행책임제(執法責任制, 정부)와 ② 오심책임추궁제(冤錯案責任追究制, 법원), '세 가지 중점 항목'은 ① 의법행정 ② 사법공정 ③ 기층민주 건설을 가리킨다(舒揚 2007, 178면; 佀志廣 1999a, 9~10면; 1999b, 5~6면; 2003, 4~6면; 趙强·李振軍 2002, 63~64면; 廣東省依法治省領導小組辦公室 2005, 49~50면).

(3) 의법치국 정책의 중점 변화

지금까지 살펴본 것처럼, 1997년 15차 당대회에서 의법치국 방침이 결정된 이후, 1990년대 후반기에는 전국적으로 유사한 내용의 의법치국 정책이 추진되었다. 그런데 이와 함께 의법행정이 의법치국의 핵심 사업으로 등장하는 현상이 나타났다(卓澤淵 2007, 238면). 즉, 의법행정은 의법치국 실행에서 "중요한 것 중의 중요한 사업(重中之重)"이라는 것이다.[10] 이는 정부가 전체 법률 및 법규의 80% 이상을 집행하는 상황에서 의법행정의 추진 없이는 의법치국이 달성될 수 없다는 인식에서 나타난 당연한 결과라고 할 수 있다(應松年·袁曙宏 2001, 174~75면; 袁曙宏 2004, 31, 329면) 또한 이는

---

10) 광둥성 정부 고위공직자와의 인터뷰(2006년 2월 22일과 2009년 8월 11일, 광저우시).

이전 개혁을 통해 의회의 정치적 지위가 높아지고 역할이 강화되면서 의회개혁이 어느정도 소기의 목적을 달성했기 때문이기도 하다. 그밖에도 사법개혁과 법률 보급 및 법률 써비스 강화는 여전히 미흡했지만 정부개혁에 비해서는 그 중요도가 크지 않기 때문에 상대적으로 중시되지 않았다.

의법행정이 의법치국 방침의 핵심 내용이 된 것은 광둥성 선전시의 사례를 통해서 잘 알 수 있다. 구체적으로 선전시는 1999년에 기존의 의법행정 경험을 총괄하여 행정의 '9개 법정화(行政法定化)' 정책을 발표했고, 2001년부터 이를 의법치시 방침의 핵심 내용으로 전면적으로 실시하기 시작했다.[11] 여기서 9개 법정화의 대상은 정부기구의 조직·직능·편제, 행정절차, 행정인허가, 행정수수료, 행정처벌, 정부공사 및 물품 조달, 정부 투자행위, 행정책임, 정부 내부관리를 가리킨다(이 책 제5장 참조). 이렇게 되면서 의법치시는 정부활동과 관련된 9개 분야(항목)의 법적 제도화를 중심으로 추진되었다(深圳市人民政府法制辦公室 2006).

이런 경향은 2000년대에 들어 더욱 강화된다. 구체적으로 2005년 무렵부터 의법치국을 좀더 과학적이고 체계적으로 추진하기 위해, 의법치국의 실시 상황을 수량화하여 평가하는 '법치건설 평가 지표체계(法治建設評價指標體系)'가 일부 지역에서 도입되었다. 베이징시는 가장 대표적인 사례이다. 베이징시는 2001년 처음으로 법치 평가체계 제정의 필요성을 제기했다. 이후 2004년 7월부터 중국정법대학(中國政法大學) 법학대학원(法學院)과 공동 연구를 시작하여, 2005년 11월에 〈베이징시 법치건설 종합평가 지표체계〉를 완성한다. 베이징시의 평가체계는 대지표(大指標) 3개 항목, 대지표를 세분한 중지표(中指標) 16개 항목, 그리고 중지표를 다시 세분화한 소지표(小指標) 90개 항목으로 구성된다. 베이징시의 평가 항목은 표3-1과

---

11) 선전시 정부 고위공직자와의 인터뷰(2006년 2월 17일과 2009년 8월 12일, 선전시); 中共深圳市委 1999, 21~33면; 深圳市人民政府 2001.

같다.

이와 비슷하게 광둥성 선전시도 2008년부터 〈선전시 법치정부 건설 지표체계〉를 마련하여 실시하고 있다. 이에 따르면, 선전시는 향후 3년 내에 2004년 국무원이 하달한 〈2004년 요강〉에서 규정한 법치정부 수립 목표를 조기 달성한다는 방침을 결정했다. 이를 위해 '선전시 법치정부 건설 영도소조'를 조직하여 법치정부 수립을 지도하고, 법치정부 수립의 평가결과를 고위간부의 선발·승진·징벌의 근거로 삼는 등 엄격한 감독과 평가를 통해 이를 추진하고 있다. 선전시의 지표체계는 모두 12개 대항목, 42개 중항목, 225개의 세부 항목으로 구성된다. 여기서 12개 항목은 선전시가 이전부터 추진했던 '9개 법정화'를 포함하여 의법행정의 주요 범주를 모두 포괄하고 있고, 각 영역을 '법치화(法治化)'하는 것이 2008년 지표체계의 주요 내용이다.[12]

표3-1 베이징시의 법치건설 종합평가 지표체계(2005년 제정)

3개 대지표	16개 중지표(90개 소지표 항목)
① 업무(工作)직능 지표 (중지표 9개와 소지표 56개)	① 민주정치 수립(9개)*　② 입법(7개) ③ 행정집행(7개)　④ 사법(5개) ⑤ 법률 감독(8개)　⑥ 법률 보급과 선전(5개) ⑦ 법률 써비스(4개)　⑧ 종합관리(6개) ⑨ 법치수립 조직지도(5개)
② 사회상태 지표 (중지표 4개와 소지표 20개)	① 사회공정(5개)　② 사회질서(5개) ③ 사회풍기(5개)　④ 사회발전(5개)
③ 발전 잠재력 지표 (중지표 3개와 소지표 14개)	① 인력자원(4개)　② 법률효율(4개) ③ 법률의식(6개)

*: 중지표 항목에 속한 소지표 항목수. 이하도 동일.
출처: 王稱心·蔣立山 2008, 116~18면.

---

12) 선전시 정부 고위공직자와의 인터뷰(2009년 8월 12일, 선전시); 周成新·王成義 2009, 323~39면.

현급(현·시·구) 정부가 추진하는 평가체계로는 저장성(浙江省) 항저우시(杭州市) 위항구(餘杭區)의 사례를 들 수 있다. 위항구는 2006년부터 법치 실시상황에 대한 체계적인 평가체계를 수립하기 위해 '법치위항 건설영도소조'를 구성하고 본격적인 준비작업을 진행했고, 이후 법치 평가를 위한 9개 항목을 마련하여 2008년부터 집행하고 있다. 9개 항목에는 민주정치 수립의 촉진과 공산당의 집정능력 제고(공산당), 의법행정의 전면추진과 법치정부 수립의 노력(정부), 사법공정의 촉진과 사법권위의 유지(법원), 법률 써비스 전개와 사회공평의 유지, 국민 법제교육 심화와 법치의식 및 법률소양의 강화 등이 포함된다(中國社會科學院法學硏究所 2008, 366~84면; 中國社會科學院法學硏究所 2009, 385~401면). 이처럼 의법치국 실시 및 평가의 체계화 작업은 일부 지역을 중심으로 현급까지 파급, 실시되고 있다.

4. 의법치국의 실시: 시기, 과정, 방식

의법치국의 방침은 중앙이 결정하지만 집행은 지방이 담당한다. 즉, 각 지방은 의법치리와 의법치현·시·성의 이름으로 주어진 상황과 조건에 맞추어 의법치국 정책을 추진한다. 그런데 공산당 중앙이나 국무원은 의법치국에 대한 추상적인 지도이념만 갖고 있을 뿐, 구체적인 활동지침이나 모델은 없었다.[13] 이런 이유로 각 지방의 상황과 조건에 따라 다양한 시험이 시도되었고, 이에 따라 의법치국은 지역마다 조금씩 다른 방식과 내용으로 추진되었다. 이런 지방들 사이의 편차는 국무원의 노력과 지방정부

---

13) 광둥성 정부 고위공직자와의 인터뷰(2006년 2월 22일과 2009년 8월 11일, 광저우시); 선전시 정부 고위공직자와의 인터뷰(2006년 2월 17일과 2009년 8월 12일, 선전시); 夏勇 2004, 57면; 劉靖華·姜憲利 外 2006, 120~21면; 葛洪義 2009, 3~5면.

간의 상호교류를 통해 1990년대 후반기에 들어 어느정도 해소되었다.

(1) 실시 시기와 지역 편차

의법치국의 실시 시기는 지방마다 다르다. 그래서 실시 시기에 따라 각 지방을 편의상 '개척자'(pioneers)와 '편승자'(bandwagoners)로 나눌 수 있다. 이 두 분류 외에 '미활동자'(inactive)도 생각할 수 있지만, 1997년 의법치국이 공산당의 통치방침으로 결정되어 전국적으로 실시되면서 '미활동자'는 사실상 존재할 수 없게 되었다. 각 지방은 중앙의 방침 결정 이후에는 이를 반드시 실시해야 했기 때문에 최소한 형식적으로라도 의법치국을 추진했던 것이다.

여기서 '개척자'는 1980년대 말에서 1990년대 초까지 아직 중앙 차원에서 의법치국 방침이 공식 결정되기 전에 다양한 의법치리와 의법치현·시·성 활동을 전개한 지역이다. '개척자' 지역은 크게 네 범주로 나눌 수 있다. 첫째는 개혁·개방의 선도지역으로서 법제·법치 개혁도 주도적으로 추진한 지방이다. 광둥성이 이에 해당한다. 둘째는 수도로서 정치안정과 치안유지의 필요성 때문에 일찍부터 법제강화가 추진된 베이징시이다. 셋째는 관할지역 내에 의법치리 선도 도시가 위치함으로써 성 전체가 의법치성의 선도지역이 되는 경우이다. 랴오닝성이 이에 해당한다. 넷째는 국무원이 시험실시 지역으로 선정하여 일찍부터 법치정책을 실시한 지역으로 충칭시(重慶市)가 이에 해당한다.

첫째, 광둥성은 중국에서 개혁·개방의 선도지역으로 경제개혁뿐만 아니라 정부개혁과 법제개혁에서도 '선도역할(先行先試)'을 담당했다(葛洪義 2009, 1~2면). 광둥성의 성도(省會)인 광저우시는 1989년에 '의법치시' 방침을 결정하고, 1990년에는 〈광저우시 의법치시 5년 계획〉을 제정한다(舒揚 2007, 149~52면). 이후 1993년 7월 광둥성 공산당 7차 당대회에서 '이법치성'

(以法治省) 방침이 결정되었다. 그러나 이는 아직 완전한 의법치성이 아니었다. 이런 측면에서, 이때까지의 시도는 본격적인 의법치성을 추진하기 위한 준비라고 할 수 있다.

1993년 말 광둥성 인대 상무위원회 당조가 선전시를 시험실시 지역으로 선정하여 의법치시를 전면추진할 것을 당위원회에 요청하고, 광둥성 당위원회가 이를 승인하면서 선전시에서는 의법치시가 본격적으로 추진되었다. 이런 경험을 기반으로, 1996년 7월에 광둥성 당위원회는 400여 명의 당정 고위간부가 참여하는 확대회의를 개최한다. 여기서 〈의법치성 업무의 진일보 강화 결정(關於進一步加強依法治省工作的決定)〉이 채택되면서 의법치성이 성의 통치방침으로 공식 결정되었다. 동시에 이를 지도할 '의법치성 업무 영도소조'가 설립된다(張興勁 2000, 37~40면; 全國人大常委會辦公廳研究室 1997, 371~77면).

둘째, 베이징시는 수도이기 때문에 법제강화와 의법치시가 일찍부터 실시되었다. 1979년 6월부터 베이징시는 다른 일부 지역들과 함께 법률 보급의 시험실시 지역으로 선정된다(司法部 宣傳司 2001(下), 1049~55면). 1980년대 중반 랴오닝성 번시시 등 일부 지역이 의법치리를 실시한 것에 영향을 받아 베이징시 당위원회는 1987년 시 정부에 의법치시의 시험실시를 요구했고, 이에 정부는 '의법치시' 구호를 제창했다. 이후 1990년 제9기 베이징시 인대 제4차 회의에서 여러 사업을 의법치시의 궤도에 진입시킬 것을 요구했다. 이런 배경하에 1991년 11월 제6차 '민주법제 업무회의'에서 〈베이징시 의법치시 업무요강(北京市依法治市工作綱要)〉을 제정하여, 지방입법, 행정 법집행, 사법, 법률 보급, 기층의 의법치리 등 개별 사업들을 의법치시라는 범주하에서 협력적으로 추진하기 시작한다. 이후 1999년과 2003년에 〈베이징시 의법치시 업무계획〉이 각각 제정되었다(北京市依法行政市領導小組辦公室·北京市司法局 2006, 1~2, 31~34면).

한편 베이징시에서는 의법치시를 통일적으로 지도하기 위해 1994년에

'베이징시 의법치시 영도소조'가 설립되어, 시 부서기가 조장을, 정법위원회 서기, 공산당 선전부장, 정부 상무부시장, 인대 상무위원회 부주임이 부(副)조장을 맡았다. 이후 1996년에는 '베이징시 위원회 법제 선전 영도소조'와 '베이징시 의법치시 영도소조'가 합병되어 '베이징시 법제 선전 영도소조'가 설립됐고, 1998년 6월 이것이 다시 '베이징시 의법치시 영도소조'로 재조직되었다(王稱心·蔣立山 2008, 3~7면; 司法部 宣傳司 2001(上), 57~81면).

셋째, 랴오닝성은 성 내에 의법치시의 '개척자'인 번시시가 존재함으로 인해 일찍부터 의법치성을 추진한 경우이다. 번시시는 베이징시 등과 함께 1979년에 국무원이 지정한 치안개선 정책의 시험실시 지역으로 선정되어, 일찍부터 법제 선전과 교육이 추진되었다. 그런데 번시시는 이를 다른 지역보다 더욱 적극적으로 추진했고, 그 과정에서 의법치리와 같은 새로운 정책이 등장했다.

이런 상황에서 랴오닝성은 번시시의 경험을 전체 성으로 확대하기 위해 노력한다. 먼저, 랴오닝성 정부의 사법청(司法廳) 당조는 1984년 〈5년 기간 전체 성 주민(公民)의 법률상식 보급의 보고〉를 성 당위원회에 제출하여 비준을 받았다. 이에 따라 랴오닝성은 1986년 국무원이 법률보급운동을 정식으로 시작하기 전부터 모든 성에 걸쳐 법률보급운동을 본격적으로 전개할 수 있었다.

또한 1991년 3월에 랴오닝성 인대 상무위원회 당조는 번시시의 의법치리를 전체 성으로 확대하기 위해 랴오닝성 당위원회에 〈의법치성 업무의 진일보 추진의견 보고〉를 제출했고, 당위원회가 이를 비준함으로써 의법치성이 전면적으로 실시되기 시작했다. 이 보고문에 의하면 "의법치성은 중앙이 제출한 의법치국 방침을 랴오닝성에 구체적으로 관철하여 실시하는 것"이다.[14] 또한 의법치성은 "제1차 법률보급 기간 중에 성 내 인민들이

14) 참고로 1991년 무렵에는 '중앙'이 의법치국 방침을 공식적으로 제기한 적은 없다. 다

104

점진적으로 시작한 군중성 법률 학습 및 법률 실천의 결과"이며, 과거 의법치시(현)가 실시되면서 민주·법제 수립의 촉진, 사회치안 유지, 경제개혁과 경제건설 사업의 발전에서 명확한 효과를 거두었다고 주장했다(司法部 宣傳司 2001(上), 141~59면).

넷째, 충칭시는 1997년 직할시로 승격되기 전까지는 부성급(副省級) 도시였는데, 1986년과 1988년 국무원과 쓰촨성(四川省) 당위원회가 충칭시를 법제수립과 의법치시의 시험실시 지역으로 선정했다. 이에 충칭시는 '법제건설 영도소조'와 '영도소조 판공실'을 설치하고, '법제교육의 강화, 의회·정협(政協)의 수립, 정부 수립과 직능전환, 민주정치 수립, 문화·교육·출판' 등의 의법치리, '사법기관의 수립, 지방입법·감독의 강화'를 주요 내용으로 하는 의법치시 정책을 추진하기 시작했다. 1989년에는 충칭시 당위원회가 〈의법치시 강력추진 결정(關於大力推進依法治市的決定)〉을, 충칭시 인대 상무위원회가 〈의법치시 결의(依法治市的決議)〉를 통과시켰다.

또한 1989년 10월에는 〈충칭시 의법치시 4년 계획〉, 1994년 12월에는 〈충칭시 의법치시 5년 계획〉(1994~98)이 제정된다. 직할시로 승격된 이후인 1999년 3월에는 충칭시 당위원회가 〈의법치시의 심화전개 결정〉을 통과시킨다. 여기에는 지방입법의 강화, 의법행정의 엄격화, 사법공정의 보장, 법률보급 확대, 감독기제 개선, 법률 써비스의 발전 등이 의법치시의 주요 내용으로 제기되었다(應松年·袁曙宏 2001, 522~36면; 司法部 宣傳司 2001(上), 417~19면). 이처럼 충칭시는 국무원에 의해 시험실시 지역으로 선정됨으로써 1980년대부터 의법치시를 실시했다.

만 1986년 제1차 법률보급운동을 시작하면서 공산당 중앙과 국무원이 하달한 〈통지(通知)〉에는 '의법치국'이라는 말이 한번 나온다. 따라서 랴오닝성이 의법치성 방침을 결정하고 전면적으로 추진하면서 '중앙'을 거론하는 것은 자신들의 정책을 정당화하기 위한 '자의적' 해석이라고 볼 수 있다.

이상에서 살펴본 네 지역을 제외한 나머지 지역은 '편승자'로 분류할 수 있다.[15] 이들 지역에서도 국무원 사법부와 공산당 중앙선전부의 방침에 의해 1986년부터 제1차 법률보급운동이 전개되었다. 그러나 전체 성(시)을 대상으로 하는 의법치성은 1996년 2월 정치국 법제강좌에서 장 쩌민이 의법치국 방침을 천명한 이후, 특히 1997년 9월 15차 당대회에서 의법치국 방침이 결정된 이후 본격적으로 추진되었다.

이런 '편승자' 중에서도 산둥성(山東省)은 애매한 사례에 속한다. 산둥성 인대 상무위원회는 1995년 〈산둥성 의법치성 5년 계획〉을 제정하여 지방입법의 가속화, 법률보급 전개, 의법행정의 추진, 의법치리의 대규모 추진, 사회치안 제고 등을 핵심 내용으로 하는 의법치성을 본격적으로 추진했다. 즉, 산둥성은 '개척자'처럼 1980년대나 1990년대 초에 의법치성을 시작한 것은 아니지만, 그렇다고 '편승자'처럼 1996년 2월 이후에 의법치성을 추진한 것도 아니다(司法部 宣傳司 2001(上), 297~99면). 그런데 이 지역의 의법치리 추진상황을 보면, 비록 성 단위의 의법치성은 1995년에 실시되기 시작했지만, 옌타이시(煙臺市)와 주청시(諸城市)는 1987년부터 의법치시 문제를 제기했고, 제2차 법률보급운동 시기에는 전체 성에 걸쳐 의법치리가 실시되었다(全國人大常委會辦公廳研究室 1997, 384~91면). 이런 면에서 보면 산둥성은 '편승자'보다는 '개척자'에 가깝다.

(2) 실시 방식과 지도체제

의법치현·시·성이 추진되는 일반 절차는 다음과 같다. 첫째, 법률보급운동과 법제 선전 및 교육이 실시된다. 이를 통해 법치정책 실시의 필요성에 대한 당정간부와 일반 국민들의 공감대를 형성한다. 둘째, 공산당 영도

---

15) 다른 지역 전체의 상황에 대해서는 司法部 宣傳司 2001(上), 57~585면 참고.

하에 의회 및 정부가 참여하여 의법치현·시·성의 목적, 방법, 업무에 대한 장기계획(規劃)과 단기계획을 수립하고, 이를 사회에 발표한다. 셋째, 정부와 법원 등이 실천할 법률, 법규, 규장(規章)을 정리하고 부족한 법규와 규장을 제정한다. 넷째, 당정을 망라하여 의법치현·시·성 활동을 총괄 지도할 '의법치현·시·성 영도소조'를 조직하고, 이를 일상적으로 보좌하고 실제 행정업무를 담당할 '의법치현·시·성 영도소조 판공실'을 설치한다. 마지막으로 국가기관과 대중조직이 참여하는 대규모 선전 및 교육 활동을 전개하면서 의법치현·시·성을 실시한다(司法部 宣傳司 2001(下), 1107~12면).

한편 의법치현·시·성을 추진하는 지도체제는 지역마다 조금씩 다른 모습을 보여주었다. 우선 각 지방은 공통적으로 '공산당의 영도, 모든 국가기관의 참여, 정협과 사회단체의 보조, 지역주민의 동원'이라는 기본적인 추진형식을 갖추었다. 그런데 지방 공산당 지도부의 중시 정도와 각 국가기관의 역할 차이에 따라 의법치성의 지도체제에는 두 가지 모델이 존재한다. 첫째는 소위 '일반모델'로, '공산당 영도, 의회 감독, 정부 실시'의 지도체제다(袁曙宏·肖義舜 2003, 37면; 黑龍江省依法治省工作領導小組 2001, 21~23면; 李慎寬 1998, 237면). 둘째는 소위 '광둥모델'로, '공산당 영도, 의회 주도, 정부 주체'의 지도체제다(李林·王家福 2007, 39면; 海南省依法治省領導小組辦公室 2002, 4~7면).

여기서 광둥모델은 두 가지 특징이 있다. 첫째, 공산당 지도부가 의법치성 업무를 매우 중시한다는 점이다. 그래서 기층부터 성 단위까지 당서기가 의법치현·시·성 영도소조의 조장을 담당한다. 둘째, 의법치현·시·성의 전개에서 의회(인대)가 매우 적극적이고 중요한 역할을 수행한다. 구체적으로 의회는 의법치현·시·성의 필요성 제기와 함께 관련 계획을 수립하여 당위원회에 보고하고, 이에 필요한 결의를 채택한다. 또한 의회는 입법과 감독을 통해 정부와 법원·검찰이 의법치현·시·성을 철저하게 실시하도록 촉진한다. 마지막으로 의법치현·시·성 영도소조의 실제 업무를 담당하는 판공실을 인대 상무위원회 내에 둠으로써 의회가 영도소조 업무를 사실상 주도한다(傅倫博 2000, 34~45, 46~68면; 廣東省人民政府法制辦公室 2005, 57~61면; 葛洪義 2009, 38~39면; 但志廣 2003, 4~6면; 廣東省人大制度研究會 1997, 114~22면; 舒揚 2007, 176~82면).

이에 비해 다른 지역에서는 공산당 부서기나 정법위원회 서기가 영도소조 조장을 맡음으로써 의법치성의 중시 정도가 상대적으로 떨어진다. 베이징시, 상하이시, 충칭시가 대표적인 예이다. 또한 의회는 감독을 통해 정부와 법원·검찰이 의법치현·시·성 활동을 제대로 전개하도록 촉진하는 보조적인 역할만을 담당한다. 그리고 영도소조 판공실을 정부 사법청에 둠으로써 정부가 영도소조 업무를 사실상 주도한다. 상하이시처럼 일부 지역에서는 영도소조 판공실을 공산당 위원회 산하에 두기도 하는데, 이는 아주 예외적인 경우이다.

그런데 광둥모델에 대해서 광둥성과 선전시의 관계자들은 자신이 속한 기관에 따라 다르게 평가한다. 정부 소속 관계자들은 비록 영도소조 판공실이 정부가 아니라 의회 내에 있고, 의회가 의법치성(시) 추진에서 주도적인 역할을 하는 것처럼 보이지만, 실제로는 그렇지 않다고 주장한다. 대신 당서기가 의법치성(시) 업무를 얼마나 중시하느냐 여부가 가장 중요한 요소라고 본다. 예를 들어, 2008년에 선전시는 업무 추진의 편의를 위해 선전시 의회에 설치했던 영도소조 판공실을 정부 사법국으로 이전했다고 한다. 이에 비해 광둥성과 선전시의 의회 관계자들은 광둥성 지역에서는 지방인대가 의법치성(시) 사업을 주도적으로 추진하고 있고, 영도소조 판공실이 의회에 설치된 것은 매우 중요한 의의가 있다고 주장한다.[16]

여기서 영도소조의 역할과 운영을 간략히 살펴보자. 영도소조 전체회의

16) 광둥성 정부 고위공직자와의 인터뷰(2006년 2월 22일과 2009년 8월 11일, 광저우시); 선전시 정부 및 의회 고위공직자와의 인터뷰(2006년 2월 17일과 2009년 8월 12일, 선전시).

는 매년 1회, 대개 3월에 개최된다. 이때에는 조장(예를 들어, 당서기나 정법위원회 서기)을 비롯한 구성원 전체가 참여하여 지난 사업을 평가하고 영도소조 판공실이 준비한 사업계획을 승인한다. 전체회의 후에는 '의법치성(시) 업무요점(工作要點)'을 작성하여 공산당과 관련 국가기관에 배포한다. 또한 필요할 경우 수시로 회의를 개최하여 업무 추진상황(특히 중점 사항)을 점검하고 평가한다. 영도소조 판공실은 영도소조를 보조하여 관련기관간의 업무를 조절하고, 업무 추진을 점검 및 감독하는 역할을 담당한다. 이를 위해 정부, 의회, 법원 등의 책임자가 참여하는 영도소조 판공실 주임회의를 매 분기마다 1회, 1년에 총 4회를 개최한다. 참고로, 선전시 의법치시 영도소조 판공실에는 모두 5인이 상근하면서 이런 업무를 담당한다.[17]

한편, 지역에 따라 의법치현·시·성 영도소조의 실제 운영에는 큰 차이가 나고, 일부 지역에서는 영도소조가 제대로 운영되지 않는 문제가 있다. 우선 영도소조와 영도소조 판공실은 임시조직으로 법률상 명확한 직능과 권한이 없고, 그래서 구성원의 변화에 따라 실제 권위와 역할에서 큰 차이가 난다. 또한 일부 지방에서는 '의법치성 영도소조'를 폐기하고 '법제 선전 교육 영도소조'로 대체하거나, 명칭을 '정치문명건설 영도소조'로 변경하면서 권한과 역할을 축소하는 현상이 나타난다. 그밖에도, 각 지방에는 공산당·의회·정부를 망라하는 지도체계가 갖추어졌지만 중앙에는 공산당과 국가기관 전체를 망라하는 조직이 없고 대신 국무원 사법부가 조정 역할을 수행하면서, 전체를 총괄하기에는 권위가 부족하다는 문제가 있다(李林·王家福 2007, 38~39면). 이런 문제점은 저장성의 법률보급운동에 대한 조사에서도 지적되었다(中國社會科學院法學硏究所 2007, 221~40면).

---

17) 같은 인터뷰.

5. 소결: 요약과 함의

이상에서 1980년대와 1990년대에 의법치국이 중앙의 방침 결정과 지방의 실천을 통해 등장하고 발전하는 과정을 살펴보았다. 또한 의법치국이 실시된 배경과 목적, 지방에서 실시된 의법치국의 구체적인 정책을 검토했으며, 각 지방에서 의법치국이 실시되는 세부 과정과 방식에 대해서도 자세히 살펴보았다.

의법치국 방침은 단순한 법률개혁이나 사법개혁이 아니라 정치개혁이라고 할 수 있다. 이것은 원래 1980년대 초에 한층 완전한 법률체계의 수립, 사회치안 유지, 정부의 엄격한 법률집행 촉진을 주요 목표로 하는 법제개혁으로 시작되었다. 그런데 1990년대 들어 의법치국은 국가 통치방식의 전환을 목표로 하는 정치개혁으로 성격이 변화되면서 이를 뛰어넘는 다양한 내용을 포함하게 되었다. 의회개혁(입법강화), 정부개혁(의법행정), 사법개혁, 공산당 개혁(의법집정)이 바로 그것이다.

또한 의법치국은 중앙의 추상적인 방침 결정과 지방의 자발적인 실천이 결합하여 등장할 수 있었다. 공산당의 방침은 1980, 90년대의 다양한 논쟁을 통해 법제·이법치국에서 법치·의법치국으로 발전했다. 이와 함께, 1980년대 중반 일부 지방에서 사회치안 대책의 하나로 법제 선전과 교육이 전개되고, 그 과정에서 의법치리가 등장했다. 이후 이것은 1990년대 들어 의법치시와 의법치성으로 확대됐고, 최종적으로 의법치국이라는 국가 통치 방침으로 발전하였다.

초기에 의법치국은 중앙의 구체적인 활동지침이 없는 상황에서 지방이 주도적으로 다양한 시험실시를 추진하면서 시작되었다. 지방마다 의법치국의 추진시기, 정책내용, 실시방식이 조금씩 달랐던 것은 이 때문이다. 그러나 1997년 의법치국 방침이 공식 결정된 이후 중앙의 적극적인 노력과 지방간의 상호교류를 통해 의법치국은 전국적으로 동일한 내용과 방식으로 추진되기 시작했다.

의법치국의 추진은 중국이 1990년대에 들어 정치 민주화가 아니라 정치 제도화를 정치개혁의 방향으로 분명하게 선택하고 추진했다는 사실을 보여준다. 1987년 13차 당대회에서는 '당정분리'를 정치개혁의 핵심 과제로 제기하였다. 여기서 '당정분리'는 공산당으로의 과도한 권력집중을 해소하고 각 국가기관의 자율성을 확대하는 권력구조 개편을 의미한다. 이것이 향후 중국 정치의 민주화로 이어지는 개혁으로는 볼 수 없지만, 1980년대의 정치개혁이 정치체제의 좀더 근본적인 변화를 시도한 것은 분명하다. 그런데 1997년 15차 당대회에서 '의법치국'을 정치개혁의 핵심 과제로 제기하면서 당정분리는 폐기되었고, 권력구조 개편과 같은 개혁은 주변요소로 밀려났다.

이처럼 중국의 정치개혁 방침은 1987~97년의 10년 동안에 크게 변화되었다. 이 10년 동안에 중국 내외에서는 많은 사건이 있었다. 1989년 톈안먼 사건으로 정치적 자유화가 공산당 일당지배에 얼마나 위험한 요소인가가 잘 알려졌고, 이에 따라 정치 민주화에 대한 공산당의 경계심이 높아졌다. 이는 1991년 소련의 붕괴 이후 더욱 심화된다. 소련공산당의 성급한 민주화 조치, 즉 다당제와 직선제 도입이 공산당의 정국 주도권을 상실하게 만들었고 이것이 궁극적으로 소련의 붕괴로 이어졌다는 평가가 공산당 지도부와 일부 지식인 사이에서 공감을 얻었던 것이다(Shambaugh 2008, 41~86면). 그밖에 중국이 국내외의 정치적 혼란과 어려움을 극복하고 고도 경제성장을 이어가면서 공산당은 정치 민주화를 배제한 자신들의 방침에 자신감을 갖기 시작했다. 이렇게 되면서 중국의 정치개혁에서 민주화 요소는 더욱 축소되었다.

1997년 15차 당대회에서 의법치국 방침을 결정한 지도 이미 10여년이 흘렀다. 이 기간 동안 중국이 보여준 모습, 즉 의법치국의 전국적이고 전면적인 실시는 향후에도 정치 제도화 중심의 정치개혁이 지속될 것임을 예고한다. 지난 30년 동안 중국이 달성한 연평균 10%의 경제성장은 공산당에게 자신의 선택이 정확했다는 확신을 주고 있기 때문이다.[18] 제3의 민주화 물결(the third wave of democratization)을 타고 민주주의로 이행했던 많은 제3세계 국가들이 1990년대 중반 이후 권위주의체제로 돌아가거나 혹은 민주주의도 아니고 권위주의도 아닌 '회색 지대'(gray area)에 머무는 '민주화의 역전'(reversal of democratization) 현상이 나타나면서(Diamond 2008, 56~87면; Plattner 2008, 47~57면; Sørensen 2008, 55~78면), 정치 제도화 우선의 정치발전 방침에 대한 중국 지식인의 확신은 더욱 강화되고 있다. 이런 이유로 2012년 제18차 당대회에서 새롭게 등장하는 중국의 '제5세대' 지도자들이 정치 민주화를 추진할 것으로 기대하기는 어렵다. 중국의 정치 민주화를 위해서는 좀더 많은 시간이 필요할 것이다.

---

18) 「中國重申不搞西方式民主, 堅持走自己的政治文明道路」, 〈新華網〉 2011年 3月 10日, http://news.xinhuanet.com/politics/2011-03/10/c_13771379.htm (검색일: 2011.3.15); 「沒有理由向多黨制膜拜」, 『環球時報』 2011년 3월 11일, http://opinion.huanqiu.com/roll/2011-03/1556969.html (검색일: 2011. 3. 11); 「鞏固擴大中國社會的政治共識」, 『環球時報』 2011年 3月 15日, http://opinion.huanqiu.com/roll/2011-03/1562366.html (검색일: 2011. 3. 15).

제4장

법치와 공산당 개혁: '법률에 의거한 집정'

앞의 두 장에서는 의법치국의 등장과 관련된 이론 논쟁과 정책 형성의 과정을 살펴보았다. 이제부터는 이렇게 결정된 의법치국 방침을 공산당과 주요 국가기관이 어떻게 집행하고 있는가를 분석할 것이다. 이 장에서는 공산당의 의법치국 방침의 실시, 즉 의법집정에 대해 알아본다.

1997년 제15차 당대회에서 의법치국 방침을 채택한 이후 정부와 법원 등 주요 국가기관들은 이를 각각의 영역에서 실천할 세부 방침과 정책을 마련하고 집행하기 시작했다. 공산당도 예외는 아니었다. 2002년 제16차 당대회에서 공산당은 이를 당 개혁에 적용한 의법집정 방침을 채택했다. 이후 2004년 16기 4중전회에서 공산당의 '집정능력 강화'를 새로운 당 개혁 방침으로 결정했고, 의법집정 강화는 그것의 중요한 구성요소가 되었다. 이처럼 시기적으로 보면, 공산당의 의법집정 방침의 채택은 정부의 1999년 '의법행정' 방침 공식 결정과 법원의 1999년 제1차 〈법원개혁 요강〉 확정보다 늦었다. 그렇지만 중국 정치에서 공산당이 차지하는 중요성으로 인해 정부와 법원의 의법치국 실천을 분석하기 전에 먼저 공산당의 의법집정을 분석할 필요가 있다.

이 장에서는 구체적으로 다음 두 가지 질문을 던진다. 첫째, 중국은 왜 의법집정을 추진하는가? 현행 〈공산당 당헌(共産黨黨章)〉에 의하면 공산당은 "사회주의 사업의 영도핵심"으로, 중국 사회의 전체 분야를 통치한다. 또한 공산당은 과거에는 역사적 정당성(historical legitimacy), 즉 '인민의 역사적 선택'을 통해 집권했고, 개혁기에는 경제발전과 국민 생활수준의 향상이라는 업적 정당성(performance legitimacy)을 통해 집권을 유지하고 있다. 이런 상황에서 공산당은 왜 의법집정을 추진하고 있는가를 분석할 필요가 있다.

둘째, 의법집정의 실제 정책내용은 무엇인가? 의법집정은 기존 공산당 개혁의 계승 발전이면서 동시에 단절이라는 양면성을 갖는다. 먼저, 의법집정은 개혁 초기부터 공산당이 추진해온 '사회주의 법제 건설'의 계승 발전이다. 1982년 제정된 〈82헌법〉은 공산당을 포함한 모든 정당과 단체의 헌법 및 법률 준수의 의무를 규정했다. 1982년에 개정된 당헌도 "공산당은 헌법과 법률이 정한 범위 내에서 활동해야 한다"는 '공산당 영도의 법제 원칙(黨的領導的法制原則)'을 명기했다. 이런 규정과 원칙은 의법치국과 의법집정으로 이어졌다. 동시에 의법집정은 1980년대에 추진된 당정분리 방침을 폐기하고 '당정결합'(黨政不分) 원칙을 확고히 수립했다. 이처럼 양면성을 갖는 의법집정이 기존 공산당 개혁과 어떻게 다른지 분석할 필요가 있다.

1990년대에 들어 중국이 법제 또는 법치 정책을 본격적으로 추진하면서 많은 학자들이 이에 관심을 갖고 연구했다. 그런데 기존 연구 중에서 법치정책과 공산당 개혁 간의 관계를 실증적으로 분석한 연구는 거의 없다. 또한 공산당 개혁에 대한 기존 연구는 적지 않지만(Shambaugh 2008; Zhiyue 2007; Brodsgaard and Yongnian 2004; 2006), 이런 연구 중에서 법치와 공산당 개혁을 실증적으로 분석한 연구는 없다. 반면 중국의 법제개혁과 정치개혁 간의 관련성에 대한 연구는 있다. 판 웨이(潘維)의 자문형 법치(諮詢型法

治, consultative rule of law) 주장을 둘러싼 논쟁(Zhao 2006b), 피렌붐과 들리슬의 중국 법제발전과 민주화 간의 관련성 연구는 대표적이다(Peerenboom 2002; 2006b; Delisle 2008, 185~211면). 이런 점에서 본 연구는 기존 연구의 공백을 메우는 의의가 있다.

이 장에서는 다음 사항을 분석할 것이다. 첫째, 공산당 개혁의 일반적인 상황에 대해 검토한다. 이는 본격적인 논의에 앞선 준비작업에 해당한다. 둘째, 1980년대와 1990년대에 공산당이 추진한 당 개혁을 검토한다. 여기서는 1980년대에 제기된 당정분리가 1990년대 들어 폐기되는 과정과 내용을 살펴볼 것이다. 이를 통해 당정분리에서 의법집정으로 당정관계(黨政關係, 공산당-국가기관 관계) 개혁방침이 변화하는 과정을 이해할 수 있을 것이다. 셋째, 이런 논의를 토대로 의법집정의 등장 과정과 배경, 의법집정의 정책내용을 상세히 분석한다.

이상의 분석을 통해 우리는 의법집정이 공산당의 법적 정당성을 제고하고 일당통치의 안정성을 강화하려는 시도임을 확인하게 될 것이다. 다양한 세부 정책을 실시하면서 의법집정은 내용의 실질을 갖추어갔다.

1. 공산당 개혁의 종류: 당내관계와 당정관계의 개혁

1980년대 공산당은 당조직의 복원과 신설, 당 운영의 제도화를 위해 많은 노력을 기울였다. 임기제와 연령제 등 고위 당정간부들의 권력기구 진퇴에 대한 공식·비공식 규정의 제정은 이런 노력의 사례다(Bo 2007, 19~23, 55~64면; Yue 2008, 83~84면). 그 결과 1990년대에 들어 공산당의 조직과 운영은 점차 안정되고, 권력교체와 같이 매우 민감하고 중대한 사안도 큰 문제없이 처리될 수 있었다. 이를 보여주는 대표적인 사례가 바로 장 쩌민을 중심으로 한 '제3세대' 지도부에서 후 진타오와 원 자바오(溫家寶)를 중심으로 한 '제4세대' 지도부로의 평화로운 권력교체였다(조영남 2009, 101~42면).

공산당 개혁은 다양한 내용을 포함하지만 다음 두 가지가 가장 중요하다. 첫째는 당 내부의 조직·구성·운영의 문제점을 해결하고 개선하는 당내관계(intra-party relationship) 개혁이며, 둘째는 공산당과 국가기관, 즉 의회·정부·법원·검찰·군 간의 관계를 합리화하는 당정관계(party-state relationship) 개혁이다. 개혁 순서를 보면 대개 당내관계 개혁이 먼저 추진되고 당정관계 개혁은 후에 추진된다. 그러나 양자는 서로 밀접히 연관되어 있기 때문에 많은 경우 이 둘을 명확히 구분하기 어렵다.

먼저, 당내관계 개혁을 살펴보자. 1980년대와 1990년대의 당내관계 개혁에서는 민주집중제, 특히 당내민주의 확대가 강조되었다.[1] 민주집중제는 공산당의 조직 및 운영원칙으로 개혁기 '당건설'(黨建)의 기본 과제로 제기되었다(胡开敏等 2001, 28면). 다만 민주와 집중 중에서 무엇이 강조되는가는 시기에 따라 달랐다. 예를 들어, 톈안먼 사건 직후인 1989년 8월에 하달된 공산당 중앙의 〈당건설 강화 통지(關於加强黨的建設的通知)〉에서는 민주보다 집중이 강조되었다(中共中央文獻研究室 1992, 588~600면). 반면 1990년 3월에 하달된 공산당 중앙의 〈당과 인민군중의 연계 강화 결정(關於加强黨同人民群衆聯係的決定)〉에서는 민주가 집중보다 강조되었다(中共中央文獻研究室 1992, 928~39면). 전체적으로 보면 특정 시기를 제외하고는 민주의 확대가 기본방침이다. 이는 문혁 시기에 당내민주가 파괴되어 마오 쩌둥

---

1) 「中國共產黨十一屆中央委員會第三次全體會議公報」(1978. 12), 中共中央文獻研究室 1982, 9~10면; 胡燿邦 「全面開創社會主義現代化建設的新局面」(1982. 9), 中共中央文獻研究室 1986, 34, 48~49면; 趙紫陽 「沿著有中國特色的社會主義道路前進」(1987. 10), 中共中央文獻研究室 1991, 50~51면; 江澤民 「加快改革開放和現代化建設步伐, 奪取有中國特色社會主義事業的更大勝利」(1992. 10), 中共中央文獻研究室 1996, 43~45면; 「中共中央關於加強黨的建設幾個重大問題的決定」(1994. 9), 中共中央文獻研究室 1997, 953~74면; 江澤民 「高舉鄧小平理論偉大旗幟, 把建設有中國特色社會主義事業全面推向二十一世紀」(1997. 9), 中共中央文獻研究室 2000, 46~47면.

의 개인숭배 등 권력집중과 인치 문제가 발생했다는 반성의 결과물이다.

후 진타오 시대(2002~12)의 당내관계 개혁에서는 당내민주 확대와 공산당 집정능력 강화가 핵심 과제였다.[2] 우선 당내민주 확대가 전보다 더욱 강조되어 중국 민주화의 핵심 과제로 제시되었다. 당내민주의 세부 정책으로는 당대표대회의 연례화(黨代表大會常任制), 공산당 위원회의 권한 강화와 민주적 운영, 당 지도부 직접선거의 확대, 당원대표 활동의 일상화(代表常任制), 지방 당조직 감독을 위한 순시제도의 정례화 등이 포함된다.[3] 이 중에서 당대표 활동의 일상화와 순시제도의 정례화는 2007년 제17차 당대회에서 당내민주 제도로 당헌에 추가되었다(조영남 2009, 120~21면).

또한 2002년 제16차 당대회에서 공산당의 집정능력 강화가 새로운 핵심 과제로 제기되었다.[4] 21세기 변화하는 국내외 환경에 맞추어 다양한 도전 과제를 해결하기 위해서는 공산당이 반드시 특정한 통치능력을 갖추어야 한다는 생각이 집정능력 강화의 출발점이다. 집정능력 강화는 후 진타오 시대에 들어 당내민주 확대보다 더욱 강조되는 경향이 있는데, 이는 중요

---

2) 최근의 공산당의 당내민주에 대해서는 조영남·안치영·구자선 2011 참조. 그밖에도 다음을 참조할 수 있다. He 2006, 192~209면; 上海社會科學院民主政治研究中心 2004, 39~76면; 江澤民「全面建設小康社會, 開創中國特色社會主義事業新局面」(2002. 11), 新華月報 2005, 40~41면.

3) 王長江 2007, 235~56, 259~72면; 胡錦濤「'高舉中國特色社會主義偉大旗幟, 爲奪取全面建設小康社會新勝利而奮鬪」(2007. 10), 中共中央文獻研究室 2009, 39~40면.

4) Shambaugh 2008, 124~27면; 上海社會科學院民主政治研究中心 2005, 23~57면; 江澤民「全面建設小康社會, 開創中國特色社會主義事業新局面」(2002. 11), 新華月報 2005, 40면; 胡錦濤「'高舉中國特色社會主義偉大旗幟, 爲奪取全面建設小康社會新勝利而奮鬪」(2007. 10), 中共中央文獻研究室 2009, 39면). '집정당(執政黨)'이라는 용어는 1980년에 덩 샤오핑이 사용했고, 1987년 13차 당대회의 정치보고에도 출현했다. 1989년 12월 장 쩌민은 「당건설을 더욱 견고히 하여 노동자계급의 선봉대가 되기 위해 투쟁하자」라는 발표에서 '집정의 당(執政的黨)'과 '집정본령(執政本領)'이라는 용어를 사용했다. 이후 이 용어는 사라졌다가 2001년 5월에 발표된「당의 영도수준과 집정능력을 제고하기 위해 노력하자」라는 장 쩌민의 글에서 다시 출현했다(江澤民 2001, 1~20, 483~87면).

한 의미를 갖는다. 공산당 개혁의 초점이 당의 민주적 조직 및 운영이라는 '형식' 측면에서 당의 실제 통치능력 향상이라는 '내용' 측면으로 이동했음을 보여주기 때문이다.

다음으로, 당정관계 개혁은 공산당-국가기관 관계의 제도화를 목적으로 추진되었다. 그런데 당내관계 개혁이 과거 정책을 계승 발전하는 방식으로 진행된 것과 달리, 당정관계 개혁은 과거 정책을 폐기하고 새로운 정책을 수립하는 방식으로 진행되었다. 즉, 당정관계 개혁의 방침이 당정분리에서 당정결합에 기초한 의법집정으로 변화한 것이다. 1980년대에는 공산당의 과도한 권력집중 문제를 해결하기 위해 당정분리가 핵심 과제로 추진되었으나 1989년 톈안먼 사건과 1991년 소련 붕괴 이후 공산당의 권력독점을 강화하기 위해 당정분리 방침이 폐기된다. 이후 1997년 제15차 당대회에서 의법치국 방침이 확정되면서 새로운 당정관계가 모색되었다. 2002년 제16차 당대회에서 의법집정 방침이 결정된 것은 그 결과이다.

그런데 의법집정은 당정관계 개혁이지만 동시에 당내관계 개혁도 포함하고 있다. 중국은 당-국가 체제로, 당내관계는 당정관계와 밀접히 연결되기 때문이다. 단적으로, 당헌·당규에 의거해 당을 운영하는 당내관계의 법제화가 없으면, 헌법과 법률에 의거해 당정관계를 운영하는 당정관계의 법제화는 달성될 수 없다(俞可平 2007, iv, 71, 133~34면). 그래서 덩 샤오핑은 1978년에 "당규와 당법이 없으면 국법(國法)은 보장되기 어렵다"고 주장했다(鄧小平 1994, 147면).

예를 들어, 1996년 제정된 〈공산당 지방위원회 업무조례(中國共産黨地方委員會工作條例)〉는 공산당의 권한·역할·정책 결정 등을 규정한 당규이다. 이 당규는 당내관계를 다루고 있지만 동시에 당정관계를 규정하는 조항도 포함한다(中共中央辦公廳法規室等 1996, 255~63면). 지방 공산당 위원회의 주된 역할이 각종 국가기관에 대한 영도이고, 1996년의 〈업무조례〉는 이에 대한 지침을 담고 있기 때문이다. 그 결과 당내관계의 법제화를 위해 제정된 이 〈업무조례〉는 당정관계의 법제화와도 직접 연결된다. 1995년에 제정되고 2002년에 수정된 〈당정 영도간부 선발임용 업무조례(黨政領導幹部選拔任用工作條例)〉도 마찬가지로(中共中央辦公廳法規室 2009, 243~56면), 국가기관의 고위관료 임명에 대한 제반 사항을 규정하고 있다.

2. 1980, 90년대의 공산당 개혁: 당정분리의 등장과 폐기

여기서는 1980년대에 당정분리 방침이 어떻게 제기되었고, 그것이 1990년대에 들어 왜 폐기되었는가를 검토할 것이다.

(1) 1980년대: 권력집중 해소를 위한 민주집중제와 당정분리

1980년대 정치개혁의 핵심 과제는 공산당으로 권력이 과도하게 집중되는 현상을 해결하는 것이었다(陳麗鳳 2007, 300면; 中共中央黨史研究室 2009, 32면). 과도한 권력집중은 당내관계에서는 마오 쩌둥 같은 특정 개인이나 문혁 4인방 같은 특정 집단이 권력을 독점하고 자의적으로 행사하는 폐단으로 나타났다. 또한 당정관계에서는 공산당과 국가기관이 조직적·기능적으로 결합하는 당정결합과 실제 정치과정에서 공산당이 국가기관을 대체하는 '공산당의 정부대체(以黨代政)' 문제를 야기했다. 이런 당내관계 및 당정관계의 문제점을 해결하기 위해 공산당은 민주집중제와 당정분리를 제기했던 것이다.

먼저 당내관계 개혁을 살펴보자. 1978년 덩 샤오핑은 「사상해방과 실사구시로 일치단결하여 앞을 보자(解放思想, 實事求是, 團結一致向前看)」라는 발표에서 당내민주 확대를 중심으로 한 민주집중제 강화를 가장 중요한 개혁의 과제로 제시했다. 문혁과 같은 특정 시기에 당내민주가 제대로 실행되지 못함으로써 심각한 정치문제가 발생했다는 것이다(鄧小平 1994, 140~53면). 이런 주장은 1978년 11기 3중전회에서 당의 방침으로 공식 채택 되었다.[5] 이 결정 이후 고위간부의 종신제가 폐지되고 연령제와 임기제가 도입된다. 또한 공산당 당대회와 중앙위원회 등 각종 회의가 정례화되고, 기율검사위원회와 서기처가 복구되는 등 당조직도 정비되었다. 1980년에 는 〈당내 정치생활 준칙(關於黨內政治生活的若干準則)〉이 제정되면서 당 운 영에 대한 새로운 규정도 마련되었다(陳麗鳳 2007, 301~302면).[6]

1987년 제13차 당대회는 당내민주가 정치개혁의 중요 내용으로 제시된 회의이다. 먼저, "당내민주로 인민민주를 추동하는 것은 사회주의 민주정 치를 발전시키는 실행가능하고 효과적인 경로이다"라는 방침이 제시되었 다. 이는 당내민주를 정치 민주화와 연결시켜 파악하고, 동시에 정치 민주 화를 위해 당내민주를 추진해야 한다는 방침을 최초로 천명한 것이다. 또 한 당내민주의 세부 정책으로 각종 업무보고제도——예를 들어, 정치국 상 무위원회가 정치국에, 정치국이 중앙위원회에 정기적으로 업무보고—— 의 도입, 중앙위원회 회의 개최횟수의 증가, 중앙조직의 업무규칙 제정과 집단지도체제의 제도화 및 감독 강화, 선거제도 개혁과 중앙위원회 선거 에서 차액선거(差額選擧), 즉 정원보다 후보자 수를 일정 비율(약 5%) 이상 많게 하는 제한적 경쟁선거의 도입, 당원 권리의 보장강화 등이 제기되었 다.[7]

일부 지방에서는 제13차 당대회 이후 당원대표 상임제와 당지도부 직선

5) 「中國共產黨十一屆中央委員會第三次全體會議公報」(1978. 12), 中共中央文獻研究室 1982,
  1~17면.
6) 개혁기에 추진된 당내민주의 내용과 그 결과에 대한 중국학자의 평가는 鄭慧 2009,
  109~24면; 俞可平 2009, 78~98면 참조.
7) 趙紫陽 「沿著有中國特色的社會主義道路前進」(1987. 10), 中共中央文獻研究室 1991,
  50~51면.

제 등 새로운 당내민주 정책이 시험실시되었다. 1988~89년 저장성의 타이저우시(臺州市)와 사오싱시(紹興市), 헤이룽장성(黑龍江省)의 린뎬현(林甸縣)과 자오둥시(肇東市), 산시성(山西省)의 다퉁시(大同市)와 훙둥현(洪洞縣), 허베이성(河北省)의 신지시(辛集市), 후난성(湖南省)의 헝산현(衡山縣) 등 5개성 12개 시·현·구에서 당대회 연례화가 시험실시된 것은 대표적인 사례다(陳麗鳳 2007, 305면).

한편 1980년대에 들어서는 당정관계 개혁도 본격적으로 제기된다. 덩샤오핑은 1980년에 발표한 「당과 국가 영도체제의 개혁(黨和國家領導體制的改革)」에서 과도한 권력집중을 정치체제의 최대 문제점으로 지적하고, 여기서 파생되는 당정결합, 당의 정부대체, 관료주의, 가부장제, 고위간부의 특권 문제를 해결해야 한다고 주장했다(鄧小平 1994, 320~43면). 이는 1982년에 개최된 제12차 당대회에서 그대로 수용되어 공산당의 공식입장이 되었다.[8] 그러나 당시는 아직 당정분리 방침이 결정되지 않은 때였다.

당정분리 방침은 1987년 10월에 개최된 제13차 당대회에서 공식 결정된다. 정치보고에 따르면 "장기간에 걸쳐 형성된 당정결합과 당의 정부대체 문제가 아직 해결되지 않았고, 이 문제가 해결되지 않으면 당의 영도는 진정으로 강화될 수 없고 기타 개혁도 순리대로 추진되기 어렵"기 때문에 "정치체제 개혁의 관건은 무엇보다 당정분리"이고, "당정분리는 곧 당정 직능분리"이다. 또한 "공산당은 헌법과 법률의 범위 내에서 활동해야 한다"는 '공산당 영도의 법제원칙'이 재차 강조되었다(陳麗鳳 2007, 324면).

한편, 공산당 영도는 '정치영도'로 한정되었다. 정치영도는 공산당이 정치원칙과 정치방향을 제시하고 국가의 중대사항을 결정하는 것과, 국가권력기관에 중요 간부를 추천하는 것을 가리킨다. 정치영도를 행사하는 올

---

8) 胡耀邦 「全面開創社會主義現代化建設的新局面」(1982. 9), 中共中央文獻研究室 1986, 6~62면.

바른 영도방식도 제시되었다. "공산당의 주장은 법정절차에 따라 국가의 지로 변화되어야 하고, 당조직의 활동과 당원의 모범활동을 통해 광대한 인민대중을 동원하여 당의 노선·방침·정책을 실현해야 한다"는 것이다. 그밖에도 정부 부서에 대응하여 당내에 설치된 유관 부서(對口部門), 국가 기관에 설치된 당조 및 영도소조의 폐지 또는 축소가 결정되었다.[9]

정리하면, 1987년 제13차 당대회에서 과도한 권력집중이 정치체제의 최대 문제점으로 지적되었고, 이를 해결하기 위한 방침으로 당내관계 개혁으로는 민주집중제 강화(특히 당내민주의 확대), 당정관계 개혁으로는 당정분리가 결정되었다.

(2) 1990년대: 당정분리의 폐기와 정치개혁의 보수화

당정분리 방침이 결정된 이후 중앙과 지방에서는 이를 실현하기 위해 여러 조치들을 추진했다. 당조 폐지는 그 중 하나이다. 1988년 7월 공산당 중앙이 〈국무원 각 부문의 당조 폐지 의견(關於撤銷國務院各部門黨組有關問題的意見)〉을 하달하면서 국무원 일부 부서의 당조가 폐지된다. 그러나 당정분리의 실시, 특히 당조 폐지는 예상치 못한 문제를 야기했다.

우선 당정분리 방침에 따라 당조를 폐지하면서 공산당이 국가기관을 통제하는 중요한 통로이자 수단을 상실했다. 이에 따라 국가기관에 대한 공산당의 영도가 약화될 뿐만 아니라 집정당으로서의 지위도 위협받는다는 비판이 제기되었다. 즉, 다당제를 실시하는 서방국가에서도 여당은 자신이 획득한 권력을 쉽게 놓지 않는 법인데 중국에서 유일한 집정당인 공산당이 이를 시도한다는 것이다(張恆山·李林·劉永艷·封麗霞 2004, 175면). 이는 당

---

9) 趙紫陽「沿著有中國特色的社會主義道路前進」」(1987. 10), 中共中央文獻研究室 1991, 4~61면.

정분리를 통해 공산당이 당 고유의 업무에 종사함으로써 국가기관을 더 잘 영도할 수 있다는 당정분리 제창자들의 주장과는 다른 결과였다(王長江 2007, 259~72면).

또한 당정분리 방침에 따라 정책 결정과 집행을 둘러싸고 공산당 계통과 정부 계통이 분리되면서 '두개의 머리를 가진 뱀'과 같은 당정 이중권력구조(黨政二元權力結構)가 형성되었다. 이런 권력구조에서 공산당과 정부 간에는 일정한 권력다툼이 나타났고, 양자간에 갈등과 대립이 발생할 때 이를 조정할 수 없는 문제가 발생했다. 중국과 같은 당-국가 체제에서는 공산당과 정부의 권한과 책임이 분명하게 구분되지 않기 때문이다(上海社會科學院民主政治研究中心 2004, 69~70면).

이렇게 되면서 지역에 따라서는 세 가지의 공산당 집정방식이 혼재하는 '세 가지 제도의 병존'(三制竝存) 현상이 나타났다. 첫째는 당정분리 방침에 입각하여 공산당과 국가기관을 기능적으로 분리하고, 공산당 조직(일부 인원)이 국가기관에 진입하여 국가를 운영하는 방식이다. 둘째는 공산당이 국가기관 외부에서 국가운영에 관여하는 당정분리 이전의 방식이다. 셋째는 공산당이 국가기관 외부에서 국가운영을 완전히 통제하는 '일원화(一元化) 영도'로, 이는 마오 쩌둥 시대의 방식이다(黃衛平·汪永成 2005, 63~67면).

이런 문제가 나타나는 과정에서 1989년 6월의 톈안먼 사건은 공산당이 권력을 상실할 수도 있다는 위기의식을 증폭시켰다. 그러나 이때까지는 당정분리 방침이 완전히 폐기되지 않았다. 예를 들어 1989년 12월에 발표된 장 쩌민의 글을 보면, 여전히 당정직능분리가 필요하다고 주장하고 있다.[10] 그런데 1990년에 들어 동구 사회주의국가들이 붕괴하고 1991년에는 소련마저 붕괴하면서 당정분리 폐기에 대한 공산당의 방침이 확정되었

---

10) 「為把黨建設成更加堅強的工人階級先鋒隊而鬪爭」(1989. 12), 江澤民 2001, 1~20면.

다(郭定平 1998, 273면; 王勁松 1995, 351면). 샴보가 주장하듯이, 중국 지도자들은 소련이 붕괴한 가장 중요한 원인의 하나가 선거 등 민주주의 제도를 도입하여 공산당이 스스로 권력독점을 포기한 점이라고 인식했다(Shambaugh 2008, 41~86면).

이런 과정을 거쳐 당정분리 방침은 폐기되었다. 그러면서 당정관계 개혁을 바라보는 새로운 관점이 제기되었다. 이들은 무엇보다 공산당과 국가기관의 '결합'이나 '분리' 여부, 즉 당정분리냐 아니면 당정결합이냐가 관건이 아니라고 주장했다. 영도당이면서 집정당인 공산당은 당정분리를 결코 수용할 수 없기 때문이다. 대신 공산당의 집정당 지위를 공고히 유지한 상태에서, 다시 말해 당정결합을 전제로 공산당과 국가기관의 관계를 법률로 규정하고 이에 입각하여 운영하는 당정관계의 법제화가 중요하다는 인식이 형성되었다(陳麗鳳 2007, 385면). 의법치국과 의법집정 방침은 이런 변화된 관점에서 나온 것이다.

이런 분위기를 반영하여, 1992년 10월에 개최된 제14차 당대회에서는 당정관계 개혁을 포함한 정치개혁의 보수화 현상이 나타난다. 이는 1980년대까지 정치개혁과 경제개혁이 동일한 방향으로 추진되었지만 1990년대 들어서는 서로 다른 방향으로 추진되기 시작했음을 보여준다. 단적으로 경제개혁은 1980년대의 다양한 논쟁을 종결짓고 '사회주의 시장경제' 노선으로 당 방침을 확정하면서 개혁적인 방향으로 전개되었다. 이에 비해 정치개혁은 공산당의 권력독점을 공고히 하기 위해 당정분리 방침을 폐기하고, 국민의 시민적·정치적 권리 보장과 정치참여 확대를 정치개혁의 의제에서 배제하는 등 보수적인 방향으로 전개되었다.

구체적으로, 제14차 당대회에서 공산당은 사회주의 민주 발전과 법제 수립을 위해 정치개혁을 추진해야 한다고 주장했다.[11] 여기서 정치개혁은

---

11) 江澤民「加快改革開放和現代化建設步伐, 奪取有中國特色社會主義事業的更大勝利」(1992.

정치발전 그 자체를 위해서가 아니라 경제개혁과 경제발전에 기여하기 위해 추진되는 것으로 규정되었다. 사회주의 민주와 법제를 강조한 이유는 바로 이 때문이다. 즉, 그것이 "안정적인 사회·정치 환경을 유지"하고, 이로써 "경제건설과 개혁·개방의 순조로운 진전을 보장"할 수 있기 때문에 추진한다는 것이다. 이처럼 제14차 당대회에서는 정치개혁의 독자적인 가치를 부정했다. 그 결과 공산당으로의 과도한 권력집중에 대한 문제제기도 없었으며, 이를 해결하기 위한 당정분리도 전혀 언급되지 않았다.

또한 이런 방침에 입각하여 중국의 기본 정치제도, 즉 인민대표대회 제도, 공산당 영도하의 다당합작과 정치협상회의 제도, 민족단결을 위한 소수민족 자치제도 등을 강화한다는 방침을 강조하였다. 이는 권력구조 개편 등 민주적 정치체제의 도입을 포기한다는 것을 의미한다. 다른 정치개혁 과제로 정책 결정의 과학화와 민주화, 입법과 법집행(執法) 감독의 강화, 사회치안의 유지 등을 결정하였으며 또한 행정관리체제 및 정부기구 개혁을 긴급하고 중요한 과제로 제기했다(上海社會科學院民主政治研究中心 2004, 67~68면). 이는 1987년의 제13차 당대회에서 논의된 정부기구의 개혁보다 훨씬 강조된 것이다. 실제로 1990년대의 정치개혁을 보면 행정개혁과 법제개혁이 정치개혁을 압도하는 현상이 나타났다. 이는 정치개혁의 중점이 변화했음을 보여준다.

3. 의법집정의 등장 과정과 배경

공산당이 '정책·군중운동 의존(依靠政策群衆運動)'에서 '법률 의존(依靠法律)'으로 통치방식을 전환해야 한다는 문제제기는 이전에도 있었다.

---

10), 中共中央文獻硏究室 1996, 1~47면.

1956년 제8차 당대회가 대표적 사례이다. 그러나 이런 문제제기는 대약진 운동(大躍進運動, 1958~60)과 문혁 등 이후의 정치상황으로 인해 제대로 추진되지 못했다(張恆山·李林·劉永艷·封麗霞 2004, 9~10면). 또한 1987년 제13차 당대회의 당정분리 방침도 이와 유사한 문제의식에서 공산당의 통치방식을 전환하기 위한 시도였지만, 역시 제대로 추진되지 못했다. 이후 1997년 제15차 당대회에서 의법치국을 국가통치 방침으로 결정하고 2002년 제16차 당대회에서 의법집정 방침을 확정하면서 이런 문제의식을 풀어갈 수 있게 되었다.

여기서는 개혁기에 의법집정이 등장하는 과정을 연대기 순으로 간략하게 검토할 것이다. 비록 의법집정이 1990년대 중반 이후 등장했지만 그것은 1978년 이후 추진된 법제개혁의 성과에 의해 가능했기 때문에 의법집정의 형성과정 검토에서는 1980년대도 포함하였다. 또한 의법집정의 등장 배경을 이론적 측면과 실제적 측면에서 분석하되, 1990년대의 변화된 상황에 초점을 맞추었다.

(1) 의법집정의 등장 과정

의법집정의 등장과 관련하여 1980년대에는 두 가지 방침이 중요하다. 첫째는 1978년 11기 3중전회에서 공식 제기되고 1982년 당헌 개정을 통해 확정된, "공산당은 헌법과 법률의 범위 내에서 활동해야 한다"는 공산당 영도의 법제원칙이다. 이것은 개혁기 법치정책과 관련하여 가장 기본적이고 중요한 원칙이다. 그러나 이는 추상적 선언으로, 실제 정치과정에서 구체적인 법적 효력을 발휘하기는 쉽지 않았다. 그래서 이 원칙보다는 "당은 사회주의 사업의 영도핵심"이라는 당헌의 규정을 구실로 공산당이 헌법과 법률을 초월하여 활동하는 경우가 많았다.

둘째는 1987년 제13차 당대회에서 결정된 공산당의 정치영도 원칙이다.

이에 따라 공산당은 정치원칙 및 정치방향을 제시하고 중대사항을 결정하며, 국가기관에 중요 간부를 추천하는 역할을 담당한다. 이런 정치영도를 제외한 나머지는 각 국가기관이 헌법과 법률에 의거하여 독자적인 권한하에 자율적으로 담당한다. 1990년대 들어 당정분리 방침은 폐기되었지만 이같은 정치영도 원칙은 유지되었다. 1996년 〈공산당 지방위원회 업무조례〉 제정은 이를 잘 보여준다. 이 조례에 의하면, 공산당 위원회는 해당지역의 중대 문제에 대한 정책 결정, 당조직의 주장을 법정 절차에 따라 해당지역의 법규 또는 행정명령으로 전환, 중요 간부의 추천, 국가 및 사회조직에 당조 건립, 해당지역의 입법기관·사법기관·행정기관·경제조직·문화조직과 사회단체의 조직 및 조정을 담당한다(中共中央辦公廳法規室等 1996, 255~56면).

1990년대에 들어서는, 1997년 제15차 당대회에서 의법집정의 등장과 관련한 매우 중요한 방침과 원칙이 결정된다. 첫째는 의법치국 방침의 결정이다. 의법치국을 공산당 개혁에 적용한 것이 바로 의법집정이므로, 의법집정이 공식 결정된 것은 2002년 제16차 당대회에서였지만 그 방침과 내용은 1997년의 제15차 당대회에서 이미 결정되었다고 말할 수 있다.

둘째는 '전체총괄(總攬全局) 각방조정(協調各方)'의 영도원칙이다. 여기서 '전체총괄'은 공산당 영도의 방향성에 대한 원칙으로, 각 지방의 당위원회가 해당지역 전체와 관련된 중대사항을 결정하는 등 포괄적이고 전체적인 업무를 총괄 지도하는 역할을 담당한다는 것이다. 반면 구체적이고 세부적인 업무는 각 국가기관과 경제·사회·문화조직이나 단체가 담당한다. '각방조정'은 공산당과 국가기관 및 각종 사회조직 간의 관계에 대한 원칙이다. 즉, 공산당은 해당지역에서 여러 국가기관, 각종 조직과 단체를 조직할 뿐만 아니라 이들 사이의 업무를 잘 조정하여 이들 기관과 조직이 맡은 임무를 충실히 수행할 수 있도록 영도해야 한다(侯樹棟·許志功·黃宏 2004, 334면). 이와 같은 원칙은 1987년 제13차 당대회에서 결정된 정치영도

원칙을 좀더 구체화한 것이다.

이처럼 1997년 제15차 당대회에서 의법치국 방침과 전체총괄 각방조정 원칙이 확정됨으로써 2002년 제16차 당대회에서 의법집정 방침과 공산당의 집정능력 강화가 결정될 수 있었다. 제16차 당대회에서는, 사회주의 민주정치는 공산당 영도, 인민의 주인화, 의법치국의 유기적 통일을 견지해야 한다는 '세 가지 유기적 통일론'이 결정되었다. 또한 공산당은 영도방식과 집정방식 개혁을 위해 의법집정을 견지하여 국가와 사회를 영도해야 한다고 강조되었다. 그밖에 사회주의 시장경제의 운영능력, 사회주의 민주정치의 발전능력, 사회주의 선진문화의 건설능력, 사회주의 조화사회의 건설능력, 국제정세 대응과 국제사무의 처리능력 등 5개 영역에서 공산당의 집정능력을 강화하여 영도수준과 집정수준을 제고한다는 방침이 결정되었다. 이 중에서 의법집정은 민주정치 발전능력 강화의 중요한 요소이다.[12] 이런 결정은 2004년 16기 4중전회에서 〈당의 집정능력 건설 강화 결정(關於加强黨的執政能力建設的決定)〉을 통해 더욱 구체화되었다(中共中央文獻研究室 2006, 271~96면).

(2) 의법집정의 등장 배경

2002년 의법집정 방침이 공식 결정된 데에는 먼저 이론적 배경을 들 수 있다. 이 책의 앞부분에서 살펴보았듯이, 1997년 제15차 당대회에서 의법치국 방침이 공식 결정된 이후 정치개혁은 의법치국을 중심으로 통합되었다. 정부개혁과 관련해서는 1999년 11월에 국무원이 〈의법행정의 전면추진 결정〉을 하달하면서 '의법행정'이 본격화되었고, 이것은 2004년

---

12) 江澤民 「全面建設小康社會, 開創中國特色社會主義事業新局面」(2002. 11), 新華月報 2005, 3~45면.

의 〈2004년 요강〉 반포를 통해 더욱 강화된다(袁曙宏 2004, 329~32, 334~43면: 江必新 2004). 뿐만 아니라 1999년부터 2009년까지 3회에 걸친 〈법원개혁 요강〉의 제정을 통해 사법공정과 사법효율 제고를 위한 법원개혁을 전면적으로 추진하게 된다.

이처럼 의법치국 방침이 결정되고 각 국가기관이 이를 구체적으로 실천할 방침을 제정, 집행하는 상황에서 공산당도 이에 대한 방침을 제정해야만 했다. 중국이 의법치국을 제대로 실천하려면 유일한 집정당인 공산당이 먼저 '법률에 의거해 집정'해야 하고, 이럴 경우에만 비로소 행정기관의 의법행정, 사법기관의 사법공정을 보장할 수 있기 때문이다(張恆山·李林·劉永艶·封麗霞 2004, 12면). 이와 같은 논리에 따라 2002년 의법집정 방침이 공식 결정되었고, 이렇게 되면서 의법치국은 권력기관별로 의법행정, 사법공정, 의법집정 등으로 세분화되어 실시된다.

공산당이 의법집정 방침을 제기한 데에는 현실 상황이 더 중요했다. 개혁·개방 정책의 실시 이후 급격하게 변화하는 사회·경제적 환경 속에서 공산당은 기존과는 다른 방식으로 통치 정당성을 제고해야 했던 것이다. 의법집정은 이를 위한 하나의 시도이다. 물론 공산당이 정당성 위기(legitimacy crisis)에 직면한 것은 결코 아니다. 여러 연구가 보여주듯이, 급속한 경제성장과 국민의 생활수준 향상, 국제지위의 상승 등 개혁기에 달성한 업적으로 인해 국민은 공산당의 통치를 인정하고 수용하고 있으며, 이런 면에서 공산당의 업적 정당성은 아직 유효하다(Schubert 2008, 191~204면; Yue 2008, 79~102면). 그러나 1990년대 중반 이후 새로운 위험요소들이 등장했고, 공산당은 의법집정을 통해 이를 타개하고 통치 정당성을 더욱 높이고자 했다.

중국학자들에 따르면 그동안 공산당의 통치 정당성은 두 가지 원천에서 유래했다. 첫째는 역사적 정당성으로, 이는 국민들의 '보은(報恩)의식'에 기반한 것이다. 즉, 국민들은 공산당이 사회주의혁명을 통해 중국을 '구원한 것'에 감사하고 이 때문에 공산당의 통치를 지지한다는 것이다. 둘째는 업적 정당성, 즉 개혁기 경제성장과 국민의 생활수준 향상에 따른 공산당 지지이다. 이런 두 가지 정당성 이외에도 중국은 마오 쩌둥 시기에는 사회주의 이념, 개혁기에는 민족주의 이념 등 각종 이데올로기를 동원하여 공산당 통치를 정당화했다.

그런데 개혁·개방 정책이 본격적으로 추진되면서 역사적 정당성과 업적 정당성만으로 공산당 통치를 정당화하는 데는 한계가 있었다. 우선 시간이 가면서 국민들이 과거를 잊고 현재와 미래를 중시하면서 과거 회고적인 역사적 정당성은 오래갈 수 없게 되었다. 또한 고도 경제성장이 장기간 유지될 수 없을 뿐만 아니라, 중국 경제가 세계경제체제에 편입되면서 불확정적인 요소가 증가했다. 따라서 경제성장에만 의존하는 업적 정당성은 너무 위험해졌다. 게다가 사회 불평등의 심화와 지역격차 확대 등 여러 문제가 심각하게 대두하면서 업적 정당성에 의문을 제기하는 사회계층과 집단이 증가하는 것도 공산당에게는 큰 부담이었다(黃衛平 2002, 1~20면; 俞可平 2007, 3~43면). 이런 배경 속에서 공산당은 기존의 역사적 정당성과 업적 정당성에 더해 법적 정당성을 추가함으로써 통치 정당성을 더욱 공고히 해야 한다는 판단을 했다. 의법치국과 의법집정은 이런 판단에 따라 등장한 것이다.

의법집정 방침이 결정된 데에는 공산당 중앙이 법률을 동원해 지방 당조직과 당원의 일탈행위를 통제하려는 의도도 작용했다. 개혁기 대부분의 지방에서는 고위 당정간부의 권력남용과 부정부패가 심각한 정치문제로 부각되었다. 이를 두고 페이는 지방에서 공산당과 정부가 '발전국가'(developmental state)에서 '약탈국가'(predatory state)로 변질되었다고 주장한다(Pei 2006, 33~44면). 따라서 만약 이를 그대로 방치할 경우 안정적인 공산당 통치는 보장될 수 없다. 그렇다고 전국의 모든 당조직과 당 간부를 중앙이 매번 단속할 수는 없다. 이런 상황에서 공산당 중앙은 당규와 법률에 의거하여 권력을 장악, 운영하는 '집정의 법제화'를 추진함으로써 지방 당조직과 당원을 통제하려고 시도한다는 것이다(Delisle 2008, 185~211면).

한편, 중국이 이처럼 의법치국과 의법집정 방침을 결정한 데에는 싱가포르의 영향도 있었던 것으로 보인다. 이미 잘 알려졌듯이, 개혁기 많은 중국 정치지도자와 학자들은 중국의 정치발전과 관련하여 한국과 타이완 같은 '민주국가 경로'가 아니라 싱가포르와 홍콩 같은 '법치국가 경로'를 선호하는 경향이 있었다(黃衛平·汪永成 2003, 247~71면; Wei 2006, 3~40면; 潘維 2003, 3~60면). 이런 싱가포르식 정치발전과 경제성장 과정에서는 국민행동당(People's Action Party)이 큰 역할을 담당했다. 국민행동당은 경제성장을 위해 민주가 아니라 법질서 확립을 핵심 과제로 추진했고, 그것이 크게 성공함으로써 국민의 지지를 받아 1965년 이후 지금까지 집정당의 지위를 유지하고 있다. 공산당은 의법집정을 통해 싱가포르의 국민행동당처럼 통치방식을 전환하고 이를 통해 안정적으로 장기집권하기를 바라고 있는지도 모른다.

4. 의법집정의 정책내용과 실시

의법집정의 일부 정책은 1997년 의법치국 방침의 결정 이후 새롭게 도입된 것이다. 그러나 대부분의 정책은 1980년대부터 실시해오던 것을 계승, 발전시킨 것이다. 공산당의 새로운 방침 결정은 새로운 정책의 도입을 의미하는 경우도 있지만 그보다는 과거의 정책을 공식 승인하고 이를 전국적으로 확대하는 경우가 더 많다. 1980년대 초부터 일부 지방에서 실시되던 촌민위원회 선거를 공산당 중앙이 승인하고 1987년에 관련 조례를 제정하여 전국적으로 확대 실시한 것은 대표적인 사례이다. 의법집정도 마찬가지이다.

중국이 추진하는 의법집정의 세부 정책으로는 다음 네 가지를 들 수 있다. 첫째는 당규 제정과 정비를 통해 당내관계를 법제화하는 의법치당(依法治黨) 정책이다. 둘째는 공산당 고위간부에 대한 법제·법치 교육을 강화하는 것이다. 고위 당정간부가 확고한 법제의식(法制意識)을 갖고 있지 않으면 의법치국과 의법집정은 제대로 추진될 수 없기 때문에 공산당은 이를 매우 중시했다. 그래서 법률보급운동에서 당정간부(특히 고위간부)가 시종일관 중점 교육대상에 선정되었다.[13] 셋째는 법률 제정을 통해 주요 국가기관의 조직과 운영을 규정함으로써 공산당-국가기관 관계를 법제화하는 정책이다. 이는 주로 주요 국가기관의 조직과 운영에 대한 법률을 제정하는 방식으로 나타났다. 넷째는 공산당-의회 관계의 재조정이다. 이는 공산당이 의법집정 방침에 따라 추진하는 당정관계 조정의 핵심 과제이다.

(1) 당규 정비를 통한 당내관계의 법제화

의법집정은 공산당 통치방식의 법적 정당화를 위해 당정관계 법제화를 주요 과제로 하여 추진되고 있지만 동시에 당내관계의 법제화도 포함한다. 앞에서 말했듯이, 중국 같은 당-국가 체제에서 당정관계의 법제화는 당내관계의 법제화 없이는 불가능하기 때문이다. 이런 면에서 당규 제정과 집행을 통한 당내관계의 법제화는 당정관계 법제화의 전제이면서 동시에 중요한 구성요소이다.

표4-1과 그림4-1은 당규의 제정 및 수정 상황을 정리한 것이다. 이에 따르면 공산당은 의법치국과 의법집정 방침을 결정한 이후 당내관계의 법제화를 위해 많은 당규를 제정 및 수정했다. 구체적으로, 표4-1에 의하면, 당규가 가장 많이 정비된 시기는 1996~2000년 사이이다. 이 기간에 전체 369건의 당규 중 모두 124건(33.6%)의 당규가 제정 및 수정되었다. 두번째로 많

---

13) 중국의 법률보급운동에 대해서는 조영남 2012a 참조.

표4-1 공산당 당헌·당규의 제정 및 수정 상황

연도		건수(%)	소계(%)
1970년대	1979~80	9(2.4)	9(2.4)
1980년대	1981~85	26(7.1)	74(20.1)
	1986~90	48(13.0)	
1990년대	1991~95	53(14.4)	177(48.0)
	1996~2000	124(33.6)	
2000년대	2001~2005	79(21.4)	109(29.5)
	2006~2007	30(8.1)	
총계			369(100)

주: 이 통계는 공개된 유효규정(당헌·당규)만을 대상으로 작성된 것으로, 공산당이 제정한 모든 규정을 포괄하는 것은 아니다. 즉 비공개 규정과 폐기된 규정은 이 통계에서 제외되었다.
출처: 中共中央辦公廳法規室 1996; 2001; 2009.

그림4-1 공산당 당헌·당규의 연도별 제정 및 수정 상황

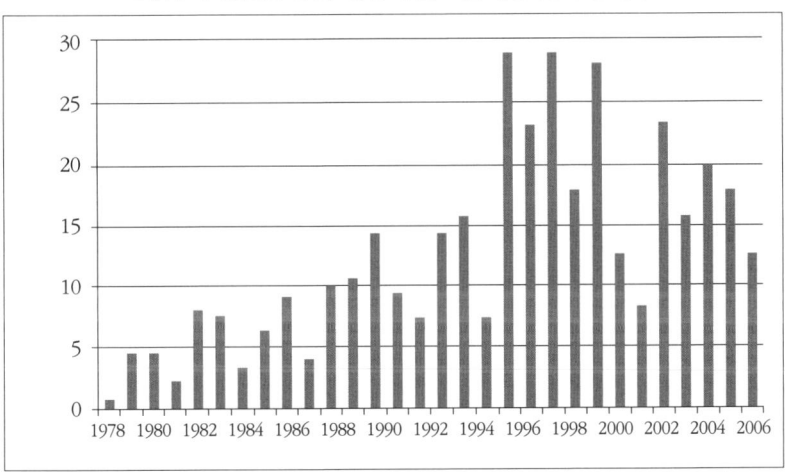

은 시기는 2001~2005년으로, 이 시기에 모두 79건(21.4%)의 당규가 제정 및 수정되었다. 그림4-1에 의하면 당규가 가장 많이 정비된 해는 1996년 (28건)과 1998년(28건)이고, 그 다음이 2000년(27건)이며, 세번째가 1997년(23건)과 2003년(23건)이다.

1996~2000년과 2001~2005년의 두 시기에 당규가 가장 많이 정비된 이유는 의법치국과 의법집정 방침이 바로 이때에 결정되었기 때문이다. 구체적으로, 1996년 2월 정치국 법제강좌에서 장 쩌민 당시 총서기는 "의법치국은 사회진보 및 사회문명의 중요한 지표이며, 사회주의 현대화 국가 건설의 필수적 요구"라는 입장을 발표했다. 이로써 국가 최고지도자에 의해 의법치국이 공식 승인되었다. 이런 장 쩌민의 입장은 1997년 제15차 당대회에서 의법치국 방침으로 확정되었다. 이를 배경으로 공산당은 당규 정비에 많은 노력을 기울였고, 그 결과 1996년부터 5년 동안 당규 정비가 폭발적으로 늘어났다. 이와 비슷하게 2002년 의법집정 방침이 결정되면서 2001~2005년 동안 당규 정비가 활발하게 이루어졌다.

표4-2와 그림4-2는 법률과 행정법규의 정비 상황이 당규의 정비 상황과 어떻게 다른가를 검토하기 위해 작성된 것이다. 이 중에서 법률은 전국인대와 전국인대 상무위원회가, 행정법규는 국무원이 제정해 전국적으로 적용되는 국가 법률 성격의 규정이다. 지방성법규는 성급(省級) 지방인대가 작성한 것으로 해당지역에만 적용된다.

먼저, 법률과 행정법규의 정비 상황은 당규의 정비 상황과 분명하게 다르다. 표4-2에 의하면, 법률과 행정법규가 가장 많이 정비된 시기는 2001~2005년이다. 이는 당규가 1996~2000년 동안 가장 많이 정비된 것과 큰 대조를 이룬다. 법률의 경우 전체 805건 중에서 이 기간에 228건(28.3%), 행정법규는 전체 4,156건 중에서 이 기간에 1,304건(31.4%)이 제정 및 수정되었다. 지방성법규는 더욱 두드러져 이 기간에 전체 법규의 60.5%가 제정 및 수정되었다. 또한 법률과 행정법규는 1990년대 전반기와 후반기에 비교적 균등하게 정비되었다. 이는 당규가 1990년대 후반기에 집중적으로 정비된 것과 다르다. 구체적으로 1991~95년 동안 법률과 행정법규는 각각 171건(21.4%)과 711건(17.1%), 1996~2000년 동안 법률과 행정법규는 각각 183건(22.7%)과 724건(17.4%)이 제정 및 수정되었다.

표4-2 법률·행정법규·지방성법규의 연대별 제정 및 수정 상황

연도		법률(%)	행정법규(%)	지방성법규(%)	총수(%)
1970년대	1979~1980	28(3.4)	165(4.0)	304(0.3)	497(0.4)
1980년대	1981~1985	83(10.3)	667(16.0)	2,741(2.4)	3,491(3.0)
	1986~1990	112(13.9)	585(14.1)	7,064(6.1)	7,761(6.4)
1990년대	1991~1995	171(21.4)	711(17.1)	12,413(10.7)	13,295(11.0)
	1996~2000	183(22.7)	724(17.4)	23,028(20.0)	23,935(19.9)
2000년대	2001~2005	228(28.3)	1,304(31.4)	69,819(60.5)	71,351(59.3)
총계		805(100)	4,156(100)	115,369(100)	120,330(100)

출처: 朱景文 2007, 2~3면 〈표1-01〉의 통계를 편집하여 작성.

그림4-2 법률·행정법규·지방성법규의 연대별 제정 및 수정 상황

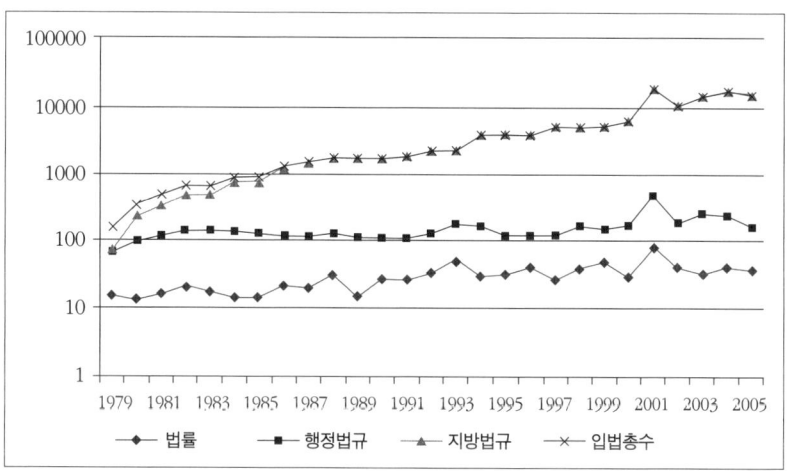

출처: 朱景文 2007, 2~3면 〈표1-01〉의 통계를 편집하여 작성.

이런 사실은 법률과 행정법규가 당규와는 다른 상황하에서 정비되었음을 알려준다. 우선 2001~2005년 기간에 법률과 행정법규가 가장 많이 정비된 이유는 분명하다. 이는 중국이 2001년에 세계무역기구에 가입하면서 이에 필요한 법률과 행정법규를 정비하면서 나타난 현상이다. 예를 들어, 국무원은 2001년 '행정 인허가제도(行政審批制度)의 개혁업무 영도소조'

를 설치하여, 총 3,674개에 달하는 국무원 인허가 항목 중에서 2002년 11월에 789개, 2003년 3월에 406개를 폐지 또는 이양하는 등 2005년까지 모두 1,795개 항목을 축소했다(조영남 2006a, 18면). 정부의 행정 인허가제도가 변화함에 따라 관련 법률과 행정법규의 정비가 필요해졌다.

또한 당규와 달리 법률과 행정법규가 1990년대 전반기와 후반기에 균등하게 대규모로 제정 및 수정된 이유는 1992년 제14차 당대회에서 사회주의 시장경제가 공식 방침으로 결정된 사실과 밀접히 연관된다. 시장경제의 도입과 운영을 위해서는 법률의 제정과 집행이 필수적이기 때문이다. 이런 이유로 전국인대는 시장경제 운영에 필요한 법률체계를 수립하기 위해 신속하게 법률을 제정한다는 방침을 1993~98년 제8기 전국인대 시기의 핵심 과제로 결정하고 추진했다. 이는 국무원과 성급 지방인대도 마찬가지였다. 그 결과 전체 법률의 44.1%, 전체 행정법규의 34.5%가 1990년대에 제정 및 수정되었다.

정리하면, 공산당 당규의 정비 상황은 의법치국 및 의법집정 방침의 결정과 연계되어 변동했다. 이는 공산당이 의법치국과 의법집정 방침을 추진하기 위해 당규를 신속하게 정비했음을 말하는 것이다. 이에 비해 국가의 법률과 행정법규는 경제정책의 변화와 밀접히 연관되어 정비되었다. 1992년 시장경제 방침의 채택과 2001년 중국의 세계무역기구 가입이 법률과 행정법규 정비에 가장 큰 영향을 미친 사실은 이를 잘 보여준다.

(2) 고위간부의 법제교육 강화와 법제의식의 제고

공산당 중앙이 의법치국과 의법집정 방침을 결정하더라도 만약 고위 당정간부들이 이를 집행하지 않으면 이 방침은 제대로 추진될 수 없다. 그래서 공산당은 1982년 당헌 제정을 통해 공산당 영도의 법제원칙을 확정한 이후 고위 당정간부를 대상으로 한 법제교육(1990년대 중반 이후에는 법치교육)에 많은 노력을 기울였다(侯樹棟·許志功·黃宏 2004, 339~41면). 몇가지 사실을 통해 이를 확인할 수 있다.

먼저, 중국은 1986년부터 2010년까지 모두 5회——제1차 1986~90년, 제2차 1991~95년, 제3차 1996~2000년, 제4차 2001~2005년, 제5차 2006~10년——에 걸쳐 법률보급운동을 전개했다. 그런데 이런 법률보급운동에서 시종일관 가장 중요한 교육대상으로 선정된 집단이 바로 현급(縣級) 이상의 '영도간부(領導幹部)', 즉 고위 당정간부였다. 교육내용은 초기에는 헌법과 형법 같은 개별 법률을 중심으로 하다가 후기에는 법률체계와 법제·법치 이론으로 변화했다. 교육방식도 이론학습 위주에서 이론과 실천의 결합 중심으로 바뀌었다(司法部 宣傳司 2001(下), 1589~96면; 朱景文 2007, 577~91면). 이 가운데 학교, 공장, 마을 등 기층단위에서 '의법치리' 정책이 실시되었고, 이것이 1990년대에 들어 상급 행정단위로 확대되면서 최종적으로는 의법치국 방침으로 연결되었다.

고위 당정간부를 대상으로 한 법제·법치 교육은 공산당 최고지도자들이 주도적으로 추진했다. 예를 들어, 후 야오방(胡耀邦) 전 총서기는 1985년에 최초의 법제강좌를 개설하여 최고지도자들의 법률 학습과 실천을 강조했다. 상하이시에서는 당시 당서기였던 장 쩌민이 1986년 4월 140여명의 고위 당정간부가 참여하는 제1회 법제강좌를 개설한 이후 매주 1회씩 총 8회에 걸쳐 법률학습을 주도했으며, 이런 전통은 후임 상하이시 당서기에 의해 이어졌다. 1989년 총서기가 된 장 쩌민은, 이런 상하이시에서의 경험을 바탕으로 중앙에서도 법제강좌를 주도했다.

이런 노력의 결과 1994년 이후 공산당 최고지도자들의 법률 집단학습(集體學習)은 정례화된다. 표4-3은 공산당 정치국이 1994년 12월부터 2007년 3월까지 개설한 총 20회의 법제·법치 강좌의 시기와 주제를 정리한 것이다. 이에 따르면, 정치국은 매년 1,2회의 강좌를 정기적으로 개설했다. 법제·법치 강좌는 중앙판공청이 주도하여 준비했고, 매번 한두 명의

표4-3 공산당 중앙정치국 법제·법치 강좌의 시기와 주제

시기	주제	시기	주제
1994. 12	국제 통상법률제도와 GATT	2000. 9	서부개발과 중서부 발전 가속화를 위한 법률 보장
1995. 1	사회주의 시장경제 법률제도의 건설 문제	2001. 7	법률수단을 사용한 정보 네트워크의 건강한 발전 보장 및 촉진
1996. 2	의법치국과 사회주의 법제국가 건설에 관한 이론과 실천 문제	2002. 1	헌법의 진지한 관철 실시와 소강사회의 전면적 건설
1996. 12	국제관계 중 국제법의 역할	2003. 9	의법치국 견지와 사회주의 정치문명의 건설
1997. 5	일국양제와 홍콩기본법	2004. 4	법제건설과 사회주의 시장경제체제의 완벽화
1997. 12	과학기술 진보와 법제건설	2005. 12	행정관리체제의 개혁과 경제법률제도의 완벽화
1998. 5	금융안전과 법제건설	2006. 5	국제 지적재산권 보호와 중국 지식재산권 보호 법률제도의 건설
1998. 12	사회보장과 법제건설	2006. 6	과학집정, 민주집정, 의법집정의 견지
1999. 6	농촌 개혁·발전·안정의 법률에 의거한 보장과 촉진	2006. 11	우리나라 사회주의 기층 민주정치 건설의 연구
1999. 11	국유기업 개혁과 발전의 법률에 의거한 보장과 촉진	2007. 3	물권법(物權法) 제정 및 실시에 관한 약간 문제

출처: 「中央政治局集體學法12年凸顯依法治國期法治進步」, 〈中國新聞網〉 2006년 12월 6일, http://www.chinanesw.com.cn/gn/news/2006/12-06/833001.shtml (검색일: 2010. 7. 10).

전문가가 주제 발표를 하고 총서기를 포함한 정치국원이 참석하여 토론하는 방식으로 진행되었다. 강좌의 주제는 법률과 관련하여 중국이 당면한 주요 문제가 선정되었다.

물론 공산당 최고지도자들이 법률만을 학습했던 것은 아니다. 예를 들어, 후 진타오 집권 1기인 2002년 12월부터 2007년 1월까지 공산당 정치국은 모두 38회에 걸쳐 집단학습을 실시했다. 법률, 국방, 문화, 역사, 농촌, 교육, 민주, 사회 등 모두 16개 주제를 선정해, 매회 한두 명의 전문가가 발표하고 정치국원이 토론에 참여했다. 그런데 이같은 후 진타오 시대의 집

단학습에서도 법률이 매우 중시되었다. 이는 두 가지 사실을 통해 확인할 수 있다. 첫째, 제1차 집단학습 주제는 헌법 실시와 소강사회(小康社會) 건설이었다. 이를 통해 최고지도자들은 헌법 준수를 매우 중시한다는 사실을 당정간부에게 전달했다. 둘째, 총 38회의 강좌 중에서 법률을 주제로 한 강좌가 모두 5회(전체의 14%)로 가장 커다란 비중을 차지했다.[14]

고위 당정간부에 대한 법제·법치학습을 강화하기 위해 공산당은 이를 공산당 당교(黨校)와 간부학교의 정규 프로그램에도 포함시켰다. 이는 1986년 제1차 5개년 법률보급운동이 시작되면서 중앙당교의 요구로 시작해서 전국으로 확산된 것이다. 그 결과 당교는 법제를 필수과목으로 가르친다. 예를 들어, 중앙당교의 정규강좌로 '3개 기본(三個基本)'과 '5개 현대(五個當代)'가 있다. 여기서 3개 기본은 맑시즘, 마오 쩌둥 사상, 덩 샤오핑 이론, 5개 현대는 현대 세계경제, 현대 세계기술, 현대 세계법과 중국의 법제건설, 현대 세계군사와 중국의 국방건설, 현대 세계 사상조류이다. 여기서 알 수 있듯이, 고위 당정간부들이 중앙당교에서 교육을 받을 때 법제·법치 과목은 필수이다(Wibowo and Fook 2006, 139~56면; Shambaugh 2008, 143~48면).

이런 정책은 최근까지 이어지고 있다. 예를 들어, 2009년 9월 공산당 중앙 조직부, 선전부, 정법위원회, 국무원 교육부는 공동으로『사회주의 법치이념 교본(讀本)』을 배포하면서 〈"사회주의 법치이념 교본"의 학습 통지(關於認真學習"社會主義法治理念讀本"的通知)〉를 하달했다. 이 통지는 사회주의 법치이념을 고위 당정간부의 학습과 당교의 교육 프로그램에 반드시 포함시킬 것을 지시하고 있다. 이를 통해 공산당은 고위간부들이 개별 법률과 제도뿐만 아니라 이론 면에서도 사회주의 법치를 정확히 이해하고 실천할 것을 요구했다(中共中央政法委員會 2009, 1~5면).

---

14)「解密歷次中央政治局集體學習過程及重大課題」,〈新華網〉2007년 11월 27일, http://news.xinhuannet.com/book/200-11/27/conent_7150631.htm (검색일: 2010. 7. 10).

공산당 고위간부에 대한 법제·법치 교육의 강화가 실제로 어느 정도 효과가 있는지 정확히 알 수는 없다. 중국 전역에 걸쳐 나타나는 지방 고위 당정간부들의 권력남용과 부패 문제를 보면, 공산당 중앙의 이런 정책은 여전히 큰 효과가 없어 보인다. 그러나 점진적이지만 분명하게, 고위 당정간부의 법률의식이 높아지고 의법집정을 실천하려는 모습이 보이는 것도 사실이다. 이런 현상은 광둥성, 상하이시 등 경제가 발전하고 일찍부터 의법치성(시) 정책을 추진한 연해지역에서 더욱 분명하게 나타난다. 단적으로 이들 지역에서 1980년대에 '법률에 거스르는 개혁(違法改革)'이, 1990년대에 '법률과 개혁의 동시 진행(同步改革)'이 대세였다면, 2000년대에는 '법률의 개혁 인도(法律引導改革)' 또는 '선 입법 후 개혁(先立法 後改革)'이 대세이다.[15]

또한 고위 당정간부의 법률의식 증가는 공산당과 지방인대 간의 관계에서도 잘 나타난다. 즉, 1990년대에 들어, 특히 1997년 의법치국 방침의 결정 이후 지방인대가 법에 의해 권한을 행사하는 것을 공산당 지방위원회가 적극 지원하는 경향이 눈에 띄게 증가했다는 것이다. 이런 공산당 지도부의 태도 변화로 인해, 지방인대가 법에 근거하여 정부에 대한 감독을 전개할 때 전과 달리 고위 공무원들이 이를 적극 수용하는 모습을 보이기 시작했다(Cho 2009b, 43~63면). 이런 점에서 고위 당정간부를 대상으로 하는 법제·법치 교육의 강화는 어느정도 실효를 거두고 있다고 평가할 수 있다.

(3) 법률 제정을 통한 당정관계의 제도화

일부 중국학자는 의법치국과 의법집정의 방침을 실현하기 위해서, "조

---

15) 광둥성 정부 고위공직자와의 인터뷰(2006년 2월 22일과 2009년 8월 11일, 광저우시); 선전시 의회 및 정부 고위공직자와의 인터뷰(2006년 2월 17일과 2009년 8월 12일, 선전시).

건이 성숙되면" 헌법에 공산당의 권리와 의무, 특히 당의 활동범위와 권력 제한을 분명히 규정해야 한다고 주장한다(侯樹棟·許志功·黃宏 2004, 339면). 이를 통해 "공산당은 헌법과 법률의 범위 내에서 활동해야 한다"는 당헌의 규정을 제대로 실현할 수 있다는 것이다. 이는 현행 헌법과 당헌에 이와 관련된 규정이 있지만 매우 추상적이어서 실제 구속력을 발휘하기에는 한계가 있기 때문이다.

이런 주장과는 상관없이, 중국은 개혁 초기부터 법률 제정을 통해 각 국가기관의 지위와 역할을 규정하려는 노력을 지속해왔다. 표4-4는 이를 정리한 것이다. 우선 주요 국가기관, 즉 전국인대와 지방인대, 국무원과 지방정부, 법원과 검찰에 대한 법률은 이미 1980년대에 제정되었다. 1979년의 〈지방인대 및 정부 조직법〉〈법원 조직법〉〈검찰 조직법〉〈인대 선거법〉, 1982년의 〈전국인대 조직법〉〈국무원 조직법〉의 제정은 대표적이다. 1990년대에 들어서는 각 국가기관의 구성원과 역할에 대한 좀더 세부적인 법률이 제정되었다. 1992년의 〈인대 대표법〉, 1993년의 〈국가공무원 임시조례〉(2005년 〈공무원법〉으로 수정), 1995년의 〈법관법〉〈검찰관법〉〈경찰법〉의 제정은 이를 잘 보여준다. 또한 표4-4에 의하면 국가기관 법률 중에서는 의회에 대한 것이 가장 많다.

그런데 국가기관에 대한 기존의 법률에는 당정관계, 즉 공산당-국가기관 간의 관계에 대한 규정이 포함되어 있지 않다는 문제가 있다. 대신 당정관계에 대한 규정은 당규가 담당한다. 1991년 비공개로 하달된 〈의견〉은 대표적 사례이다. 이는 입법과 관련된 공산당-전국인대의 관계를 규정하고 있다. 1995년 제정된 〈당정 영도간부 선발임용 업무조례〉와 1996년 제정된 〈공산당 지방위원회 업무조례〉도 마찬가지이다. 즉 이와 같은 당내 조례가 공산당의 각종 국가기관에 대한 영도 내용과 방식, 각종 국가기관의 고위관료 임용에 대한 제반 사항을 규정하고 있는 것이다.

이런 사실은 당-국가 체제라는 중국의 특징을 보여주는 동시에 당정관

표4-4 당정관계와 관련된 주요 법률 및 당규 제정상황

구분	법률	당규(당내 결정 포함)
의회	1979년: 지방인대 및 정부 조직법, 인대 선거법 1982년: 전국인대 조직법 1992년: 인대 대표법 2000년: 입법법(立法法) 2006년: 인대 감독법	1991년: 인대 입법업무 의견 2005년: 전국인대 대표 의견
정부	1979년: 지방인대 및 정부 조직법 1982년: 국무원 조직법 1993년: 공무원 임시조례(2005년 공무원법)	1995년: 당정 영도간부 선발 임용 임시조례(2002년 수정) 1996년: 공산당 지방위원회 업무조례
법원· 검찰	1979년: 법원 조직법, 검찰 조직법 1995년: 법관법(法官法), 검찰관법(檢察官法)	
검찰·군	1995년: 경찰법 2000년: 현역군관법 2009년: 무장경찰법	2003년: 인민해방군 정치업무 조례

계 법제화의 한계를 보여준다. 즉, 당정관계가 엄격한 법률이 아니라 공산당 중앙의 결정을 포함한 당규에 의해 규정됨으로써 법제화가 철저하게 실현될 수 없다는 것이다. 이는 의법치국과 의법집정이 당정분리가 아니라 당정결합을 전제로 해서 당정관계의 법제화를 위해 추진되는 방침이라는 점에서 처음부터 내재된 한계이다. 공산당이 이런 방침을 폐기하지 않는 한 이 문제는 미래에도 지속될 것이다.

(4) 공산당-의회 관계의 재조정

1980년대에 당정관계 개혁을 위해 당정분리가 추진될 때에는 공산당-정부 관계가 개혁의 중심이었다. 그런데 의법집정 방침에서는 공산당-의회 관계가 개혁의 중심이다. 이는 의법집정이 공산당 통치방식의 법적 정당화를 목표로 추진되면서 공산당 집권에 법적 정당성을 제공할 수 있는

공산당-의회 관계가 중요해졌기 때문이다. 이와 관련하여 세 가지 정책이 추진되고 있다. 첫째는 현행 법률에 의거하여 공산당-의회 관계를 좀더 철저하게 운영하는 것이다. 둘째는 당서기가 지방인대 주임(主任, 한국의 지방의회 의장에 해당)을 겸임함으로써 공산당의 집권을 합법화하는 것이다. 셋째는 공산당 지방위원회가 지방인대에 진입하여 지방인대 운영을 주도하는 공산당-의회의 통합이다. 이 중에서 첫째와 둘째는 전국적으로 실시되고 있고, 셋째는 일부 지역에서 시험실시되었다.

첫째, 현행 법률에 의거한 공산당-의회 관계의 운영을 살펴보자. 현재 공산당-의회 관계에는 세 가지 원칙이 적용된다. 첫째, 인대 당조(黨組, 지방인대 내에 조직된 공산당의 지도조직)는 헌법과 법률의 범위 내에서 활동하고 엄격히 법률에 의거하여 관련 업무를 처리한다. 둘째, 공산당은 지방인대 내 당 조직과 당원을 통해 지방인대에 대한 당의 영도를 실현한다. 동시에 국가권력기관으로서 지방인대가 법률에 의거하여 자신의 직무를 잘 수행할 수 있도록 적극 영도, 지지한다. 셋째, 지방인대는 공산당 영도를 자발적으로 수용하고 자신의 직무수행을 통해 당의 노선과 방침을 전면적으로 관철하도록 노력한다(陳麗鳳 2007, 386면). 이런 원칙에서 가장 중요한 것은 공산당이 '법률에 의거하여' 지방인대를 영도하고, 지방인대는 '법률에 의거하여' 직무를 충실히 수행하는 것이다. 그런데 그동안 현실에서는 이것이 제대로 지켜지지 않았다.

그래서 의법집정은 무엇보다 철저하게 법률에 의거하여 공산당-의회 관계가 운영될 수 있도록 하는 데 중점을 둔다. 먼저, 공산당은 국가기관의 주요 간부를 일방적으로 임명해서는 안 된다. 대신 법정 절차에 따라 주요 인사를 지방인대에 추천하고 지방인대의 결정에 따라 최종 결정해야 한다. 예를 들어, 지방인대가 공산당이 추천한 인사의 임명을 거절하면 최대한 설득하고 그래도 설득되지 않으면 지방인대의 결정을 수용해야 한다. 지방인대가 선출 또는 임명한 정부 인사는 공산당이 임의로 변경하지 말고 최대한 임기를 지켜 근무하도록 해야 한다. 또한 공산당은 중요한 국가 정책을 일방적으로 공포하여 추진해서는 안 되며, 법정 절차에 따라 지방인대에 제안하여 통과된 이후 국가정책으로 집행해야 한다(侯樹棟·許志功·黃宏 2004, 335~37면; 張恆山·李林·劉永艷·封麗霞 2004, 15~18면).

둘째, 공산당 집권의 법적 정당화는 공산당 지도부가 지방인대 내에 진입하여 법적 지위를 확보함으로써 부분적으로 달성될 수 있다. 공산당 지방위원회 서기(書記)가 지방인대 주임을 겸임하는 것은 이를 위한 정책이다.[16] 중앙의 경우, 공산당 총서기가 국가주석과 중앙군사위원회 주석을 겸임하기 때문에 법적 정당성 문제는 제기되지 않는다. 국가주석과 중앙군사위원회 주석이 국가 최고권력기관인 전국인대의 대표에 의해 선출되기 때문이다. 이에 비해 대부분의 지방 당서기는 이런 절차가 없기 때문에 최소한의 법적 정당성도 확보하지 못한 상황에서 해당 지역 최고통치자의 지위를 맡고 있다. 이런 상황이 개선되지 않으면 지방에서 공산당 통치의 법적 정당성 문제는 언제든지 제기될 수 있다.

표4-5는 31개 성급 행정단위의 당서기가 성급 지방인대 주임을 겸임하는 상황 변화를 정리한 것이다. 이에 의하면 1997년까지 성급 당서기의 지방인대 주임 겸임은 전체의 9.7%로 매우 적었다. 그런데 1998년 제9기 전국인대 시기가 시작되면서 그 비율은 22.2%로 완만하게 증가했고, 2003년

---

16) 당서기가 지방인대 주임을 겸직하는 것은 이것 외에도 다른 두 가지 이유 때문이다. 첫째는 지방인대의 정치적 지위 제고이다. 정부에 비해 정치적 열세에 있는 지방인대는 입법과 대(對) 정부 감독과정에서 많은 어려움에 직면한다. 그래서 지방인대 관계자들은 지방인대의 정치적 지위 제고를 지속적으로 요구해왔고, 공산당은 당서기의 지방인대 주임 겸직을 통해 이런 요구를 수용했던 것이다. 둘째는 지방인대에 대한 통제 강화이다. 1990년대 이후 지방인대의 지위가 높아지고 역할이 강화되면서 공산당의 요구를 종종 거부하는 경향이 나타났다. 공산당이 추천한 정부 지도부의 비준을 거부하거나 공산당이 사전에 비준한 정부나 법원의 업무보고(工作報告)를 통과시키지 않는 것이 대표적인 사례이다. 이에 따라 공산당은 의회에 대한 통제를 강화하기로 결정했고, 당서기의 지방인대 주임 겸직은 이를 위한 구체적인 정책이다.

표4-5 31개 성급 당서기의 지방인대 주임 겸임상황

연도	전국인대 회기연도	변화상황: 수(%)
1997년	8기 전국인대 5차 연도	3/31(9.7%)
1998년	9기 전국인대 1차 연도	7/31(22.3%)
2002년	9기 전국인대 5차 연도	11/31(35.5%)
2003년	10기 전국인대 1차 연도	23/31(74.1%)
2008년*	11기 전국인대 1차 연도	24/31(77.4%)

출처: 陳麗鳳 2007, 389면; *는 필자가 조사하여 추가.

제10기 전국인대 시기와 2008년 제11기 전국인대 시기에는 그 비율이 각각 74.1%와 77.4%로 급증했다. 그래서 2003년 이후 성급 당서기는 정치국원 겸직의 당서기, 4대 직할시의 당서기, 티베트(西藏) 및 신장(新疆) 당서기를 제외한 전원이 사실상 성급 지방인대 주임을 겸임하게 되었다. 이는 2002년 제16차 당대회에서 의법집정 방침이 결정된 이후, 공산당 중앙이 지방 차원에서 공산당 통치의 합법성을 제고하기 위해 당서기가 지방인대 주임을 겸임하도록 결정했음을 보여준다.

당서기가 지방인대 주임을 겸임하는 것이 과연 바람직한가에 대해서는 아직 논란이 계속되고 있다. 장점으로는 지방인대의 정치적 지위가 제고되어 정부에 대한 감독이 용이하다는 점, 입법·정책 결정·인사임면 등의 과정에서 공산당의 의도를 쉽게 관철할 수 있다는 점을 들 수 있다. 반면, 당서기의 임무가 막중하고 실제 다른 업무로 너무 바빠서 지방인대 업무를 거의 수행하지 못한다는 문제가 있다. 이 때문에 일부 지방인대 관계자들은 '중앙 방식', 즉 당서기는 지방인대 밖에서 전체 업무를 총괄하고, 대신 지방인대 주임을 제1부서기로 임명하여 제2부서기인 정부 수장(성장이나 시장)보다 상위에 두는 방식을 선호하는 경향을 보인다(Cho 2009b, 48~49면; 조영남 2006b, 112~13면). 그러나 이런 선호와는 상관없이, 실제 정책은 당서기가 지방인대 주임을 겸임함으로써 공산당 통치의 법적 정당성을 확보하고 동시에 지방인대에 대한 공산당의 통제를 강화하는 방식으로 추진되고 있다.

셋째, 공산당이 당정결합을 유지한 상태에서 통치의 법적 정당성을 확보하려면 다른 민주주의 국가에서처럼 지방인대에 들어가서 활동해야 한다는 소위 '지방인대를 통한 국가관리(黨通過人大管理國家事務)' 방식이 있다. 구체적으로 공산당 지방위원회 구성원, 즉 서기, 부서기, 상무위원은 정부 수장을 맡는 부서기 1인을 제외하고는 모두 선거를 통해 지방인대 지도부에 진입하여 주요 직책을 맡는다. 여기에는 지방인대 주임과 부주임, 각종 전문위원회 주임(專門委員會 主任, 한국의 상임위원회 위원장에 해당) 등이 포함된다. 이렇게 함으로써 공산당의 집권이 합법화될 뿐만 아니라 공산당의 방침과 정책을 국가 방침과 정책으로 곧바로 전환하여 실시함으로써 통치의 효율성도 높일 수 있다(黃衛平·汪永成 2005, 62~76면; 張恆山·李林·劉永艷·封麗霞 2004, 137~202면; 俞可平 2007, 132~56면).

이것은 일부 지역에서 실제로 시험실시되었다. 간쑤성(甘肅省) 바이인시(白銀市)에서는 1991년 공산당 서기가 지방인대 주임을 맡고, 당 조직부·선전부·통일전선부 부장이 지방인대 전문위원회 주임이 됨으로써 부서기인 시장을 제외한 당 지도부 전원이 지방인대 지도부가 되었다. 그래서 공산당의 중요 정책은 지방인대 주임 또는 정부 시장 명의로 지방인대에 제출하여 결정하고, 정부는 이렇게 결정된 정책을 집행하는 방식을 취했다. 이렇게 함으로써 공산당의 중요한 정책을 좀더 '과학적으로' 결정하고, 지방인대의 정부 감독을 강화할 수 있을 뿐만 아니라, 공산당·지방인대·정부 간의 관계를 조정하는 데도 유리한 면이 있었다. 문제점으로는 공산당 지도부가 지방인대 업무를 겸직하다보니 시간과 능력 부족으로 당 업무와 지방인대 업무를 제대로 처리하지 못하고, 권력이 당서기 일인에게 집중됨으로써 개인독재의 가능성이 있다는 것이다(蔡定劍·王晨光 2001, 401~13면; 조영남 2006b, 121~22면). 어쨌든 시험실시는 장점이 단점보다 많은 것으로 평가되었지만 이것이 전국적으로 확대되지는 않았다.

5. 소결: 요약과 평가

의법집정은 변화하는 정치현실에 대응하여 공산당이 기존의 통치방식을 개혁함으로써 공산당 통치의 법적 정당성을 강화하려는 시도이다. 그동안 공산당은 혁명이라는 역사적 정당성과 경제성장이라는 업적 정당성에 기반하여 일당통치를 정당화했다. 그러나 시간이 가면서 역사적 정당성은 설득력이 약화되고, 개혁·개방 정책의 부작용과 불확실성이 증가하면서 업적 정당성에도 한계가 나타났다. 특히 전국적으로 지방 당조직과 고위간부의 권력남용과 부정부패로 인해 국민들의 불만이 고조되고, 지역격차와 계층격차 등 사회문제가 확산되면서 업적 정당성에만 의존하는 것은 위험할 수 있다는 인식이 확산되었다. 이에 따라 공산당은 통치 정당성을 제고할 뿐만 아니라 지방 당조직과 당원의 일탈행위를 통제하여 안정적인 공산당 통치를 보장할 수 있는 새로운 방식을 모색했다. 의법집정 방침의 결정과 집행은 그 결과이다.

의법집정은 법률에 의거하여 국가권력을 장악 및 운영함으로써 통치의 법적 정당성을 제고하려는 공산당 통치방식의 법제화 정책이다. 이를 위해 공산당은 당규 정비를 통한 당내관계의 법제화, 고위 당정간부에 대한 법제·법치 교육의 강화, 법률 제정을 통한 공산당-국가기관 관계의 제도화, 공산당-의회 관계의 재조정을 실시했다.

의법집정의 추진은 최소한 두 가지의 정치적 의의가 있다. 먼저, 이것은 공산당이 급변하는 현실에 능동적이고 적극적으로 대응함으로써 공산당 일당체제를 유지하고 있다는 사실을 보여준다. 지난 30년 동안 추진된 개혁·개방 정책은 중국에 사유화·시장화·개방화·분권화의 확대를 초래했고, 그 결과 사회는 전과는 다른 모습으로 변화했다. 이에 맞추어 공산당은 기존의 통치방식을 개혁하려고 노력하는 것이다. 만약 의법집정이 원래 구상대로 추진된다면 당내관계와 당정관계는 더욱 제도화되고 이는 공산당의 안정적인 통치로 이어질 것이다.

또한 의법집정은 공산당 중앙이 법률·당규의 제정과 운영을 통해 지방 당조직과 당원의 통치방식을 규범화하고 이를 통해 이들의 권력남용과 부정부패를 통제한다는 측면에서 의의가 있다. 1980년대부터 공산당 중앙은 지방 당조직과 당원의 일탈행위를 규제하기 위해 노력해왔다. 기율검사위원회의 강화, 순시제도 도입과 정례화, 〈공산당 당내 감독 조례〉(中國共產黨黨內監督條例, 2003)의 제정 등이 그것이다. 의법집정은 거시적 차원에서 공산당 통치방식의 전환을 추진함으로써 이와 같은 세부 정책과 시도를 집대성한 것이다.

현재 상황에서 의법집정의 실시 결과를 객관적으로 평가하기는 쉽지 않다. 정책 효과가 나타나려면 시간이 더 필요하기 때문이다. 또한 의법집정의 정책 효과를 평가할 수 있는 적절한 방법이 없기 때문에 그 측정도 쉽지 않다. 다만, 이런 점을 염두에 두더라도 의법집정의 몇가지 한계를 지적할 수는 있겠다. 이런 한계로 인해 의법집정은 공산당이 기대했던 정책 효과를 제대로 거두지 못할 가능성이 높다.

먼저, 의법집정이 추진하는 당정관계의 법제화는 처음부터 '공산당이 공산당을 관리한다'는 원칙을 벗어날 수 없다는 근본적인 한계가 있다. 앞에서 분석했듯이 현행 헌법과 법률은 주요 국가기관의 지위와 역할, 조직과 운영에 대해서는 규정하지만, 당정관계에 대해서는 언급이 없다. 대신 공산당이 제정한 조례나 결정이 당정관계를 규정한다. 이처럼 당정관계가 법률이 아니라 당규에 의해 규정됨으로써 '법률에 의거한' 집정이 아니라 '당규에 의거한' 집정이 지속될 가능성이 높다. 물론 '당규에 의거한' 집정은 당정관계가 자의적으로 운영되던 과거에 비하면 분명 발전한 것이고,

이런 측면에서 의법집정은 일정한 의의가 있다. 하지만 이것이 엄격한 의미의 '법제화'는 아니다.

또한 의법집정이 추진하는 당정관계의 법제화는 당정관계의 실질적인 재조정 없이는 제대로 실현될 수 없다. 다시 말해, 의법집정은 지방인대·정부·법원·검찰이 공산당의 통제에서 벗어나 독자적인 권한을 행사할 수 있는 경우에만 제대로 실현될 수 있는데, 중국의 당-국가 체제에서는 당정관계의 재조정을 추진할 동기와 동력이 없다. 공산당이 의법집정을 추진하는 동기는 당정결합을 전제로 통치방식의 법제화를 통해 일당통치의 안정성을 확보하는 것이지 국가기관의 독립, 즉 당정분리가 아니다. 또한 인적·조직적·정책적으로 공산당의 통제를 받고 있는 국가기관이 공산당으로부터의 독립을 추진하기란 쉽지 않다. 이런 상황에서 의법집정이 목표로 하는 통치방식의 법제화는 제대로 실현될 경우에도 '실질'(내용)이 아닌 '형식'(법)에 불과할 것이다.

향후에도 공산당은 의법집정 방침을 계속 추진할 것이다. 이는 공산당이 당분간 정치 민주화를 추진할 의사가 없음을 보여준다. 또한 이는 공산당이 정치 민주화가 아니라 정치 제도화 중심의 정치발전 전략을 추진하고 있다는 사실을 보여준다. 지금까지 이 전략은 비교적 성공적이었지만 향후에도 그럴지는 두고 보아야 한다.

제5장

법치와 정부개혁: '법률에 의거한 행정'

앞장에서는 의법치국을 공산당 개혁에 적용한 의법집정을 분석했다. 의법치국의 추진과 관련하여 공산당 다음으로 중요한 국가기관이 정부이기 때문에, 이 장에서는 의법치국을 정부개혁에 적용한 의법행정을 분석할 것이다. 중국에서 의법행정은 "현대 정부관리 방식의 중대한 변혁"이며, "현대 정부관리 모델의 심각한 혁명"으로 규정된다(袁曙宏 2004, 4면). 이는 의법행정이 이전까지 추진해온 정부기구 개혁이나 인사제도 개혁 등 단편적인 행정개혁과는 다른 새로운 시도임을 보여준다.

의법행정 연구는 두 가지 측면에서 중요한 의의가 있다. 첫째, 의법행정 연구는 의법치국의 이해에 핵심적이다. 중국은 1997년부터 의법치국을 정치개혁의 핵심 내용으로 추진하고 있는데, 여기에는 의회개혁, 법원개혁, 공산당 개혁 등 다양한 요소가 포함된다. 이 중에서 의법행정이 가장 중요하다(國務院 新聞辦公室 2008). 이는 정부가 전체 법률·법규의 80% 이상을 집행할 뿐만 아니라, 의법치국의 추진과정에서 가장 실행하기 어려운 것이 바로 의법행정이기 때문이다.[1] 따라서 의법치국이 어떤 정책내용으로 어떻게 추진되고 있는가를 이해하기 위해서는 의법행정을 분석해야 한다.

둘째, 의법행정은 2000년대 중국이 실시하고 있는 종합적이고 장기적인 행정개혁 프로그램이다. 그동안 중국은 정부기구 개혁, 공무원제도 개혁, 행정 인허가제도 개혁 등 다양한 개혁정책을 산발적으로 추진해왔다. 그런데 의법행정 방침이 정식 채택되면서 이와 같은 개별 행정개혁은 의법행정의 범주로 통합되었다. 따라서 현재와 향후 중국이 실시하는 정치개혁과 행정개혁을 이해하기 위해서는 의법행정에 대한 연구가 필수적이다.

중국의 정치개혁에 대한 기존 연구들은 법치정책이 매우 중요하다는 사실을 지적해왔는데(Zheng 2004, 189~95면; Liu and Dittmer 2006, 1~24면; Zhao 2009, 419~36면), 이 가운데 의법행정을 집중적으로 분석한 것은 거의 없다. 대신 주로 중앙 및 지방정부의 기구 개혁 등에 초점을 맞추어 분석한 것이 주류를 이룬다(Yang 2004, 150~85면; Zheng 2004, 83~108면; Burns 1993, 345~360면; 2000, 419~36면; Ngok and Zhu 2007, 217~33면; Lan 1999, 29~54면; 2000, 437~68면; Liou 1999, 955~74면). 일부 연구는 〈행정소송법〉(1989) 〈국가배상법〉(1994) 〈행정처벌법〉(1996) 〈행정재심법〉(行政復議法, 1999) 〈행정허가법〉(2003) 등 행정 관련 법률을 분석한다(Peerenboom 2002, 394~449면; 2006a, 58~78면; Potter 1994a, 270~304면; Chen 1999, 127~66면). 그러나 이런 연구도 법률 분석의 성격을 벗어나지 못하는 문제가 있다. 다만, 광둥성에서 법치정책이 추진된 배경과 내용, 의미를 분석한 리의 연구는 예외인데(Li 2000, 199~220면), 이 연구도 2000년대에 들어 본격적으로 추진된 의법행정을 분석한 것이 아니라는 아쉬움이 있다.

이처럼 의법행정이 매우 중요하지만 이에 대한 연구가 부족한 것은 몇 가지 이유 때문이다. 우선 의법행정은 장기간에 걸쳐 점진적으로 실시되

---

1) 광둥성 정부와 선전시 정부 고위공직자들과의 인터뷰(2009년 8월 11일, 광저우시; 2009년 8월 12일, 선전시); 應松年·袁曙宏 2001, 174~75면; 卓澤淵 2007, 238면; 傅倫博 2000, 21~33면.

었기 때문에 정부기구 개혁처럼 가시적인 성과가 분명하게 나타나지 않는다. 따라서 이를 계량적으로 분석하여 뚜렷한 결론을 제시하기는 쉽지 않다. 즉 이 연구는 논증의 어려움이 있다. 또한 의법행정의 실제 추진상황을 이해하기 위해서는 지방정부 차원의 실증적인 분석이 필요한데, 이런 작업에는 많은 어려움이 따른다.

이 연구는 기존 연구의 문제점을 극복하기 위해 의법행정의 정책내용과 실제 집행상황을 실증적으로 분석하려고 한다. 구체적으로 먼저, 의법행정 방침이 등장하는 과정과 그것의 주요 내용을 분석할 것이다. 이때에는 주로 중앙정부, 즉 국무원에 초점을 맞출 것이다. 다음으로, 의법행정의 세부 정책이 실제로 집행되는 과정, 내용, 결과를 분석할 것이다. 이때에는 지방정부에 초점을 맞출 것이다. 지방정부가 의법행정 정책의 대부분을 집행하기 때문이다.

의법행정의 실제 상황을 분석하기 위해 이 연구는 광둥성 선전시를 사례로 선택했다. 선전시는 1980년 푸젠성(福建省)의 샤먼시(厦門市), 광둥성의 주하이시(珠海市), 산터우시(汕頭市)와 함께 중국 최초의 경제특구로 지정되면서 수출주도형 경제발전 모델을 시험하는 '개혁·개방의 창구' 역할을 수행했다. 중앙정부는 선전시의 경제개혁과 발전을 지원하기 위해 입법권 부여(授權立法), 재정자율권 확대, 독자적 경제정책 결정권 부여 등 여러 방면에 걸쳐 특혜를 베풀었다. 선전시는 이를 배경으로 파격적인 정책을 실시했고, 그 결과로 급속한 경제성장을 이룩했다. 이런 이유로 경제특구로서의 선전시는 학계의 주목을 받았다(Phillips and Yeh 1989, 112~34면; Howell 1990; Chu 1998, 485~504면; Ge 1999; Sonne 1999).

기존 연구가 주로 개혁·개방 창구로서의 선전시에 주목한 것과 다르게, 이 책은 행정개혁의 '시험장(試驗田)'이며 '선두부대(排斗兵)'로서의 선전시에 주목한다. 시장제도의 도입, 소유제도의 다양화, 경제적 대외개방, 분권화를 주요 내용으로 하는 개혁·개방 정책은 필수적으로 그것을 수행할 수 있는 새로운 행정체제의 수립과 운영을 요구했다. 이에 따라 선전시는 개혁 초기부터 다른 지역에서는 실시되지 않던 다양한 행정개혁을 추진했다. 동시에 선전시가 실시한 정책이 다른 지역으로 확대 적용되면서 선전시의 행정개혁은 중국 전체에 커다란 영향을 미쳤다. 1980년대의 정부직능 전환과 기구 개혁, 1990년대 중반 지방인대의 대정부 재정 감독의 강화, 1990년대 후반의 행정 인허가제도 개혁은 대표적인 사례이다.

이처럼 개혁기에 선전시의 행정개혁은 다른 지역에 비해 앞섰고, 이런 면에서 선전시는 행정개혁의 '모범'이라고 부를 수 있다. 그런데 여기서 분석하는 의법행정 방침은 공산당 중앙과 국무원이 결정한 국가정책으로, 실시 시기와 정도의 차이는 있지만 대부분의 다른 지역에서도 실시되는 것이다. 따라서 선전시의 사례가 타 지역에서는 실시되지 않는 '특별한 사례' 혹은 '이례(異例)'라고 할 수는 없다. 다만 다른 지역, 특히 경제발전이 뒤처진 내륙지역은 선전시처럼 그렇게 적극적이고 철저하게 의법행정을 추진하고 있지는 않다는 사실을 기억할 필요가 있다.

이 장에서는 선전시의 의법행정을 분석하면서 정부 행정의 법제화, 행정 인허가제도 개혁, '행정삼분제(行政三分制)' 개혁 등 세 가지 사항에 초점을 맞추었다. 일반적으로 의법행정은 각급 행정기관이 법률에 의거하여 권력을 취득하고, 법률이 허용하는 범위 내에서 법정 절차에 따라 권한을 행사하며, 위법행정에 대해서는 반드시 법적 책임을 지는 것을 가리킨다(袁曙宏 2004, 2면; 卓泽渊 2007, 243~44면). 한마디로 의법행정은 법을 통해 정부행위를 규제하는 정부 행정의 법제화(legalization of administration)이다(國務院 法制辦公室政府法制研究中心 2008, 137면; 國務院 法制辦公室秘書行政司 1999, 2면). 이것이 '협의의 의법행정'이다. 선전시가 1999년부터 추진한 정부행위의 '9개 법정화(法定化)'와, 이를 확대 발전시켜 2008년부터 추진한 '법치국가 지표(指標)' 수립과 집행 정책은 이에 정확히 부합한다.

그런데 실제로 의법행정은 정부 행정의 법제화보다 더 넓은 영역을 포

158

괄한다. 중국학자들이 지적하듯이, 정부직능의 전환과 행정관리체제 개혁은 법치정부 수립의 전제이며 기초이고, 의법행정과는 불가분의 관계를 맺고 있다(袁曙宏 2004, 5~6, 346면; 江必新 2004, 4, 82면). 이것이 '광의의 의법행정'이다. 이는 계획경제 시대의 정부직능과 행정관리체제하에서는 의법행정을 추진하는 것이 불가능하기 때문이다. 이런 이유로 광둥성과 선전시는 정부직능의 전환과 행정관리체제 개혁을 의법행정의 중요한 요소이면서 동시에 목표로 설정하고 추진해왔다.[2]

따라서 우리는 정부 행정의 법제화(협의의 의법행정)뿐만 아니라, 정부직능의 전환을 목표로 1997년부터 추진된 행정 인허가제도의 개혁, 행정관리체제의 개혁을 목표로 2001년부터 추진된 행정삼분제 및 대부처제(大部門制, super-department system) 개혁(광의의 의법행정)도 의법행정의 중요한 정책으로 분석해야 한다. 그밖의 다른 정책, 즉 정부 입법의 민주화와 과학화, 정부 법집행의 강화와 행정집행책임제 도입, 정부업무의 공개 등은 상대적으로 덜 중요하기 때문에 여기서는 분석하지 않을 것이다. 이상을 정리하면 표5-1과 같다.

이와 같은 분석을 통해 우리는 두 가지 사실을 알 수 있을 것이다. 첫째, 의법행정은 법률제도(法制)를 통해 정부의 행정방식을 규범화하기 위한 '정부 행정의 법제화' 정책이다. 기존의 행정개혁이 정부 행정의 '내용'에 초점을 맞추었다면 의법행정은 여기서 더 나아가 행정의 '방식'에 초점을 맞춘 개혁정책이라는 특징이 있다. 둘째, 의법행정은 기존의 개별 정책을 포괄하는 종합적인 개혁방침이다. 여기에는 정부 입법의 과학화와 민주화, 정부업무의 공개, 의회 등의 대정부 감독의 수용 등이 포함된다. 선전시를 사례로 보면, 이 중에서도 정부 조직과 행위를 규제하는 법정화·법치

---

2) 광둥성 정부와 선전시 정부의 고위공직자 인터뷰(2006년 2월 22일과 2009년 8월 11일, 광저우시와 선전시); 賈和亭·梁世林 1999, 2, 8, 38, 71면.

표5-1 의법행정의 분류와 세부 내용

구분	세부 내용
협의의 의법행정	정부 행정의 법제화: 9개 법정화와 법치국가 지표
광의의 의법행정	정부 행정의 법제화: 9개 법정화와 법치국가 지표
	행정 인허가제도의 개혁
	행정관리체제의 개혁: 행정삼분제와 대부처제 실시
	기타: 정부 입법의 민주화와 과학화, 정부 법집행의 강화와 행정집행책임제의 실시, 정부업무의 공개

화 정책, 정부직능의 전환을 위한 행정 인허가제도 개혁, 행정관리체제 개혁이 가장 중요하다. 이런 점에서 이 세 가지를 의법행정의 세부 정책이라고 말할 수 있다.

1. 의법행정의 등장과 정책내용

중국은 1982년부터 2008년까지 모두 여섯 차례에 걸쳐 정부기구 및 행정관리체제의 개혁을 단행했다(표5-2 참고). 이 중에서 1980년대 행정개혁은 주로 정부 기구와 인원을 축소하는 방식으로 추진되었다. 그런데 당시에는 정부직능의 전환 없이 기구 및 인원을 축소했기 때문에 일정한 시간이 지나면서 기구 및 인원이 다시 증가하여 정부의 재정 부담이 가중되고 업무 효율성이 떨어지는 현상이 나타났다. 그래서 1980년대에는 정부 기구 및 인원의 '축소-팽창-재축소-재팽창'의 악순환이 반복되었다.

이에 비해 1990년대는 시장경제의 확대와 함께 기업 등 시장경제의 주체에게 더 많은 권한과 활동공간을 부여하는 방향으로 정부직능을 조정하는 것이 행정개혁의 중심이었다. 정부·경제의 분리(政經分開), 정부·기업의 분리(政企分開), 정부·사업의 분리(政事分開) 정책은 이를 잘 보여준다.

160

표5-2 국무원의 행정개혁 시기구분과 내용

구분(연도)	주요 내용	국무원 기구수/인원 감축
제1차(1982)	정부 기구* 및 인원 축소	61/25%
제2차(1988)	정부직능의 전환과 정부 기구 및 인원 축소	68/20%
제3차(1993)	정부직능의 전환과 정부 기구 및 인원 축소	59/20%
제4차(1998)	정부직능의 전환과 정부 기구 및 인원 축소	52/47.5%
제5차(2003)	정부직능의 전환과 일부 부서 조정	54/인원 감축 없음
제6차(2008)	대부처제 실시	53/인원 감축 없음

*: 정부 부서는 부(部)·위원회(委員會)·총국(總局)·판공실 등을 총칭함.
출처: 宋德福 2001, 346~82면; 劉智峰 2003, 72~87, 259~66면; 中國國家行政學院·國際行政院
校聯合會 2004, 3~14면; Dong, Christensen and Painter 2010, 170~88면; Yeo 2009, 729~43면;
潘榮華 2008.

또한 이를 위해 정부의 미시경제 관리기능을 축소하고 거시경제 관리기능
(예를 들어, 경제조절과 시장 감독·관리)과 사회관리 및 공공써비스 제공
기능을 확대하는 개혁이 추진되었다.

그런데 의법행정은 기존의 행정개혁과는 조금 달랐다. 2010년 8월 27일
〈2004년 요강〉 실시 6주년을 기념하여 개최된 '전국 의법행정 업무회의'
에서 원 자바오 총리가 행한 연설은 의법행정의 특징을 잘 보여준다. 그에
의하면, "의법치국의 기본방침을 관철하여 의법행정을 추진하고 법치정
부를 수립하는 것은, 우리 당의 국가 통치가 이념에서 방식으로 혁명적으
로 변화하는 것이며, 우리나라 정치체제 개혁의 중요한 일보이고, 시대를
나누는 중요한 의의를 갖는다"(溫家寶 2010). 여기서 알 수 있듯이 의법행정
은 정부 행정의 '내용'에 대한 개혁이면서 동시에 정부 행정의 '방식'에 대
한 개혁이다. 이렇게 되면서 의법행정은 중국이 그동안 추진했던 행정개
혁을 포괄하는 종합적인 개혁이 되었다.

법률제도의 정비와 집행, 즉 '법제업무(法制工作)'에 대한 강조는 1978
년 11기 3중전회부터 시작되었다. 당시에 '사회주의 현대화 노선'(개혁·
개방)과 함께 '사회주의 민주 건설' 및 '사회주의 법제 완비' 방침을 채택

한 것은 이를 잘 보여준다. 이에 대해서는 이 책의 제2장과 제3장에서 비교적 상세하게 살펴보았다. 그러나 법제 정비와 집행이 정부의 핵심 업무 중의 하나로 인식되고 실제로 추진된 것은 1990년대에 들어서였다.

먼저, 1987년 4월 국무원이 주최한 '전국 정부 법제업무회의'에서 처음으로 '정부 법제업무'라는 개념이 사용되었다. 당시 정부 법제업무의 의미에 대해서는 다양한 해석이 있었는데 그 중에서 정부의 모든 사업을 법규범에 맞도록 하는 것, 특히 행정관리의 법제화가 정부 법제업무라는 견해가 주류를 이루었다(國務院 法制辦公室政府法制研究中心 2008, 136면). 이후 1992년 제14차 당대회에서 사회주의 시장경제 노선이 공식 채택되면서 정부 법제업무가 다시 한번 강조되었다. "시장경제는 법치경제"라는 구호가 보여주듯이, 법률의 제정과 집행 없이는 시장경제가 운영될 수 없다는 인식이 확산되었기 때문이다.

이를 배경으로 국무원은 1993년 10월에 〈정부 법제업무의 강화 결정〉(加强政府法制工作的決定, 이하 〈1993년 결정〉)을 하달했다(廣東省人民政府法制辦公室 2005, 50~55면).[3] 〈1993년 결정〉은 정부 행정의 법제화가 매우 중요하며, 따라서 중앙과 지방의 공직자는 이를 충분히 인식하고 집행해야 한다는 사실을 강조했다. 또한 향후 정부 법제업무는 입법을 중점 사업으로 하고, 정부 법집행의 강화, 공산당·의회·인민의 정부에 대한 감독의 수용, 법제사무와 관련된 정부 기구 및 인원의 정비, 법제사무에 대한 지도 강화를 주요 내용으로 추진될 것이라고 밝혔다. 이같은 국무원 방침은 1993년 11월에 개최된 공산당 제14기 중앙위원회 제3차 전체회의에서 다시 한번

---

3) 광둥성 정부 고위공직자에 의하면, 국무원이 이 〈1993년 결정〉을 채택하게 된 데에는 광둥성의 영향이 컸다고 한다. 즉 광둥성 정부는 1993년 4월 〈정부 법제업무의 전면적 강화 통지(全面加强政府法制工作的通知)〉를 하달했는데, 국무원은 이를 보고 유사한 내용의 〈1993년 결정〉을 하달했다는 것이다. 광둥성 정부 고위공직자 인터뷰(2009년 8월 11일, 광저우시).

강조되었다. 특히 이때 통과된 〈사회주의 시장경제체제의 수립 결정(關於建立社會主義市場經濟體制若干問題的決定)〉에서 "각급 정부는 의법행정과 의법 업무처리(依法辦事)를 실시해야 한다"고 명시함으로써 의법행정 개념을 정식으로 사용하였다.

1997년 제15차 당대회에서 의법치국 방침을 정식 결정하고 1999년에 이것을 헌법에 삽입한 이후, 국무원은 1999년 11월에 〈1999년 결정〉을 공표한다(廣東省人民政府法制辦公室 2005, 329~32면). 이는 〈1993년 결정〉을 계승 발전시킨 것이다. 우선 〈1999년 결정〉은 정부가 추진하는 정책이 단순한 '법제업무 강화'가 아니라 좀더 포괄적이고 유기적인 '의법행정'임을 분명히 했다. 또한 개혁·개방 정책의 심화와 함께 사회 갈등이 집중적으로 표출되어 이를 해결하기 위해서는 법률 수단이 중요해졌으며, 국민들의 법제의식과 관념이 부단히 증가하면서 의법행정의 요구가 더욱 강해졌다고 주장했다.

이런 변화를 배경으로 언급하며 〈1999년 결정〉은 각급 정부와 공무원에게 몇가지 사항을 요구했다. 첫째, 고위공무원은 의법행정의 중요성을 충분히 인식하고 법률 학습과 실천을 통해 솔선수범해야 한다. 둘째, 정부 입법을 강화하여 의법행정의 법률적 기초를 튼튼하게 만들어야 한다. 셋째, 정부의 법집행을 강화하고 정부직능의 전환을 추진해야 한다. 넷째, 정부의 법집행 감독을 강화하고, 의회 및 정치협상회의의 대정부 감독을 적극 수용해야 한다.

이처럼 〈1999년 결정〉은 내용 면에서 보면 〈1993년 결정〉의 재판이다. 다시 말해 〈1999년 결정〉에는 새로운 내용이 없다. 뿐만 아니라, 지방정부가 구체적으로 어떤 내용으로 어떻게 의법행정 정책을 추진해야 하는지에 대한 분명한 지침을 주지 못했다. 이런 점에서 〈1999년 결정〉은 실행 가능한 정책의 제시라기보다는 정책의 방향성만을 하달한 '선언'에 가까웠다. 이는 당시에 국무원 자신이 의법행정을 어떤 내용으로 어떻게 추진해야 할지를 정확히 모르고 있었기 때문이다. 실제로 지방정부는 〈1999년 결정〉을 의법행정의 중요성을 강조하고 고위 당정간부가 이를 적극 수용할 것을 촉구하는 '인식환기' 문건 정도로 받아들였다.[4]

그런데 2004년 국무원이 공포한 〈2004년 요강〉은 상황이 달랐다. 총 11개 항목의 42개 조목으로 구성된 〈2004년 요강〉은 의법행정의 지도사상, 세부 목표와 시간, 기본원칙과 요구, 주요 임무와 조치를 담은 '중요한 정책문건'이며 법치정부 건설의 '지도성 문건' '강령성(綱領性) 문건'이다 (廣東省人民政府法制辦公室 2005, 334~43면; 溫家寶 2010). 특히 의법행정의 궁극적인 목표가 '법치정부'의 수립이라는 사실을 처음으로 분명히 제시했다.

구체적으로 〈2004년 요강〉은 향후 10년 동안 각급 정부가 추진해야 하는 7개 정책을 제시했다. 첫째는 정부직능의 전환──특히 정부의 경제조절, 시장 감독 및 관리, 사회관리, 공공써비스 제공 기능의 강화──과 행정관리체제의 개혁이다. 둘째는 정부 정책 결정의 과학화와 민주화, 셋째는 정부 입법수준의 제고 등 입법과 관련된 제도의 수립이다. 넷째는 정부의 법집행책임제 도입 등을 통한 행정 법집행 강화, 다섯째는 고효율 저비용의 사회모순 예방 및 해결기제의 탐색, 여섯째는 행정감독제도의 개선과 정부행위에 대한 감독 강화이고, 일곱째는 공직자의 의법행정 인식 및 능력의 제고와 의법행정을 추진하기 위한 지도의 강화이다.

〈2004년 요강〉의 하달로 지방정부는 의법행정 실시를 위한 비교적 구체적인 지침을 얻었다. 또한 〈2004년 요강〉은 〈1999년 결정〉보다 상위 규정으로, 각급 지방정부는 의법행정을 실천하기 위해 좀더 적극적으로 노력해야만 했다. 다시 말해 이번에는 단순한 '인식전환'이 아니라 '책임 있는 실행(落實責任)'이 관건이었다.[5] 이런 측면에서 의법행정의 전면적인 추진

---

4) 광둥성 정부 고위공직자들과의 인터뷰(2006년 2월 22일, 광저우시).

5) 광둥성 정부와 선전시 정부의 고위공직자들과의 인터뷰(2006년 2월 22일, 2009년 8월 11일, 광저우시; 2006년 2월 17일, 선전시).

은 1999년에 결정되었지만, 이것의 전국적이고 강제적인 집행은 2004년이 돼서야 비로소 가능해졌다고 말할 수 있다. 이후 국무원은 의법행정을 현급 정부까지 철저하게 실시할 것을 요구하는 〈시·현정부의 의법행정 강화 결정(關於加强市縣政府依法行政的決定)〉을 2008년 5월에 하달했다. 이렇게 되면서 의법행정과 관련된 주요 방침과 정책은 어느정도 체계를 갖추었다.

2. 광둥성과 선전시의 의법행정 실시

선전시의 의법행정 정책은 1990년대 후반기를 기준으로 하여 이전과 이후로 분리할 수 있다. 우선 1990년대 중반까지 의법행정은 독자적인 범주의 정책이 아니라 의법치시의 한 요소로 간주되었다. 뿐만 아니라 실제 집행도 의법치시의 이름으로 이루어졌다. 또한 당시 정책내용은 선전시의 지역 특색을 살린 독창적인 것이 아니라 국무원이 하달한 〈1993년 결정〉의 '법제업무' 범주를 벗어나지 못했다. 그러나 〈1999년 결정〉이 공표된 시기를 전후해서 선전시는 의법행정을 의법치시에서 분리하여 독자적인 정책으로 추진하기 시작했고, 국무원이 실행 가능한 정책을 제시하지 않은 상황에서 지역 상황에 맞는 새로운 정책을 탐색하고 추진하는 데 나섰다.

먼저, 광둥성과 선전시에서 의법치성(依法治省) 및 의법치시 정책을 결정하고 추진한 과정을 살펴보자. 광둥성은 베이징시, 랴오닝성 등과 함께 중국에서 가장 먼저 법치정책을 실시한 지역이다. 구체적으로 광둥성의 성도인 광저우시는 1989년에 '의법치시' 방침을 결정하고, 1990년에는 〈광저우시 의법치시 5년 계획〉을 제정했다(舒揚 2007, 149~52면). 이어 1992년 봄에는 중산대학(中山大學)의 우 스환(吳世宦) 교수가 광둥성 공산당위원회에 「이법치성 시험실시의 솔선수범 건의」를 제출했고, 당시 당서기였던 셰 페이(謝非)가 이를 수용했다. 이에 힘입어 1993년 7월 광둥성 제7차 당대회에서 '이법치성' 방침이 결정되었다. 그러나 이때 결정된 것은 '이법치성(以法治省)'이지 '의법치성(依法治省)'이 아니었다.

이어 1993년 말에 광둥성 인민대표대회(이하 인대) 상무위원회 당조는 선전시를 시험지역으로 선정하여 의법치시를 정식으로 실시할 것을 당위원회에 요청했고 당위원회가 이를 승인했다. 이때부터 선전시는 의법치시를 본격적으로 추진하였다. 이후 1995년 11월 광둥성 인대 상무위원회는 광둥성 지역의 인대 주임 좌담회를 개최하여 선전시의 경험을 광둥성 전체 지역으로 확대하는 문제를 토의했다. 또한 1996년 2월 장 쩌민 당시 총서기가 정치국 법제강좌에서 의법치국 방침을 공식 천명한 이후, 1996년 7월에 광둥성 당위원회는 400여명의 고위간부가 참여하는 확대회의를 개최하여 〈의법치성 업무의 진일보 강화 결정(關於進一步加强依法治省工作的決定)〉을 채택했다. 이에 따라 의법치성이 광둥성 통치의 기본방침으로 결정되고 동시에 이를 지도할 '의법치성 업무 영도소조(工作領導小組)'가 설립된다(張興勁 2000, 37~40면; 全國人大常委會辦公廳硏究室 1997, 371~77면). 이후 광둥성은 의법치성을 위해 정부 입법의 강화, 정부 법집행의 강화, 행정감독 강화, 행정관리체제 개혁 등의 정책을 실시한다(傅倫博 2000, 64~75면).

한편 선전시는 광둥성의 의법치성을 선도했다(全國人大常委會辦公廳硏究室 1997, 392~98면; 廣東省人大制度硏究會 1997, 135~44면). 1993년 11월 광둥성 당위원회가 선전시를 의법치시 시험지역으로 선정한 이후, 선전시는 당서기를 조장으로 하고 인대 주임과 시장(市長) 등을 부조장으로 하는 '선전시 의법치시 영도소조'를 설립했다. 또한 의법치시 추진방안을 담은 〈선전시 의법치시 업무방안(工作方案)〉을 확정했다. 문제는 돌파구 마련이었다. 이를 위해 1994년 초에 선전시 인대 상무위원회는 60여명의 상무위원을 5개 조로 편성하여 약 2주 동안 선전시의 법집행 상황을 조사하고, 문제가 있는 세 분야를 선정하여 의법치시를 시험실시하기로 결정한다.

그 첫번째로, 1994년에 시정부 노동국(勞動局)과 계획국토국(計劃國土

局)을 시험단위로 선정했다. 먼저, 해당 부서의 간부를 대상으로 법률학습을 실시하여 의법치시의 중요성에 대한 공감대를 형성하고, 의법행정의 기본 절차와 정부 행정에 대한 감독 전화번호를 시민에게 공포했다. 또한 업무처리 절차의 공개, 관리형 법률 집행에서 써비스형 법률 집행으로의 전환 등 9개 항목의 조치를 실시함으로써 정부의 행정방식이 변화하도록 유도했다.

이어 1995년에는 노동국과 계획국토국의 경험을 기초로 전체 시정부를 대상으로 의법치시를 실시하기로 결정한다. 이때 중심은 의법행정이었다. 구체적으로, 정부직능의 전환, 행정절차 간소화, 정부의 써비스 기능 강화, 엄격한 법집행과 법률에 의거한 업무처리(依法辦事), 행정절차 공개와 투명한 업무처리 규칙의 제정, 법집행책임제의 수립과 실시 등이 추진되었다.

두번째로, '사회적으로 문제가 되는 사안(熱案)'과 '해결이 어려운 사안(難點)'을 선정하여 의법치리를 추진하기로 결정했다. 여기에는 1995년에 법원과 검찰을 대상으로 하는 의회의 업무평가 감독(評議)의 실시, 환경오염의 종합 관리, 자의적인 준조세 징수행위 정리와 관리의 강화, 사회치안 유지 등이 포함되었다.

세번째로, 중요한 33개 기업을 선정하여 1995년 6월과 9월에 〈기업법(公司法)〉의 집행상황을 점검했다. 또한 전체 시를 대상으로 법제 선전 및 교육을 강화했다. 이상과 같은 절차를 통해 의법치시가 추진되고, 선전시의 경험을 근거로 광둥성은 1996년 7월 광둥성 전지역을 대상으로 의법치성을 실시하기로 결정할 수 있었다.

그런데 앞에서 말했듯이 〈1999년 결정〉이 국무원에서 정식 하달되면서 선전시의 의법행정은 새로운 단계에 진입했다. 즉, 선전시는 의법행정의 이름으로 지역 상황에 맞는 새로운 정책을 추진하기 시작한 것이다. 이를 잘 보여주는 것이 바로 1999년부터 선전시가 전국 최초로 실시한 정부 행정의 '9개 법정화' 정책이다. 또한 1997년 선전시의 일부 지역에서 실시되던 행정 인허가제도의 개혁이 이 무렵부터 전면적으로 추진된 것과, 2001년부터 국무원의 비준하에 행정삼분제 개혁이 추진된 사실도 이를 뒷받침한다.

아래에서는 선전시가 의법행정의 방침하에 추진한 세 가지 핵심 정책, 즉 정부 행정의 법제화, 행정 인허가제도의 개혁, 행정삼분제 및 대부처제 개혁을 자세히 분석한다.

3. 선전시의 의법행정 정책 1: 정부 행정의 법제화

의법행정의 가장 기본적인 내용과 목표는 법률을 통해 정부행위를 규제하는 것이다. 따라서 엄격한 의미의 의법행정은 정부 행정의 법제화만을 가리킨다(협의의 의법행정). 선전시는 이를 위해 1999년에는 '9개 법정화' 정책을 실시했고, 2008년에는 이를 계승, 발전시킨 법치정부의 실현을 위한 지표 제정과 집행을 추진했다.

(1) 정부 기구 및 행위의 9개 법정화

1999년 1월 선전시 당위원회는 선전시의 1999년 핵심 사업을 규정한 제1호 문건으로 〈의법치시 업무 강화와 사회주의 법치도시 건설 가속화의 결정(關於加強依法治市工作, 加快建設社會主義法治城市的決定)〉을 발표했다. 이에 따르면, 의법치시는 "헌법, 법률, 법규에 의거하여 시의 정치·경제·문화·사회생활의 각 방면을 규범 및 관리하고, 각 항목의 업무가 법률에 의거하여 진행되도록 보장하는 것"이다.

이런 의법치시의 주요 내용은 모두 여덟 가지이다. 여기에는 입법수준 제고와 입법과정에서 부서 이기주의 극복을 주요 내용으로 하는 입법강화, 의법행정을 위한 정부기구의 개혁과 행정의 법정화, 사법공정, 경제·사회질서의 관리 강화, 행정법집행 및 사법 감독의 강화, 기층 민주법제의 수립, 법제 선전 및 교육, 당위원회의 의법치시 지도 강화가 포함된다. 여기서 알 수 있는 것처럼 '정부 기구 및 행위의 9개 법정화'는 의법행정의 핵심 정책으로 결정되었다(中共深圳市委 2000, 21~33면; 深圳市人民政府 2001). 1999년의 결정 이후 정부 행정의 법제화는 2001년부터 전체 시를 대상으로 전면적으로 추진되었다.

선전시가 '9개 법정화' 정책을 추진한 가장 큰 이유는 법률 제정과 집행을 통해 정부 행정을 규제하기 위해서였다. 이전까지 정부의 법제업무는 법률 제정과 집행을 통해 주로 사회, 기업, 개인을 관리하는 것이었다. 즉, 이전의 법제업무에는 정부 자신에 대한 규제가 없었다. 그래서 그동안 여러차례 행정개혁을 추진했지만 정부의 비효율성, 재정낭비, 관료주의, 부정부패 등의 문제는 여전히 개선되지 않았다. 또한 홍콩과 인접한 선전시 주민들은 선전시 정부를 홍콩 정부와 비교하면서 법제를 통해 정부 행정을 엄격히 통제할 것을 점점 강력하게 요구했다. 이를 배경으로 선전시는 9개 법정화를 추진하게 되었다.[6]

9개 법정화는 말 그대로 정부 기구 및 행위와 관련된 9개 분야(항목)를 대상으로 법제를 정비하고 이에 의거하여 정부 기구와 행정을 엄격히 통제하는 것을 말한다. 그래서 법정화는 한마디로 정부 행정의 법제화라고 할 수 있다. 여기서 9개 분야는 ① 정부기구의 조직·직능·편제 ② 행정절차 ③ 행정인허가 ④ 행정수수료 ⑤ 행정처벌 ⑥ 정부공사 및 물품조달 ⑦ 정부의 투자행위 ⑧ 행정책임 ⑨ 정부의 내부관리 분야를 가리킨다(中共深圳市委 2000, 21~33면; 深圳市人民政府 2000; 深圳市人民政府法制辦公室 2006).

---

6) 선전시 정부 고위공직자들과의 인터뷰(2006년 2월 22일, 선전시).

이처럼 선전시가 의법행정을 총괄하여 9개 분야로 분류하고 각 분야마다 시행해야 할 구체적인 표준과 절차를 제시한 것은 전국 최초의 일이다. 광둥성과 선전시 정부의 관계자에 따르면, 이것은 중국의 행정개혁과 관련하여 매우 큰 의미를 갖는다고 한다. 사실 국무원이 1999년 의법행정 방침을 발표했지만, 그것의 구체적인 내용이 무엇인지에 대해서는 명확한 세부 정책을 제시하지 못했다. 이는 국무원뿐만 아니라 전국의 다른 지방 정부에도 해당한다. 이런 상황에서 선전시는 새로운 시도를 통해 의법행정의 경험을 축적하고 그것을 기초로 정부 행정을 규제할 수 있는 구체적이고 실행 가능한 정책을 제시했던 것이다.[7] 이것이 '9개 법정화' 정책이 갖는 첫째 의의이다.

또한 정부 관계자에 의하면, 정부 행정을 9개 분야로 세분하고, 각 분야마다 정부 부서와 공무원이 준수해야 하는 표준과 절차를 제시함으로써, 정부 부서와 공무원이 자의적으로 정책을 집행할 가능성이 줄고, 정부 행정을 법률에 근거하여 규범화할 수 있는 가능성이 더욱 높아졌다고 한다. 정부 관계자들은 이 정책의 추진 이후 실제로 정부 행정이 전보다 더욱 법과 제도에 맞게 이루어지고 있다고 주장한다.[8] 필자가 이런 주장을 독자적으로 검증할 수 있는 방법은 없지만, 이런 정부 관계자의 주장이 전혀 근거가 없는 것은 아니다. 즉, 선전시 정부의 행정이 실제로 전보다 더욱 법제화되었다는 것인데, 이것이 '9개 법정화' 정책이 갖는 둘째 의의이다.

(2) '법치정부 지표'의 제정과 실시

9개 법정화는 2004년 국무원이 〈2004년 요강〉을 공표하면서 새로운 단

---

7) 광둥성 정부 고위공직자들과의 인터뷰(2006년 2월 22일, 광저우시); 선전시 정부와 의회 고위공직자들과의 인터뷰(2006년 2월 17일, 선전시).
8) 같은 인터뷰.

계에 들어선다. 우선 〈2004년 요강〉은 단순히 '의법행정'의 추진뿐만 아니라 중국이 궁극적으로 달성해야 하는 목표로 '법치정부'를 제시했다. 이는 각급 정부에게 좀더 적극적으로 의법행정의 실시를 위해 노력할 것을 요구하는 것이었다. 또한 선전시의 경우 〈2004년 요강〉이 제시한 과제를 상당수 해결하면서 새로운 목표를 설정할 필요성이 제기되었다. 그래서 선전시 당정 지도자들은 〈2004년 요강〉이 제시한 법치정부 수립을 조기 달성하기로 결정함과 동시에, 법치정부 수립의 달성 여부를 계량적으로 측정하고 평가하기 위해 체계적인 '표준'(指標)을 제정하기로 결정했다.[9] 선전시가 2008년부터 〈선전시 법치정부 건설 지표체계(시행)〉(深圳市政府法治政府建設指標體系, 이하 〈2008년 지표체계〉)을 마련하여 실시하게 된 것은 이런 이유 때문이다.

　〈2008년 지표체계〉는 모두 12개의 대항목, 42개의 중항목, 그리고 225개의 소항목으로 구성된다. 여기서 12개 대항목은 선전시가 추진하는 의법행정의 주요 범주를 모두 포괄하고 있고, 이같은 12개 영역을 '법치화'하는 것이 〈2008년 지표체계〉의 주요 내용이다. 구체적으로 12개 대항목에는 ① 정부 입법업무 ② 정부의 기구·직책·편제 ③ 정부의 정책 결정 ④ 공공재정 관리와 정부투자 ⑤ 행정인허가 ⑥ 행정처벌 ⑦ 정법(政法) 써비스 ⑧ 정부 정보의 공개 ⑨ 행정구제(救濟) ⑩ 행정감독 ⑪ 행정책임 ⑫ 공무원의 의법행정 관념 및 능력이 포함된다(周成新·王成義 2009, 323~39면). 여기서 알 수 있듯이, 〈2008년 지표체계〉는 1999년의 9개 법정화를 계승 발전시킨 것이다. 다만 항목이 9개에서 12개로 3개 늘었고, 용어도 '법정화'에서 '법치화'로 바뀌었을 뿐이다(표5-3 참조).

　한편 선전시 정부는 〈2008년 지표체계〉 제정과 함께 각급 정부가 이를 적극 추진할 것을 요구하는 〈'선전시의 법치정부 지표체계' 제정 및 실

---

9) 선전시 고위공직자들과의 인터뷰(2009년 8월 12일, 선전시).

표5-3 '9개 법정화'와 '12개 법치정부 지표'의 비교

9개 법정화	12개 법치정부 지표
① 정부기구의 조직·직능·편제	① 정부의 입법업무
② 행정절차	② 정부의 기구·직책·편제
③ 행정인허가	③ 정부의 정책 결정
④ 행정수수료	④ 공공재정 관리와 정부투자
⑤ 행정처벌	⑤ 행정인허가
⑥ 정부공사 및 물품 조달	⑥ 행정처벌
⑦ 정부 투자행위	⑦ 정법 써비스
⑧ 행정책임	⑧ 정부 정보 공개
⑨ 정부 내부관리	⑨ 행정구제
	⑩ 행정감독
	⑪ 행정책임
	⑫ 공무원의 의법행정 관념 및 능력

시 결정(關於制定和實施深圳市政府法治政府建設指標體系的決定)〉을 2009년에 공표한다(周成新·王成義 2009, 320~22면). 이에 따르면, 선전시 정부는 향후 3년 내, 즉 2011년까지 〈2004년 요강〉에서 규정한 법치정부 건설목표를 달성할 것이라고 밝혔다(참고로 국무원은 2014년까지 목표 달성을 지시했다). 이를 위해 시장을 조장으로 하고 당정 고위간부가 참여하는 '선전시 법치정부 건설 영도소조'를 조직하여 법치정부 건설을 지도한다. 뿐만 아니라 선전시는 법치정부 수립의 평가 결과를 고위 당정간부의 선발·승진·징벌의 근거로 삼는 등 엄격한 감독과 평가체계를 수립했다.

법치정부의 지표 제정과 집행은 선전시만 추진한 것이 아니다. 국무원 법제판공실과 〈선전시 법제정부 건설 협력 협의(推進深圳市加快建設法制政府的合作協議)〉를 체결하고 집행한 것은 선전시가 유일하긴 하지만, 다른 일부 지역도 비슷한 시기에 유사한 내용을 실시했다. 예를 들어 이 책의 제3장에서 살펴보았듯이, 베이징시는 2001년부터 준비를 시작해 2005년 11월에 〈베이징시 법치건설 종합평가 지표체계〉를 완성했다. 베이징시의 평가체계는 대지표 3개 항목, 중지표 16개 항목, 소지표 90개 항목으로 구

성되었다(王稱心·蔣立山 2008, 116~18면). 현급(현·시·구) 정부가 추진하는 법치평가체계로는 저장성 항저우시 위항구의 사례를 들 수 있다. 위항구는 2006년부터 '법치위항 건설 영도소조'를 구성하고 본격적인 준비에 들어갔고, 이후 9개 평가 항목을 마련하여 2008년부터 집행하고 있다(中國社會科學院法學研究所 2008, 366~84면; 中國社會科學院法學研究所 2009, 385~401면).

정리하면, 선전시는 1999년부터 의법행정의 핵심 정책으로 정부 행정의 법제화를 추진했다. 이를 위해 정부 기구 및 행위와 관련된 9개 분야를 분류하고, 각 분야의 법률·법규를 정비하여 정부 행정의 표준으로 삼았다. 동시에 이런 법률·법규에 근거하여 정부의 일탈행위를 통제했다. 〈2004년 요강〉의 발표 이후, 선전시는 9개 법정화를 더욱 체계적이고 객관적인 지표로 만들기 위해 법치정부 12개 지표체계를 만들고 집행하고 있다. 이와 같은 가시적인 성과를 기반으로 선전시는 전국에서 의법행정을 가장 충실히 추진하는 시험장이 되었던 것이다.

4. 선전시의 의법행정 정책 2: 행정 인허가제도의 개혁

중국에서 행정 인허가제도의 개혁은 정부직능의 전환과 관련하여 매우 중요한 개혁으로 추진되었다. 국무원의 경우, 2001년 세계무역기구 가입을 앞두고 정부직능의 전환을 위해 행정인허가 항목의 폐지와 이양을 주요 내용으로 하는 행정 인허가제도 개혁을 실시했다. 이를 통해 정부가 기업 및 사회 활동에 개입하는 여지를 축소하고, 동시에 기업 및 사회의 자율성을 높이고자 한 것이다(표5-4 참조).

이와 유사하게, 행정 인허가제도 개혁은 선전시가 추진하는 의법행정의 핵심 내용이었다. 선전시의 행정 인허가제도 개혁은 전국에서 가장 먼저, 또한 가장 체계적이고 대규모로 진행되었다. 구체적으로 선전시 정부

표5-4 국무원의 행정 인허가제도 개혁의 시기구분과 주요 내용

구분	1차(2002)	2차(2003)	3차(2004)	4차(2007)	5차(2010)
주요 내용	인허가 항목 취소와 이양	1차와 동일	1차와 동일	1차와 동일	1차와 동일
폐지·이양한 항목 변화 (감소폭 %)	4,147개 중 804개 (19.4%)	3,948개 중 496개 (12.6%)	2,415개 중 514개 (21.3%)	1,799개 중 217개 (12.1%)	184개

주: 국무원의 행정인허가 항목 통계는 수시로 변했다. 이는 재조사를 통해 기존 통계의 오류를 바로잡고, 새로운 법률·법규의 제정으로 새로운 인허가 항목이 만들어졌기 때문이다. 이 통계는 국무원이 발표했던 시기의 자료에 근거한 것이다.
출처: 國務院 行政審批制度改革工作領導小組 辦公室 2003, 172, 178면; 2008, 88, 161면; 2010.

는 1997년부터 일부 정부 부서와 지역을 대상으로 인허가제도 개혁을 시험실시한다. 1998년 1월에는 이런 시험실시를 기반으로 〈인허가제도 개혁 실시방안(審批制度改革實施方案)〉을 발표한다. 또한 이를 추진하기 위해 시장을 조장으로 하는 '선전시 정부 인허가제도 개혁 영도소조(深圳市政府審批制度改革領導小組)'를 조직했다. 이후 1999년 2월에는 행정 인허가제도의 개혁에 대한 상세하고 체계적인 규정, 즉 〈선전시 인허가제도 개혁의 규정 (深圳市審批制度改革若干規定)〉을 제정하게 된다.

한편 중국의 31개 성급 지방정부 중에서 23곳이 선전시의 인허가제도 개혁을 참고하기 위해 조사단을 파견했다. 이 중에서 광둥성과 저장성은 다섯 차례나 조사단을 파견하기도 했다(賈和亭·梁世林 1999, 42~53, 67~68, 117~243면; 傅倫博 2000, 128~37면). 이후 전국의 각급 지방정부는 선전시의 경험을 참고로 행정 인허가제도의 개혁을 추진한다. 국무원도 선전시의 경험을 참고하여 2001년에 행정 인허가제도 개혁을 전국적으로 추진하기로 결정하게 된다.

선전시를 포함한 지방정부의 행정 인허가제도에는 여러 문제가 있었다. 첫째, 행정인허가 항목이 과도하게 많고, 인허가 범위가 지나치게 광범위했다. 예를 들어, 1997년 제1차 인허가제도 개혁 전에 선전시 정부의 1,091

개 인허가 항목 중에서 723개 항목은 정부 전체 부서와 거의 모든 업종이 관련되어 있었다. 둘째, 많은 행정인허가 항목은 인허가 조건과 절차를 명확히 규정하지 않음으로써 담당자의 자의성이 개입될 여지가 많았고, 이로 인해 부패가 발생할 가능성도 높았다. 셋째, 인허가 처리단계가 너무 복잡하고 중복이 심하며, 업무처리 과정이 길어 많은 비용과 시간이 소요되었다. 예를 들어, 1997년 인허가제도 개혁 이전에 하이테크산업과 관련된 사업을 허가받기 위해서는 13개의 정부 부서로부터 모두 50여개의 도장(公章)을 받아야 했고, 이에는 6개월 이상의 시간이 소요되었다. 특히 5개 부서로부터는 2회 이상의 심사를 받아야 했다. 마지막으로 정부는 재정수입이 발생하는 인허가 발급은 중요시하면서 감독과 관리는 소홀히 하는 문제가 있었다(賈和亭·梁世林 1999, 3~7면).

선전시는 표5-5에서 보듯 1997년부터 모두 다섯 차례에 걸쳐 행정 인허가제도의 개혁을 단행했으며, 이는 크게 세 가지 내용을 중심으로 추진되었다.[10] 첫째는 항목 폐지와 정부 권한의 민간 이양 등의 방식을 통해 행정인허가 항목수를 대폭 축소하는 것이다. 표5-5가 보여주듯이, 선전시 정부는 1997년에 모두 1,091개에 달했던 행정인허가 항목 수를 2009년에는 429개로 축소했다. 이 중에서 기업 경영활동과 관련된 것이 가장 많은 부분을 차지한다. 예를 들어, 1997년 제1차 개혁에서 축소된 463개의 인허가 항목 중에서 기업 활동과 관련된 것은 202개로 전체 축소 항목의 44%였다.

둘째는 행정인허가 항목의 법적 근거와 절차를 분명히 하고 이에 대한 감독을 강화하는 것이다. 우선 정부가 행사하는 인허가권의 구체적인 내용과 행사 방식을 제도화하기 위해 인허가와 관련된 법적 근거를 명확히 했다. 예를 들어, 1997년 인허가제도 개혁 후 선전시 정부가 행사하는 628개의 인허가 항목 중에서 94.3%는 국가 및 광둥성이 제정한 법률·법규·규

---

10) 이하의 내용은 賈和亭·梁世林 1999, 57~63면 참조.

표5-5 선전시 행정 인허가제도의 개혁 시기와 내용

구분	1차(1997)	2차(2001)	3차(2004)	4차(2008)	5차(2009)
내용	인허가 항목 축소, 절차 간소화·제도화	1차 개혁과 동일	1차 개혁과 동일	비(非)행정인허가 등기항목 취소 및 조정	대부처제 실시 중 일부 항목 폐지·이양
폐지·이양한 항목수 (감소율 %)	1,091개 중 463개(42.4%)	715개 중 277개 (38%)	701개 중 265개(37.8%)	697개 중 349개 (50%)	623개 중 194개 (31%)

출처: 賈和亭·梁世林 1999, 54~66면; 深圳市人民政府法制辦公室 2006; 劉建 2010.

장(規章)에 근거한 것이고, 5.7%만이 선전시가 제정한 법규·규장·규범성 문건에 근거하였다. 또한 정부의 인허가 행정을 감독하기 위해 사회고발 제도, 연도별 감독제도 등 다양한 감독제도를 도입했다.

셋째는 행정인허가 절차를 간소화함으로써 행정 효율성을 제고하는 것이다. 이를 위해 크게 세 가지 방식이 도입되었다. 우선 여러 정부 부서가 관계되는 인허가 사항에 대해서는 합동처리방식과 동시처리방식을 도입했다. 이를 통해 민원인이 여러 부서를 일일이 찾아다니는 번거로움을 덜게 되었고, 여러 정부 부서가 하나의 사항에 대해 동시에 업무를 처리함으로써 처리시간도 단축되었다. 또한 '창구식 처리방식(窓口式辦文)'을 도입해, 민원인이 담당 부서의 공무원을 직접 방문하지 않고도 종합 인허가 접수창구에 관련 서류를 제출하고 일정한 시간이 지난 후에 출구창구에서 결과를 수령할 수 있게 되었다. 이렇게 되면서 행정비용이 절약되었을 뿐만 아니라 부패의 가능성도 줄어들었다. 그밖에도 중요한 인허가 사항에 대해서는 각 분야 전문가의 자문을 얻거나 공청회를 통해 시민의 의견을 수렴하여 결정하는 공개적이고 민주적인 방식을 도입했다. 이를 통해 담당 부서나 공무원의 자의적인 판단을 줄일 수 있고, 정책 결정의 투명성과 정확성을 높일 수 있었다.

선전시의 행정 인허가제도 개혁은 행정 효율성 제고 등 여러 면에서 많은 성과를 거두었다고 한다. 우선 처리시간이 대폭 축소되고, 정부와 기업의 행정비용도 절약되었다. 예를 들어, 1997년 제1차 개혁 이후 346개 인허가 항목의 처리시간을 조사한 결과, 각 항목당 평균 처리시간이 전보다 5.6일 단축되었다. 또한 하나의 인허가 사항을 처리하기 위해 기업이 정부를 찾는 횟수도 평균 5회에서 2.8회로 축소되었다. 그 결과 선전시의 투자 환경은 개선되고, 전반적으로 사회경제적 효율성이 증가했다(賈和亭·梁世林 1999, 62면; 傅倫博 2000, 128~37면; 李玉賦 2005, 142~56면).

그러나 선전시의 행정 인허가제도 개혁이 그렇게 순조롭게만 진행된 것 같지는 않다. 또한 이 개혁이 정부 관계자들이 말하는 것처럼 실제로 그렇게 큰 효과를 달성했는지도 좀더 세밀히 검토해 보아야 한다. 단적으로 인허가 항목의 축소 이후 일정한 시간이 흐르면서 그것이 다시 증가하는 현상이 나타났던 것이다. 표5-5에 의하면, 1997년 제1차 개혁 이후 인허가 항목수가 1,091개에서 628개로 대폭 축소되었는데, 2001년 제2차 개혁 무렵에는 그것이 다시 715개로 증가했다. 또한 제2차 개혁 이후 438개로 줄었던 인허가 항목수가 2004년 제3차 개혁 무렵에는 701개로 증가했다. 이는 선전시 정부의 지속적인 항목 축소 방침에도 불구하고, 그것을 실제로 집행하는 정부 각 부서가 여러가지 이유로 그것을 제대로 집행하지 않았거나 아니면 새로운 항복을 신설했음을 보여준다.

종합하면, 선전시 정부는 1997년부터 의법행정 정책의 일환으로 정부직능의 전환을 위해 행정 인허가제도 개혁을 추진했다. 이를 통해 정부가 기업 및 사회 활동에 개입할 여지를 축소했고, 정부 개입의 법적 근거와 합리적 절차를 마련함으로써 정부 행정의 제도화를 촉진했다. 또한 선전시의 경험은 다른 지역과 국무원에 영향을 미쳤다. 그 결과 2000년대에 들어서는 행정 인허가제도 개혁이 중국 행정개혁의 핵심 항목이 되었다.

5. 선전시의 의법행정 정책 3: 행정삼분제와 대부처제

2001년 11월에 국무원 중앙편제판공실(中央編制辦公室)은 광둥성 선전시를 비롯한 5개 도시를 행정개혁 시험지역으로 선정했다. 동시에 행정권한을 정책·집행·감독으로 나누고, 각기 다른 정부 부서가 이를 행사함으로써 정부 부서가 상호 견제하고 협력하는 새로운 행정체제 모델을 수립할 것을 선전시에 요청했다. 일부 중국학자는 이를 '행정삼분제'라고 불렀고, 중국 내외의 언론은 이를 '중국형 권력분립제도의 도입'이라고 주목했다.[11] 선전시는 이런 행정삼분제를 의법행정의 중요한 정책의 하나로 추진한다.

(1) 행정삼분제의 실시 배경과 과정

선전시 정부는 그동안 몇차례에 걸쳐 행정개혁을 실시했다. 표5-6은 이를 정리한 것이다. 그러나 지난 20여년의 개혁에도 불구하고 행정체제는 여전히 여러가지 문제를 안고 있었고, 이러한 문제들은 특히 정부 각 부서가 정책 결정(decision-making), 집행(implementation), 감독(supervision)의 권한을 독점하면서 발생한다고 여겨졌다.

첫째는 '약한 정부 강한 부서'(弱政府 强部門)의 문제이다. 이는 분권화 정책에 따라 정부 권한이 정부의 각 부서로 이양되고, 각 부서가 정책 결정과 집행에서 막강한 권한을 행사하면서 발생한 것이다. 우선 '부서 이기

---

11) 呂冰冰 「深圳: 行政體制改革方案正式公布」, 『南方日報』 2004년 6월 10일, http://www.china.org.cn (검색일: 2006. 4. 12); 胡條秀 「行政發展與國家治理結構現代化」, 『江蘇社會科學』 2005년 3기, 97면; 林潔珊 「深圳行政三分有望兩年內見成效, 政府改革塊力大」, 〈南方網〉 2003년 1월 24일, http://www.southcn.com(검색일: 2006. 4. 12).

표5-6 선전시 행정개혁의 시기와 내용

구분(연도)	전국인대 회기연도	기구수	비고
제1차(1981)	경제부서 통폐합과 경제 관련 권한 축소	18	
제2차(1984)	'4위5판' 설치와 '삼급체제' 수립*	22	
제3차(1986)	행정절차 간소화와 '이급체제' 수립**	39	
제4차(1988)	당정 중복기구 정리	NA	
제5차(1991)	정부직능 변환과 권한 축소	40	
제6차(2001)	정부 부서 재조정과 '법정화' 추진	38	행정삼분제 실시
제7차(2004)	정부 운영체제 조정과 정부직능의 전환	35	행정삼분제 실시
제8차(2009)	정부 운영체제 조정과 정부직능의 전환	31	대부처제 실시

*: '4위5판'은 4개 위원회와 5개 판공실을 가리키는 것으로, 선전시의 수출지향형 경제성장을 지원할 경제 종합관리 부서를 강화하기 위해 신설된 기구이다. 여기에는 사회경제발전위원회, 공업발전위원회, 도시계획(規劃)위원회, 수출입위원회(이상 '4위')와 기본건설판공실, 재정무역판공실, 교통판공실, 농목축업판공실, 문화교육판공실(이상 '5판')이 속한다. '삼급체제(三級體制)'는 선전시 행정지도체제를 '선전시 정부(市長)-위원회·판공실(4위5판)-국(局)'의 3단계로 구성한다는 것이다.
**: '이급체제'는 행정관리체제를 간소화하기 위해 삼급체제를 '선전시 정부-위원회·판공실·국'의 2단계로 축소하는 것이다.
출처: 汪永成 2004; 謝寶富 2005, 169~71면; 中共深圳市委·深圳市人民政府 2004; 張志堅·唐鐵漢 1999, 34면; 王洪濤·秦鴻雁 2004; 呂冰冰 2004;「深圳大部制改革后機構數目大大低於國家規定」,「南方日報」2009년 8월 1일, http://news.szline.cn (검색일: 2010년 9월 13일);「深圳大部制改革始末」,「南方周末」2009년 12월 27일, http://focus.szonline.net (검색일: 2010. 9. 13).

주의(部門利益傾向)' 문제가 심각하다. 정책 결정, 집행, 집행 감독의 권한을 모두 갖고 있는 정부의 각 부서는 부서 이익에 반하는 정책을 결정하지 않을 뿐만 아니라, 상부 정책이 부서 이익에 반하면 집행하지 않는다. 반대로, 각 부서는 공익이 아니라 부서 이익을 위해 정책을 결정하고 집행한다. 또한 각 부서에 대한 감독이 제대로 이루어지지 않음으로써 권력남용과 부패문제가 지속적으로 발생한다. 그밖에도 정부 각 부서 책임자가 중요 정책을 독자적으로 결정하고 집행함으로써 정책 결정과 집행의 공정성, 투명성, 정확성에 문제가 발생한다. 이는 특히 정부 공사 발주나 물품 구매, 도시 설계와 계획 등에서 집중적으로 나타난다(蔡小愼·潘加軍 2004, 90~92

면; 薛剛凌·張國平 2005, 63~68면; 張立 2003, 53~54면).

둘째는 정부 정책 집행의 비효율성이다. 현재 중국의 정부조직은 정책 결정부서는 비대한 데 비해 정책 집행부서는 왜소한 역(逆)피라미드형으로 이루어져 있다. 그런데 실제 정부업무를 보면, 전체 업무의 80%는 정책 집행과 관련된 것이다. 이처럼 정부조직과 실제 업무상황이 일치하지 않음으로써 정책 집행의 비효율성이 발생한다. 이 문제를 해결하기 위해서는 행정권한을 정책 결정과 집행으로 나누고, 정부 인원을 정책 집행부서에 집중적으로 배치하는 개혁이 필요하다(卜蘇徽 2005, 18~19면).

선전시의 행정삼분제 실험은 2001년 11월 국무원의 요청으로 시작되어 (江煜宸 2004), 2002년 11월에 개최된 공산당 제16차 당대회에서 다시 한번 강조되었다. 장 쩌민 당시 총서기는 정치보고에서, "기구 간소화·통일성·효율의 원칙과, 정책·집행·감독의 상호협조라는 요구에 맞추어 정부기구 개혁을 지속적으로 추진한다"는 방침을 발표한다.[12]

이후 선전시는 준비작업에 착수했다. 우선 시장을 조장으로 하는 '행정체제 개혁 심화 및 공공행정체제 혁신 영도소조(深化行政體制改革 創新公共行政體制領導小組)'가 구성되었다. 또한 2002년 1/4분기에 행정삼분제를 시험실시하고 그 경험에 기초하여 3/4분기에는 종합방침을 확정한다는 일정표도 마련했다. 그밖에 선진국의 행정개혁 경험을 참고하기 위해 2002년 초에 영국, 미국, 홍콩, 싱가포르에 조사단을 파견했다(林潔珊 2003; 張立 2003, 53~54면).

행정삼분제의 구체적인 내용은 공식 발표된 적이 없다. 단지 기자회견이나 행정삼분제 구상에 참여했던 학자들을 통해 대략적인 내용이 소개되었을 뿐이다. 이런 내용을 종합해볼 때, 행정삼분제의 초기 구상은 다음과

---

12) 江澤民「全面建設小康社會, 開創中國特色社會主義事業新局面」(2002. 11), 新華月報 2005, 28면.

같았다. 전체적으로 정부 권한을 정책·집행·감독으로 삼분하고, 기존 정부 부서를 이에 맞게 재배치하여 각 부서가 상호 협력하고 견제하면서 각자의 역할을 수행하도록 하는 것이 핵심 내용이다. 우선 기존 정부 부서를 큰 범주의 업무(大行業)와 계통(大系統)에 따라 분류한다. 이렇게 분류된 큰 범주의 정부 부서에 정책 결정을 전담하는 정책부서를 둔다. 각 정책부서에는 다시 두 종류의 자문기구를 둔다. 하나는 정책 자문기구이고, 다른 하나는 정책 결정자를 견제하는 기구이다. 또한 각 정책부서마다 다시 몇개의 집행부서를 설치한다. 이렇게 하면 정부 부서는 소수의 정책부서와 다수의 집행부서로 구성된다. 마지막으로 시장 직속의 감독부서를 설치하는데, 여기에는 기존의 회계기구와 감찰기구가 포함된다(張立 2003, 53~54면; 蔡小愼·潘加軍 2004, 90~92면; 江煜宸 2004; 卞蘇徽 2005, 18~19면; 曹紅軍 2003, 73~75면).

이런 구상에 따라 선전시는 2001년 제6차 행정개혁을 단행하면서 준비를 시작한다. 우선 정부 부서를 큰 범주의 업무와 계통에 따라 분류하고 재배치했다. 예를 들어, 운수·항만·항공 등과 관련된 부서는 '대'교통국, 문화·언론·출판 등의 직무를 담당하는 부서는 '대'문화국, 농업·임업·어업·해양업무를 담당하는 부서는 '대'농업국으로 통합되었다. 이렇게 함으로써 정부 부서간 유사 업무의 중복을 막고, 정책 결정과 집행의 효율성을 높일 수 있도록 조치했다.[13]

이런 준비작업 이후 선전시는 2002년과 2003년에 선전시 교통국과 도시계획국토관리국을 대상으로 다음 단계의 개혁을 실시했다. 교통국의 실시 내용은 다음과 같다. 우선 선전시 교통국과 구(區) 교통분국(分局)으로 행정관리체제를 이원화했다. 동시에 구 교통분국이 시 교통국을 모방하

---

13) 그밖에도 제6차 행정개혁에서는 9개 법정화, 행정집행책임제와 행정집행 과실(過失) 추궁제, 정책 결정의 과학화와 민주화를 위한 각종 자문제도와 시민참여제도의 신설 등을 추진하였다. 선전시 정부 고위공직자들과의 인터뷰(2006년 2월 17일, 선전시 정부); 中共深圳市委·深圳市人民政府 2004.

여 여러 부서를 중복 설치했던 이전의 행정체제를 폐지하였다. 대신 선전 시 교통국 산하에 주요 업무를 담당하는 6개의 분국, 즉 ① 여객운송관리 ② 화물운송관리 ③ 항만관리 ④ 전동차 써비스시장 관리 ⑤ 택시·승용차 관리 ⑥ 운수행정감독 등의 분국을 설치하고, 대중교통운수 응급지휘센터를 신설하였다. 여기서 선전시 교통국은 정책부서로서 거시관리, 계획 수립, 정책 결정, 감독 및 조정 업무를 담당한다. 이에 비해 6개 분국은 집행 부서로서 각종 인허가 업무의 처리, 운수시장 관리, 교통법규 위반 조사 등의 업무를 담당한다. 한편 선전시 감찰국(監察局)은 시 교통국과 6개 분국에 대한 행정감독과 업무감찰을 맡았다(秦新安 2004, 32~33면).

그런데 행정삼분제 구상이 발표되고 시험실시되면서 문제점을 지적하는 다양한 주장이 제기되었다(蔡小愼·潘加軍 2004, 90~92면; 曹紅軍 2003, 73~75 면; 胡條秀 2005, 97면; 王進元·馮家亮 2005, 29~31면). 첫째, 행정삼분제는 융통성 있는 정책 집행에 불리하다. 현실을 보면 정책은 집행과정에서 내용이 변경되는 경우가 많은데, 행정삼분제하에서는 집행부서가 정책 결정권한이 없기 때문에 상황과 조건에 맞추어 정책을 수정하고 집행하는 융통성을 발휘할 수 없다.

둘째, 행정삼분제는 정책 결정부서와 집행부서 간의 권한과 책임을 분명히 하고, 이들 부서간의 업무를 원활히 조정하는 데에 문제를 야기할 수 있다. 예를 들어, 만약 어떤 정책이 실패했다면 그것이 과연 정책 결정의 잘못인지 아니면 집행의 잘못인지를 판별하기가 쉽지 않다. 따라서 정책 실패의 책임소재를 분명히 할 수 없다. 또한 이 제도하에서는 각 정책부서 간에, 정책부서와 집행부서 간에 업무를 조정하고 협력을 유도하는 데 어려움이 있다. 현행 행정체제에서는 시장, 부시장이나 국장이 이 역할을 담당하는데, 행정삼분제에서는 정부 각 부서를 조정할 수 있는 기구가 없기 때문이다.

셋째, 감독 부서가 제 역할을 수행할지도 의문이다. 그밖에도 행정수장

책임제를 실시하고 있는 현행 중국의 행정체제와의 충돌, 법률적·제도적 조건의 미비, 집행부서 확대에 따른 정부기구의 팽창 가능성, 외국 경험 적용의 적실성 등이 문제로 제기되었다.

(2) 행정삼분제의 결과와 평가

2001년 11월부터 시작된 행정삼분제 실험은 약 2년 4개월 후인 2004년 3월 제7차 행정개혁안이 발표되면서 일단락되었다. 그런데 최종안은 행정삼분제의 초기 구상과 크게 달랐다. 즉, 최종안에는 행정권한을 정책·집행·감독으로 삼분하고 정부 각 부서를 이에 맞추어 재배치함으로써 정부 부서간에 서로 견제하고 협력하는 새로운 행정권력의 운영모델을 창출하겠다는 처음 의도는 사라졌다. 대신 이전의 행정개혁과 크게 다르지 않은 정책이 제시되었다.

우선 선전시 정부는 변화된 사회적 요구에 부응하기 위해 일부 정부 부서를 신설하고 기존 부서를 세분화했다. 안전생산감독국, 지적재산권국, 응급지휘센터(應急指揮中心), 업종협회써비스서(行業協會服務署) 등을 신설했고, 도시계획국토관리국을 도시계획국과 국토관리국으로 분화했다. 또한 정부 부서간 정책 조정을 원활히 하기 위해 부시장이 주도하는 '정부 부서 연석회의'를 신설했다. 그밖에도 정책 결정의 과학화와 민주화를 위해 자문기구와 논증제도——예를 들어, 청문회와 전문가 토론회——를 확대했다. 마지막으로 정부 행정을 감독하기 위해 정부 회계기구, 정부 감찰기구와 공산당 기율감독기구, 지방인대 등으로 구성된 연석회의를 신설했다.[14]

---

14) 선전시 정부 고위공직자들과의 인터뷰(2006년 2월 17일, 선전시 정부); 秦新安 2004, 32~33면; 王洪壽·秦鴻雁 2004.

제7차 행정개혁안에 대해 일부 정부 관계자와 학자들은 의미 있는 개혁이라고 평가한다. 예를 들어, 선전시 기구편제위원회 판공실 주임은 이번 행정개혁이 세 가지 분야에서 '혁신(創新)'을 이루었다고 말한다. 첫째, 정부의 정책 결정과 관련된 자문기구를 확대하고 광범위한 사회참여 기제를 마련했다. 둘째, 정부 부서간 연석회의를 신설하여 정부의 종합조정 능력을 강화함으로써 정책 결정과 집행의 효율성을 높였다. 셋째, 정부 행정에 대한 감독을 강화했다. 여기에는 정부 감찰국과 공산당 기율검사위원회, 정부 회계기구, 지방인대가 합동으로 연석회의를 소집하여 정부의 중요 정책과 문제를 감독하는 것, 사회단체와 전문가가 참여하는 전문 감독위원회를 수립하는 것 등이 포함된다(秦新安 2004, 32~33면). 정부개혁에 참여했던 한 교수도 제7차 행정개혁이 비록 행정삼분제와는 거리가 멀지만 일정한 의미가 있다고 평가했다. 특히 선전시 건축공무서(建築公務署) 등 몇 개의 정부 부서가 정책 결정과 집행을 분리하는 행정삼분제 구상에 따라 재편된 사실에 주목했다(王洪濤·秦鴻雁 2004).

그러나 전체적으로 보면 제7차 개혁안은 행정삼분제의 초기 구상과는 크게 다르다. 따라서 행정삼분제 개혁은 일단 좌절되었다고 평가할 수 있다. 이는 일차적으로 행정삼분제 자체가 안고 있는 문제점 때문에 발생한 것이다. 즉, 행정삼분제는 정책 집행의 융통성과 효율성 문제, 정부 부서간 관계의 조정 문제, 정부 감독부서의 실효성 문제 등 아직 검증되지 않은 문제를 안고 있다. 이 때문에 1960년대와 1970년대에 영국과 미국 등 서방 선진국에서 유행하던 대부처제가 이후에 쇠퇴한 것이다(Dong, Christensen and Painter 2010, 170~88면).

그밖에도 몇가지 요소가 행정삼분제 도입을 어렵게 만들었다. 가장 중요한 것으로, 중앙의 방침이 불분명해지면서 행정삼분제의 가장 강력한 지지가 사라졌다는 점이다. 선전시는 국무원의 지시에 따라 행정삼분제 개혁을 추진했다. 이어 2002년 11월 공산당 16차 당대회에서 장 쩌민은 행정삼분제 구상을 행정개혁의 새로운 방침으로 공포했다. 그런데 이후에 공산당 중앙과 국무원은 이것을 구체적으로 어떻게 추진할지에 대한 명확한 방침을 마련하지 못했다. 이것을 잘 보여주는 것이 바로 2003년 3월 제10기 전국인대 제1차 회의에서 주 룽지 당시 총리가 보고한 '정부업무보고'의 행정개혁 부분이다. 여기서는 정부권력을 '정책·집행·감독으로 나눈다'는 행정삼분제 구상이 사라지고, 대신 '행정관리체제의 개혁'과 '의법행정'이 강조되었다(劉智峰 2003, 231~63면). 이처럼 행정삼분제에 대한 중앙의 방침이 흔들리면서 선전시는 이를 철저하게 실시할 수 없었다.

실제로 선전시 관계자에 의하면, 선전시가 행정삼분제를 시작할 때 '정부권력을 정책·집행·감독으로 나눈다'는 막연한 방침 외에는 어떤 구체적인 내용도 중앙으로부터 전달받은 바가 없었다. 그래서 선전시는 한편에서는 영국, 홍콩, 싱가포르, 미국 등에 조사단을 파견하여 선진국의 행정개혁 경험을 학습하고, 다른 한편에서는 이를 일부 부서에 적용하면서 구체적인 방안을 마련해갔다. 그 과정에서 중요한 내용은 광둥성 당위원회와 성정부에 보고하고 비준을 받았다. 그런데 이렇게 해서 선전시가 비교적 완성된 행정삼분제 방안을 마련하여 중앙에 보고했을 때, 공산당 중앙과 국무원은 그것을 '너무 앞선 것'으로 판단하고 승인하지 않았다.[15]

한편 선전시 내에서도 행정삼분제를 반대하는 세력이 적지 않았다. 우선 공산당과 의회 지도부 내에 반대의견이 있었다. 이들은 무엇보다 행정삼분제가 서구의 삼권분립제도를 모방한 것이라는 의구심을 갖고 있었고, 그래서 이를 "정서적으로" 거부하는 경향이 강했다. 또한 일부 의회 지도자들은 행정삼분제가 의회-정부 간의 관계를 호도할 수 있다고 비판했다. 즉, 헌법에 의하면 의회는 입법권과 정책권을 보유하고 정부를 감독하는 국가권력기관이며, 정부는 의회 결정을 집행하는 부서인데, 정부의 '정책

---

15) 선전시 정부와 의회의 고위공직자들과의 인터뷰(2006년 2월 17일, 선전시).

권'과 '감독권'을 운운하는 것은 적절치 않다는 것이다.[16]

그밖에도 선전시 정부의 국장급 고위관료도 행정삼분제에 소극적이었고, 일부는 심하게 반발했다. 한 언론 보도에 의하면, 행정삼분제와 관련된 회의에서 한 국장이 "왜 우리 국만 폐지하려고 하느냐?"고 강력히 항의하는 사건도 있었다(張立 2003, 53~54면). 행정삼분제에 의해 부서 권한이 대폭 축소되고 일부 부서는 폐지되는 상황을 고려할 때, 기존 부서 책임자가 반발하는 것은 당연한 일이었다.

(3) 2009년 '대부처제 개혁'의 전면 실시

2004년 미완의 개혁으로 끝난 선전시의 행정삼분제는 2009년 8월 '대부처제'의 이름으로 다시 실시되었다. 그 추진 배경에는 국무원의 정책 변화가 있었다. 2008년 3월 제11기 전국인대 제1차 회의에서 국무원은 대부처제를 핵심 내용으로 하는 행정개혁안을 발표했다. 이에 따르면, 국방과학기술공업위원회, 정보산업부, 국무원 정보화판공실 등의 기존 부서가 공업정보부(工業和信息部)로 통합되고, 국가환경보호총국이 환경보호부(環境保護部)로 승격되는 등 몇가지 변화가 있었다. 이런 조정을 거친 후 국무원 구성부서는 28개에서 27개로 축소되었다. 또한 국무원은 전국에 걸쳐 점진적으로 대부처제를 실시할 것을 결정했다. 이에 따라 2008년 중반부터 성급 지방정부가 대부처제 개혁을 추진하기 시작한 것이다(조영남 2009, 152~60면; Dong, Christensen and Painter 2010, 170~88면; Yeo 2009, 729~43면).

광둥성도 국무원의 결정에 따라 선전시, 포산시(佛山市) 순더구(順德區), 광저우시, 주하이시(珠海市) 등 네 지역을 선정하여 대부처제 개혁을 실시했다. 이 중에서 선전시의 대부처제 개혁은 행정삼분제의 내용을 계승 발

---

16) 같은 인터뷰.

전시킨 것이다. 먼저, 정부 부서 중에서 유사한 계통의 부서를 통합하여 대규모 부서를 만든다. 그 다음, 이렇게 만들어진 대규모 부서를 정책·집행·감독의 세 분야로 재편한다. 마지막으로 각 부서 책임자를 새로 임명하고 부서간의 권한과 역할을 조정한다.

구체적으로 2009년 8월에 전격 단행된 선전시의 대부처제 개혁은 다음과 같다(표5-7 참조). 먼저, 47개의 정부 부서를 7개의 위원회, 18개의 집행국, 6개의 판공실 등 31개 부서로 재편한다. 여기서 7개 위원회는 정책의 결정과 기획, 감독의 기능을, 18개 집행국은 결정된 정책을 집행하고 위원회의 감독을 보조하는 역할을 담당한다. 6개 판공실은 시장을 보조하여 특정 사항을 처리하는 역할을 담당하며, 별도의 독립된 행정관리 기능을 수행하지 않는다. 회계국(審計局), 감찰국, 공산당 기율검사위원회는 전문적인 감독 기능을 담당한다. 또한 이같은 정부 부서의 조정과 함께 151개의 파출기구가 설치되었다. 그밖에 부서 통폐합으로 394개 고위직책이 감소하고, 60개 사업단위와 492명의 인원이 축소되는 결과가 나타났다.[17]

이렇게 전격적으로 단행된 선전시의 대부처제 개혁은 현재 진행 중이고, 그 과정에서 몇가지 문제가 나타나고 있다. 예를 들어, 과학·기술·공업·무역·정보화위원회는 기존 부서의 책임자를 부주임으로 임명하여 1명의 주임과 19명의 부주임이 존재하는 '부직(副職) 비대' 현상이 나타났다. 또한 복수의 부주임이 존재하면서 이들간에 권한과 역할이 중복되는 문제도 발생했다. 그밖에도 행정삼분제가 제대로 작동하려면 정책 결정과 집행이 적절히 균형을 이루어야 하는데, 어떤 부서는 정책 결정부서만 있고 집행부서는 없는 현상도 나타났다. 마지막으로 대부처제만으로는 행정

---

17) 「深圳大部制改革后機構數目大大低於國家規定」, 『南方日報』 2009년 8월 1일, http://news.szline.cn (검색일: 2010. 9. 13); 「深圳大部制改革始末」, 『南方周末』 2009년 12월 27일, http://focus.szonline.net (검색일: 2010. 9. 13); 「深圳大部制改革 16名負責人亮相」, 『廣州日報』 2009년 8월 6일, http://news.xinhuanet.com (검색일: 2009. 8. 6).

표5-7 2009년 선전시의 대부처제 개혁 결과

7개 위원회	통합 전 부서
발전개혁위원회	발전개혁국
재정위원회	재정국
과학·기술·공업·무역·정보화위원회 (科技工貿和信息化委員會)	무역공업국, 과학기술국, 고신원구(高新園區) 영도소조 판공실 등 5개 부서
교통·운수위원회	교통국, 도로국, 궤도교통건설지휘부 등
기획·국토자원위원회 (規劃和國土資源委員會)	국토자원·부동산관리국, 건설국, 기획국 등
거주환경위원회(人居環境委員會)	환경보호국
위생·인구·가족계획위원회 (衛生和人口計劃生育委員會)	위생국, 인구·가족계획국

출처: 「深圳大部制改革后機構數目大大低於國家規定」, 『南方日報』 2009년 8월 1일, http://news. szline.cn (검색일: 2010. 9. 13); 「深圳大部制改革始末」, 『南方周末』 2009년 12월 27일, http:// focus.szonline.net (검색일: 2010. 9. 13); 「深圳大部制改革 16名負責人亮相」, 『廣州日報』 2009년 8월 6일, http://news.xinhuanet.com (검색일: 2009. 8. 6).

개혁의 핵심 과제인 정부직능의 전환을 제대로 추동할 수 없다는 한계도 있다. 정부 부서를 통폐합하고 부서간 역할을 조정한다고 해서 정부 고유의 역할이 변화하는 것은 아니기 때문이다.[18] 이런 이유로 대부처제가 제대로 실현되기 어렵다는 평가가 제기된다(Dong, Christensen and Painter 2010, 170~88면).

정리하면, 선전시는 2001년부터 행정삼분제를 의법행정의 중요한 정책의 하나로 추진했다. 그러나 2004년에 발표된 행정개혁안은 원래 구상과 다른 것으로, 공산당 중앙과 국무원의 불분명한 방침, 지역 공산당과 의회 지도부의 소극적 태도 등이 이런 미완의 결과를 초래했다. 이후 2008년 국무원의 대부처제 개혁방침이 확정되자 선전시는 대부처제 개혁을 전격적으로 실시했다. 다만 여러가지 어려움으로 이것이 얼마나 원래 구상대로

---

18) 광동성 정부 고위공직자들과의 인터뷰(2009년 8월 11일, 광저우시).

실현될지는 두고 보아야 한다.

6. 소결: 평가와 전망

의법행정은 한마디로 정부 행정의 법제화 정책이다. 국무원과 각급 지방정부는 법제 수립과 엄격한 적용을 통해 정부 조직의 행위를 규제하고, 행정권력의 남용과 자의적 운영을 방지하여 행정의 효율성과 공정성을 제고하고자 하였다. 또한 의법행정은 개별적이고 산발적으로 실시되던 기존의 다양한 정책을 포괄하는 종합적이고 장기적인 개혁정책이다. 선전시의 경험을 보면, 세 가지 정책이 특히 중시되었다. 첫째는 법률로 정부행위를 규제하는 '9개 법정화' 정책과 '법치정부 지표'의 수립, 둘째는 정부직능의 전환을 위한 행정 인허가제도의 개혁, 셋째는 행정관리체제 개선을 위한 행정삼분제와 대부처제 개혁이다.

의법행정은 국무원의 탐색과 지방정부의 실천이 결합하여 새로운 행정개혁 방침으로 등장할 수 있었다. 국무원은 1990년대 초부터 개혁·개방 정책을 뒷받침하기 위해 법제 정비 및 집행 업무, 즉 '법제업무'를 중요 정책으로 추진했다. 이후 1997년 의법치국과 사회주의 법치국가 수립 방침이 공식 결정되면서, 국무원은 의법행정과 법치정부 수립을 행정개혁의 새로운 방침으로 결정하고 각급 정부에 이를 실시할 것을 요구했다. 국무원의 방침 결정과 상관없이, 광둥성 선전시 같은 일부 지역은 1990년대 초부터 지역 상황에 맞는 의법치성(시) 정책을 수립하고 추진했다. 이런 지방의 실천은 국무원의 의법행정 방침 결정에 커다란 영향을 미쳤다.

의법행정은 현재에도 진행 중인 정책이기 때문에 이를 단정적으로 평가할 수는 없다. 전체적으로 보면, 의법행정은 타당한 행정개혁 방침이고, 이 방침은 연해지방을 중심으로 점진적이지만 착실하게 실시되고 있다고 평가할 수 있다. 무엇보다, 개별적이고 산발적인 기존의 정부개혁에서 벗어나 의법행정과 법치정부 수립이라는 뚜렷한 목표 아래 기존 정책을 종합하고 체계화한 개혁방침을 수립하고 집행한다는 점은 높이 평가할 만하다. 또한 9개 법정화와 법치정부 지표 수립 같은 특정 정책은 지난 10여년의 실천을 통해 일정한 성과를 거둔 것으로 평가된다.

그러나 의법행정 개혁의 앞날이 그렇게 순탄한 것은 아니다. 의법행정의 주요 정책으로 추진되고 있는 정부직능의 전환과 행정 인허가제도 개혁, 그리고 행정관리체제 개선을 위한 대부처제 개혁이 결코 쉬운 과제가 아니기 때문이다. 선전시는 국무원과 마찬가지로 행정인허가 항목을 축소하고 인허가 절차를 간편화하는 정책을 지속적으로 추진해왔다. 그러나 행정인허가 항목은 일정한 시간이 흐른 뒤에 다시 증가했고, 경제와 기타 사회사업에 정부가 관여하려는 관성은 여전히 강하게 남아 있다. 이런 점에서 정부직능의 전환은 여전히 미완의 과제이다. 이 과제를 달성하기 위해서는 지금의 행정개혁 범주를 벗어나는 좀더 과감한 시도가 필요하다.

대부처제 개혁도 마찬가지이다. 선전시는 2001년부터 2004년까지 행정삼분제 개혁을 의욕적으로 추진했지만 결국 좌절한 경험이 있다. 이는 행정삼분제 자체에 몇가지 문제가 있는데다, 공산당 및 의회 지도자의 반대 등 중국의 특수한 정치상황이 더해졌기 때문이다. 이런 상황은 지금도 변한 것이 없다. 특히 대부처제의 도입과정에서 공산당 중앙과 국무원은 애매모호한 태도를 보였고, 2008년 대부처제 개혁을 공식적으로 추진할 때에도 이에 대한 철저한 조사와 타당성 검토는 없었다(Dong, Christensen and Painter 2010, 170~88면). 따라서 향후 대부처제 개혁은 선전시가 경험했듯이 전국적으로 확대되는 과정에서 원래 구상은 사라지고 기존의 정부개혁과 유사한 결과만을 낳을 가능성이 높다.

결국 의법행정과 법치정부 수립이 성공적으로 실시되기 위해서는 행정개혁을 뛰어넘는 정치개혁이 필요하다. 시민들의 선거에 의한 정부 구성,

언론의 자유 확대와 정부 비판의 강화, 시민사회의 성장과 정부 감독 등이 이에 해당할 것이다. 이런 정책을 통해서만 정부의 기득권을 축소하고 정부의 자의적인 권력을 통제할 수 있는 동력과 세력을 형성할 수 있다. 현재의 '제4세대' 지도자들은 이런 정치개혁에 소극적이었다. 2012년 제18차 당대회 이후 중국을 통치할 '제5세대' 지도자들이 이것을 할 수 있을지는 두고 보아야 한다.

제6장

법치와 법원개혁: '사법공정과 효율'

앞서 공산당 개혁과 정부개혁을 검토한 데 이어서 법원개혁을 분석해보자. 제3세계 국가의 법원에 대한 기존 연구에 의하면, 법원의 역할 강화는 권위주의 정치체제에 위협이 되기보다는 정권유지에 도움이 된다. 이는 법원이 수행하는 몇가지 기능 때문이다. 우선 법원은 정치적 반대파를 억압하고 사회를 통제하는 기능뿐만 아니라, 정권의 법적 정당성을 제고하는 기능도 수행한다. 또한 권위주의체제에 만연한 정부 하부기관과 관료의 일탈행위를 통제하고 통치 엘리뜨의 통합을 유지하는 데도 일정한 역할을 담당한다. 그밖에도 법원은 해외 직접투자 유치와 통상 확대에 필요한 법적 기반을 제공함으로써 경제발전에 기여하고, 동시에 국제적 이미지를 제고하는 데도 도움을 준다. 이 때문에 비교적 안정적으로 정권을 유지하는 권위주의 국가에서는 법원의 역할이 점점 중요해지는 '정치의 사법화'(the judicialization of politics) 현상이 나타난다(Moustafa and Ginsburg 2008, 1~22면; Widner and Scher 2008, 235~60면).[1]

---

* 이 장은 조영남 『중국의 법원 개혁』(서울: 서울대학교출판문화원 2012)의 주요 내용을

이와 유사하게, 개혁기 중국에서도 사법제도의 역할이 전과 다르게 강화될 수 있는 조건이 형성되었다. 무엇보다 1978년부터 개혁·개방 정책을 추진하면서 중국은 시장제도의 도입과 사적 소유제도의 허용, 해외 직접투자 유치와 통상 확대를 위해 법률체계 정비와 사법제도의 수립이 필요해졌다. 동시에 사회관계의 복잡화와 이익 다원화가 초래한 대립과 갈등을 완화하기 위해서도 사법제도가 필요했다. 1990년대에는 업적 정당성(performance legitimacy)에 의문을 제기하는 사회계층이 경제성장과 생활 수준의 향상 등으로 인해 증가하면서, 공산당의 통치 정당성을 제고하기 위해서도 법원이 좀더 적극적인 역할을 수행해야 했다. 이런 이유로 1980년대에는 마오 쩌둥 시기에 파괴되었던 법원제도를 복원하였고, 1990년대에는 사회·경제 변화에 적극 대응하기 위해 법원개혁을 추진하게 된다.

이 장에서는 최고법원이 1999년 10월에 발표한 〈법원개혁 요강〉과 이후에 연속 발표된 제2차와 제3차 〈법원개혁 요강〉에 초점을 맞추어 법원개혁을 분석하려고 한다. 이런 〈법원개혁 요강〉은 의법치국 방침을 사법제도의 영역에 적용하여 추진하는 법원개혁의 사례라고 할 수 있다(最高人民法院硏究室 2000, 72면; 公丕祥 2009, 74면).

구체적으로 여기서는 세 가지 사항을 분석할 것이다. 첫째, 중국의 법원제도가 안고 있는 여러가지 문제에 대한 분석이다. 1999년부터 추진되고 있는 법원개혁은 이러한 문제들을 해결하기 위한 것이다. 둘째, 법원개혁의 세부적인 정책내용과 구체적인 실시 사례에 대한 분석이다. 이를 통해

정리한 것이다.

1) 여기서 '정치의 사법화'는, 정치 관련 사안에 대한 법원 판결이 증가하면서 법원이 점차 더 많은 정치적 역할을 담당하는 현상을 가리킨다. 이는 국회와 정당 등 정치권이 자신들이 해결해야 할 사안을 정치적 이유 때문에 회피하고, 대신 이를 법원에 넘겨 판결하게 하고 그 판결 결과에 따라 처리하는 모습에서 잘 나타난다. 노무현 전 대통령의 탄핵과 수도 이전 문제가 국회 등 정치권이 아니라 헌법재판소의 판결에 의해 결정된 것은 대표적인 사례이다.

지난 10여 년 동안 추진되어온 법원개혁을 자세히 이해할 수 있을 것이다. 셋째, 법원개혁에 대한 평가와 전망으로, 이어서 연구 결과를 요약할 것이다.

이와 같은 분석을 통해 필자는 다음의 결론을 얻었다. 첫째, 중국 법원은 '사법권의 지방화' '법원 운영의 행정화' '법관의 대중화'라는 근본문제를 안고 있다. 그런데 지금까지 3차에 걸쳐 추진된 법원개혁은 법원 내부 문제의 해결에 초점이 맞추어져 있고, 그 결과 법원 운영의 행정화와 법관의 대중화 해결이 개혁의 중점이었다. 반면 법원-공산당, 법원-정부 관계 등 체제문제와 관련된 사법권의 지방화 문제는 법원개혁에서 제외되어 여전히 근본문제는 미결로 남아 있다. 둘째, 법원개혁은 재판제도와 법관제도의 개선 면에서는 성과를 거두었다. 반면 사법독립, 즉 법원 및 법관 독립의 배제, 국민의 사법 불신 만연, 법원 내부의 갈등, 지역적으로 불균등한 추진 등 몇가지 문제를 안고 있다. 사법독립은 정치개혁 없이는 달성될 수 없기 때문에 향후에도 쉽게 이루어지지는 않을 것이다.

1. 중국 법원의 문제점

중국의 법원제도, 즉 법원의 재판활동과 관련된 각종 조직과 절차는 여러 문제를 안고 있다. 이를 크게 세 가지로 요약할 수 있다.[2] 첫째는 법원의 독립적이고 공정한 재판을 방해하는 외부요소이다. 이는 법원과 공산당, 정부, 의회, 검찰과의 관계에서 비롯되는 문제이다. 핵심은 공산당과 정부

---

2) '3대 문제'는 1999년 8월 '전국 고급법원(高級法院) 원장 좌담회'에서 당시 원장이었던 샤오 양의 연설을 통해 공식 제기되었다. 이후 제1차 〈법원개혁 요강〉에서 다시 법원제도의 문제점으로 제시된다(最高人民法院研究室 2000, 226~32면; 康均心 2004, 2면; 譚世貴 2004, 16~23면; 王利明 2001, 32~36면; 劉海年·李林·張廣興 1999, 454~61면).

가 법원의 인사권·재정권·재판권의 일부 또는 전부를 행사하면서 사법독립을 침해한다는 사실이다. 이것이 '사법권의 지방화'이다. 둘째는 법원 내부요소로서, 부실한 재판제도, 법관 상호간의 서열문제, 법원 상하간의 종속관계가 이에 해당한다. 이것이 '법원 운영의 행정화'이다. 셋째는 법관 문제이다. 법관 충원제도의 미비와 법관의 자질 부족이 대표적이다. 이것이 '법관의 대중화' 또는 '비전문화(非專門化)'이다.

(1) 법원의 외부 제약요소: 사법권의 지방화

중국 법원은 '세 가지 종속'으로 인해 독립적이고 공정한 재판을 하지 못하는 문제가 발생한다. 첫째, 법원 인사권을 법적으로는 지방인대가 행사하지만 실제로는 동급의 공산당 위원회가 행사한다. 즉, 법원은 인사 면에서 지방 공산당에 종속되어 있는 것이다. 둘째, 법원의 예산 편성과 집행을 법원이 아니라 동급의 지방정부가 담당한다. 즉, 법원은 재정 면에서 지방정부에 종속되어 있다. 셋째, 법원이 '중대하고 민감한 사건'을 판결할 때에는 동급 공산당 정법위원회에 보고하고 비준을 받는다. 또한 고위 당정간부가 관련된 부정부패 사건은 동급의 공산당 기율검사위원회(紀律檢查委員會)가 조사하고 판결 내용도 결정한다. 이처럼 법원은 판결 면에서도 지방 공산당에 종속되어 있다. 이런 세 가지 종속으로 인해 '지방' 법원이 '지방의' 법원으로 전락하는 '사법권의 지방화' 문제가 발생한다.

헌법에 의하면, 임기 5년의 법원 원장은 공산당의 추천을 받아 동급 지방인대 전체회의가 선출한다. 임기 5년의 법원 부원장과 법관은 지방인대 상무위원회가 원장의 추천을 받아 임명한다. 이처럼 법적으로는 지방인대가 법원 인사권을 행사하게 되어 있지만, 실제로는 공산당이 행사하고 있다. 구체적으로 그 방식을 보면, 법원 원장·부원장과 법관은 공산당 조직부가 사전에 검토하고 당위원회의 승인을 받아 지방인대에 추천한다. 법관 추천과정에서는, 법원 내에 조직된 공산당 지도조직인 법원 당조의 서기를 겸직하는 법원 원장이 중요한 역할을 담당한다(Peerenboom 2002, 302~305면; 李林 2008, 117~40면). 이처럼 공산당이 법원 인사권을 행사하기 때문에 법원은 지방 공산당의 정책을 따를 수밖에 없다. 이는 법원이 법률에 의거하지 않고 지방 공산당의 이해에 입각해 판결할 수 있다는 것을 의미한다.

공산당의 재판 개입은 정법위원회를 통해 이루어진다. 정법위원회는 모든 정법기관, 즉 경찰·검찰·법원·교도소 등을 지도하는 공산당 부서로서 '사법영도'를 핵심 임무로 한다. 여기에는 중대하고 민감한 사건의 판결에 대한 지도도 포함된다. 정법위원회의 재판지도는 크게 '일반지도(一般性領導)'와 '개별지도(個案性領導)'로 구분된다. 일반지도는 재판에 대한 추상적이고 포괄적인 방침을 제시하는 것을 말한다. 예를 들어, '범죄소탕(嚴打)' 기간에 체포된 범법자는 가중 처벌하여 국가의 사회치안 확립 의지를 대외에 천명한다는 방침이 있다. 공산당이 이런 방침을 제시하면 법원은 이에 입각하여 판결한다. 이에 비해 개별지도는 공산당이 개별 사건의 처리 방침을 법원에 지시하는 것을 말한다. 두 경우 모두 문제지만 이 중에서도 개별지도는 더욱더 법원의 독립적인 재판권 행사를 침해하는 것이다(李林 2008, 117~40면; 張明傑 2005, 134~39면; 信春鷹·李林 1999, 79~104면).

법원의 공산당 종속보다 더욱 심각한 것은 동급 지방정부에 대한 종속이다. 정부가 법원의 재정권을 행사하는 것이 대표적이다. 법원재정에 대해서는 중국 당국이 관련 자료를 발표하지 않기 때문에 체계적 분석이 불가능하다. 그래서 일부 지역의 공개된 자료를 참조할 수밖에 없다.

후베이성(湖北省) 지역의 법원에 대한 조사에 따르면,[3] 법원재정 수입은

---

3) 참고로 2007년 후베이성에는 모두 128개 법원에 14,127명이 근무했다. 이 중에서 고급법원은 1개(474명)이며 나머지는 중급법원 6개(2,322명), 전문법원, 즉 우한해사법원(武漢海事法院) 1개(86명), 기층법원 110개(11,245명), 기층 인민법정 937개이다.

3개 항목의 7개 세목으로 구성된다. 3개 항목 중 첫째는 동급 지방정부의 재정이다. 둘째는 주로 빈곤지역에 집중되는 중앙 지원금이다. 셋째는 상급 지방정부의 지원금이다. 이외에도 법원이 자체적으로 조달하는 예산외수입(주로 소송비)과 기타 수입이 있다. 표6-1에서 볼 수 있듯이, 이들 수입 중 대부분은 동급 정부의 재정 지원이다.

이처럼 동급 정부가 법원재정을 관리하면서 재정부족 문제가 발생한다. 이 문제는 고급법원이나 중급법원보다 기층법원에서, 경제가 발전한 연해지역보다 경제가 낙후한 내륙지역에서, 도시지역보다 농촌지역에서 더욱 심각하다. 예를 들어 1983년 통계를 보면, 전국 법원 중에서 독자적으로 법정(法庭)을 갖고 있는 곳은 367곳으로 전체의 12%에 불과했다. 1988년에는 전국적으로 15,000개의 인민법정(기층법원의 파출소) 중에서 11,000개(73.3%)가 독자적인 사무공간을 확보하지 못했다(朱景文 2007, 253면). 최근에도 재정부족은 여전히 심각한데, 전국적으로 기층법원 중에서 활동경비가 부족한 법원은 60% 정도이다. 일부 내륙지역 법원의 경우 법관 임금을 체불하고, 전화료와 수도요금을 납부하지 못해 전화와 수도가 끊기는 일이 발생하고 있다(公丕祥 2009, 578~80면).

한편, 법원이 공산당과 정부에 종속되면서 '지방 보호주의'(local protectionism)가 만연하는 문제가 발생한다. 이는 법원이 해당 지역의 경제이익을 확대하기 위해 객관적 사실과 법률 근거를 무시하고 자기 지역 소송당사자에게 유리하게 사건을 판결하고 집행하는 현상을 가리킨다(信

표6-1 후베이성 법원 재정수입의 구성비율 변화(%)

	2005년	2006년	2007년
동급 정부 재정 예산	68.67	71.47	81.47
상급 정부 지원금	8.63	11.35	18.00
예산외수입과 기타 수입	22.70	17.18	0.53

출처: 公丕祥 2009, 549~53면.

春鷹·李林 1999, 385~89면; 公丕祥 2009, 578~80면). 우선 지방 보호주의를 이유로 공산당과 정부가 일상적으로 법원의 재판에 개입하면서 뇌물수수와 형량 축소 같은 다양한 종류의 부패가 발생한다. 사법부패는 낮은 자질과 도덕적 타락 등 법관 개인의 문제에서도 발생하지만 이같은 제도적 문제에서도 발생한다.

또한 지방 보호주의에 의해 법원이 자의적으로 판결하면 전국적인 법제 통일과 사법공정이 실현될 수 없다는 문제가 있다. 동일한 사건에 대해 어느 지역의 법원이 심리하는가에 따라 다른 판결이 나올 수 있기 때문이다 (王利明 2001, 170면). 1990년대 이후 특히 문제가 되는 것은 지방 보호주의에 의해 법원 판결이 제대로 집행되지 않는 '집행난(執行難)'이다(Clarke 1996, 65~81면; 唐應茂 2009; 孫謙·鄭成良 2004a, 329~36면; 康均心 2004, 173~76면; 人民司法 編輯部 2003, 44~47면). 법원 판결이 제대로 집행되지 않는다면 소송은 하나마나 한 것이 되고, 이렇게 되면 국민의 정당한 권리는 침해받고 사법권위는 땅에 떨어진다. 현재 중국에서 이런 현상이 나타나고 있다.

(2) 법원의 내부 제약요소: 법원 운영의 행정화

관료제도로 운영되는 정부와는 달리, 법원은 개별 법관이 하나의 독립된 주체로서 사건을 심리하고 판결한다는 특징이 있다. 그런데 중국 법원은 이런 법원의 특징을 무시하고 행정기관과 유사하게 상명하달과 수직지도의 원칙하에 운영되는 문제가 있다. 이를 '법원 운영의 행정화'라고 한다. 구체적으로 이는 법원의 재판활동과 관련하여 상위직급의 법관(예를 들어, 원장)이 하급 법관의 판결을 심사하고 비준함으로써 법관의 독립적인 재판을 침해하는 문제를 가리킨다. 이 문제는 지난 10여년간의 지속적인 법원개혁에도 불구하고 여전히 해결되지 않고 있다. 다시 말해 법원은 여전히 '행정 인허가 모델(行政審批模式)'로 운영된다(李林 2008, 74~75면).

법원 운영의 행정화는 크게 두 가지 범주의 세 가지 문제로 정리할 수 있다. 첫째 범주는 각 법원의 내부에서 발생하는 문제이다. 여기에는 법원 원장(院長)·정장(庭長)의 '사건 심의비준제도(案件審批制度)', 법원 재판위원회(審判委員會)의 '사건 토론결정제도(案件討論決定制度)'가 속한다. 둘째 범주는 상급과 하급 법원 간에 발생하는 문제이다. 하급법원이 상급법원에 사건 개요를 보고하고 판결지침을 요청하는 '지시요청 보고제도(請示彙報制度)'가 이에 속한다.

먼저, 사건 심의비준제도는 법원 원장과 부원장, 민사법정(民事庭, 민사재판부), 형사법정(刑事庭, 형사재판부), 행정법정(行政庭, 행정재판부)의 정장·부정장 등 법원 지도부가 사건 심리에는 직접 참여하지 않으면서 사건의 판결을 심의, 비준하는 활동, 혹은 일반 법관이 작성한 판결문을 검토하고 비준하는 활동을 가리킨다. 이것은 법원이 사회적 영향이 큰 사건, 집단소송 사건, 공산당과 의회가 주목하는 사건 등 '중대한 사건(重大案件)'과, 법률 적용이 애매하거나 적용할 법률이 적당하지 않은 '복잡하고 난해한 사건(複雜疑難案件)'을 심리할 때 주로 이루어진다. 이때 담당 법관이나 재판장이 원장·정장에게 지시를 요청한다. 아니면 원장·정장이 이런 요청이 없는 상황에서 직접 사건의 판결방침을 지시하기도 한다.

1998년에 제정된 〈최고법원 재판위원회 업무규칙(最高人民法院審判委員會工作規則)〉에 의하면, 재판위원회는 모두 여섯 가지의 임무를 갖는다. 이 중에서 재판 경험의 종합과 연구, 중대한 혹은 난해한 사건의 토론과 결정이 가장 중요한 임무이다(最高人民法院研究室 2000, 129~31면). 이 두 가지 중에서 재판위원회 활동은 주로 사건 토론과 결정에 집중된다. 예를 들어, 1999년 1월부터 2000년 8월까지 장쑤성(江蘇省) 롄윈강시(連雲港市) 중급법원과 기층법원의 재판위원회 운영실태에 대한 조사 보고를 보면, 재판위원회는 모두 348회 소집되어 302건의 소송사건을 토론, 결정했다. 이는 재판위원회가 처리한 전체 안건의 86.8%를 차지한다. 이에 비해 재판 경험

202

의 종합과 연구는 단지 21건으로 6%에 불과했다(기타는 40건으로 안건의 11.4%)(人民司法編輯部 2003, 333~43면).

이처럼 재판위원회의 토론결정제도는 원장·정장의 심의비준제도와 유사하다. 즉, 법원이 중대한 사건과 난해한 사건, 사형판결 사건, 합의법정(合議庭, 3인 이상의 법관으로 구성된 합의재판부)의 의견불일치 사건, 검찰 상고 사건을 심리할 때 재판위원회는 담당 법관의 보고에 근거하여 사건을 토론하고 판결을 결정한다. 재판위원회의 결정은 종종 합의법정의 판결과 다른데, 이 경우 재판위원회의 결정이 최종 판결이 된다. 이런 점에서 재판위원회의 결정은 '판결 위의 판결'로서 절대적인 권위를 갖는다. 이런 재판위원회의 결정은 그렇게 적은 수가 아니다. 예를 들어, 1998년 한 고급법원의 재판위원회 활동 조사에 의하면, 1년 동안 재판위원회는 모두 139회의 회의를 개최하여 1,011건(매회 7.3건)의 사건을 결정했다. 이 규모는 해당 고급법원이 처리한 전체 사건의 3분의 1에 해당한다(譚世貴 2004, 20면).

마지막으로 법원 상하간의 지시요청 보고제도를 살펴보자. 공식적으로 상하 법원은 독립적으로 재판하며, 상고심 재판과 재심을 통해 상급법원은 하급법원의 재판을 감독한다. 이런 점에서 상하법원 관계는 감독관계이다. 그러나 실제로는 '영도관계', 즉 상하 종속관계가 추가된다. 사법개혁의 지도, 원장·부원장 등 지도부의 구성, 법원의 설비지원 등 사법행정과 관련된 각종 업무와 활동에서 상급법원은 하급법원을 지도하기 때문이다. 하급법원이 재판 중에 상급법원에 판결지침을 요청하는 지시요청 보고제도도 이런 영도관계를 보여주는 대표적인 사례이다.

이상에서 살펴본 행정 인허가방식의 법원 운영은 많은 문제점을 안고 있다. 원장·정장의 사건 심의비준제도는 법관의 독립재판 원칙뿐만 아니라 직접심리·재판공개의 원칙을 위배하고, 소송당사자의 변론권을 제한하며, 재판의 효율적 운영을 방해한다. 우선 심리와 판결의 분리에 의한 직접심리 원칙의 위배이다. 이 제도에 의해, "심리하는 사람(즉, 담당법관)은 판결하지 않고, 판결하는 사람(즉, 원장·정장)은 심리하지 않는 문제(審者不判 判者不審)"가 발생한다. 여기서 원장·정장은 담당 법관의 보고에 의해 판결함으로써 의도하지 않게 잘못 판결할 가능성이 있다. 혹은 원장·정장이 외부압력이나 유혹에 의해 의도적으로 잘못 판결할 수 있다(사법부패). 또한 판결이 비공개로 법정 밖에서 결정되기 때문에 소송당사자는 판결과정을 알 수 없고 직접 변론할 수 있는 기회도 박탈당한다. 그밖에 사건 심리와 판결이 옥상옥(屋上屋)으로 진행되면서 재판이 비효율적으로 운영된다. 즉, 담당 법관이 사건을 심리하고 즉석에서 판결하면 간단한데, 이를 지도부에 보고하고 비준을 받아야 하기 때문에 많은 시간이 소요되는 것이다.

법원 상하간의 지시요청 보고제도는 이것 외에도 '2심종심제(二審終審制)'를 무의미하게 만들고, 이에 따라 국민이 공정하게 재판받을 권리를 박탈한다는 문제가 있다(朱景文 2007, 180~83면; 公丕祥 2009, 127~28면). 중국에서는 일심 재판에 불만이 있을 경우 원고나 피고가 상급법원에 상고할 수 있고, 이 상고심이 종심(終審)이 된다. 그런데 지시요청 보고제도에 의해 하급법원이 상급법원에 판결지침을 요청하고 상급법원이 이에 응함으로써, 이같은 상고는 사실상 의미를 상실한다. 이 제도에 의해 일심 재판에서 소송당사자도 모르게 이미 상고심 재판이 사실상 진행되고 있는 것이기 때문이다. 재판위원회의 사건 토론결정제도도 앞서 살펴본 법관의 독립재판·재판공개·직접심리·변론권 보장 원칙을 위배하는 등 동일한 문제를 안고 있다(康均心 2004, 245~51면; 李林 2008, 82~92면; 公丕祥 2009, 124~30면).

(3) 법관의 자질 문제: 법관의 대중화

법원은 재판을 핵심 기능으로 하는 사법기관이다. 그래서 재판을 담당하는 법관의 자질과 능력은 사법공정과 사법효율뿐만 아니라 사법독립의 실현 여부에도 결정적인 영향을 미친다. 이 때문에 중국 법원이 당면하고 있는 법관 문제는 매우 심각한 것으로 보인다. 여기에는 법관 임용제도의 문제와 법관의 낮은 자질, 방대한 법관 규모와 낮은 재판 효율성, 열악한 법관 대우와 불안한 지위, 법관의 교육과 훈련 부족, 비체계적이고 불공정한 법관 평가제도 등이 속한다. 이 중에서 가장 중요한 문제가 바로 법관의 낮은 자질이다. 이 문제는 주로 능력과 자질을 갖추지 못한 사람을 대규모로 법관으로 충원하면서 발생하기 때문에 이를 '법관의 대중화' 또는 비전문화 문제라고 부른다.

이러한 법관 임용제도의 문제는 우선 독립적이고 공정한 재판에 큰 걸림돌이 되고 있다. 중국 당국이 법관의 학력에 대한 체계적인 자료를 발표하지 않아 정확히 말할 수는 없지만, 일부 알려진 자료를 통해서도 문제의 심각성을 알 수 있다. 일반적으로 법관은 네 가지 범주의 사람들, 즉 전역군인, 당정기관 전입자, 법원 자체 모집 직원(대개 고졸자), 대졸자로 충원되는데, 이 중에서 전역군인이 가장 많았다. 특히 이들은 법원에서 전역 당시의 계급에 상당하는 직급을 부여받기 때문에 대부분 중간급 이상의 간부에 임용되었다.

과거의 구체적인 법관 구성상황은 사례를 통해서 엿볼 수 있다. 먼저, 2000년대 초 장쑤성 샹수이현(響水縣) 법원에 대한 조사에 의하면, 전체 76명의 법원 직원(법관 포함) 중에서 전역군인은 22명으로 전체의 29%, 당정기관 전입자는 16명으로 21%, 공개 모집을 통해 충원된 간부는 20명으로 26%, 법원 시험을 통해 선발한 고졸자는 11명으로 14.5%, 기타가 7명으로 1%였다. 여기서 보듯 전역군인이 가장 많고, 대졸자는 소수(기타 7명 중 일부)였다. 이처럼 기층법원에 대졸자가 적은 이유는 법관 대우가 형편없어 이들이 기피했기 때문이다. 또한 전역군인이 법원 지도부의 다수를 차지하기 때문에 업무와 생활에서 대졸자가 동화되기 어렵다는 점도 작용했다(柳富華·柏敏 2005, 423~32면).

다른 예로, 2003년 장시성 핑샹시(萍鄕市)의 5개 기층법원을 조사한 자료가 있다. 이 지역 5개 법원의 직원은 모두 277명인데, 이 중에서 법관은 210명으로 전체 법원 직원의 75.8%를 차지했고, 기타는 67명으로 24.2%였다. 법관의 학력을 보면, 4년제 대졸학력자는 96명(이 중 법대 출신은 83명)으로 전체 법관의 45.7%, 2년제 대졸학력자는 173명(이 중 법대 출신은 145명)으로 82.4%를 차지했다(나머지는 기타). 즉, 대졸학력자 법관의 다수는 2년제 대학 출신이다. 참고로, 96명의 4년제 대졸학력자 중에서 전일제(全日制) 정규 법학대학 출신은 16명으로, 4년제 대졸학력자의 16.67%에 불과했다(전체 법관 210명 중에서는 7.62%)(柳富華·柏敏 2005, 442~51면).

여기서 살펴본 통계는 1990년대 초반부터 법관의 자질 향상을 위한 정책이 대대적으로 추진된 결과 법관의 학력이 향상된 상황에서 조사한 것이다. 이전 상황은 이에 비해서도 매우 좋지 않았다. 예를 들어, 1983년 6월 당시 최고법원 원장이 보고한 내용에 따르면, 쓰촨성 법원 간부 중에서 정법계통의 2년제 대졸학력자는 498명으로 전체 법원 간부의 4.6%에 불과했다. 반면 초등학교 이하의 학력자가 15%였으며, 이들 중 상당수는 문맹 또는 반(半) 문맹이었다(夏勇 1999, 195면). 이런 문제를 해결하기 위해 현직 법관의 교육훈련을 전담하는 기관이 설립되었는데, 1985년에 최고법원이 설립한 전국 법원간부 평생법률대학(全國法院幹部業餘法律大學), 1988년에 국무원 국가교육위원회가 설립한 중국 고급법관 훈련센터(中國高級法官培訓中心), 1997년에 최고법원이 설립한 국가법관대학(國家法官學院) 등이 있다.

법관의 낮은 자질은 몇가지 심각한 문제를 야기한다. 우선 재판의 공정성 문제이다. 중국에서 법원 판결 중에서 어느 정도가 문제가 있는지는 체계적인 통계자료가 없기 때문에 정확히 말할 수 없지만 몇가지 사례를 통해 그 심각성을 추측할 수 있다. 예를 들어, 한 조사에 의하면 1999년 전국의 법원은 소송당사자들이 불만을 제기한 모두 96,739건의 판결을 조사했는데, 이 중에서 21,862건의 판결에 문제가 있었다(오심률 22.6%)

(Peerenboom 2002, 290면). 즉, 소송당사자가 제기한 5건의 판결 중 1건 이상이 문제가 있다는 것이다. 다른 예로, 1999년 허난성(河南省) 인민대표대회는 해당 지역의 의회 전체를 동원하여 각급 법원에 대한 개별사건감독(個案監督)을 전개했다. 이때 민원인의 신고에 근거하여 총 27,961건(고등법원 106건, 중급법원 2,058건, 기층법원 25,797건)의 판결을 조사했는데, 모두 3,055건이 잘못된 판결로 밝혀졌다(오심률 10.92%). 이로 인해 39인의 법관이 파면 등의 징계를 받았다(Cho 2009b, 70~71면). 또한 1990년대 이후 법률·당규 위반으로 처벌받는 법관이 매년 1,000명 선을 유지하고 있다(朱景文 2007, 199~200면).

더 나아가 법관의 낮은 자질은 사법부패의 주된 원인으로 지목된다. 사법부패는 국민이 법원과 법관을 불신하고 사법독립을 반대하는 주요 원인이며, 중국에서 사법부패의 심각성은 대부분이 인정하는 사실이다. 일부 중국학자는 "사법부패가 이미 중국 사회에서 해악이 가장 심각한 사회적 공해(公害)가 되었다"고 주장한다(劉海年·李林·張廣興 1999, 426~29면). 이로 인해 법원과 법관의 명성은 땅에 떨어지고, 사법제도 전체에 대한 불신이 팽배하다(Peerenboom 2002, 295~96면; 韓波 2003, 169~72면). 사법부패의 유형도 여러가지이다. 각종 관계, 인정(人情), 금전을 이용하여 소송에 영향을 미치는 행위, 법관의 불법적인 피고 재산 몰수와 처분, 법관의 소송기밀 누설과 변호사를 통한 부당거래, 법관의 노골적인 뇌물수수와 재판 왜곡, 법원의 부당한 비용 징수와 찬조 강요는 대표적인 유형이다(信春鷹·李林 1999, 105~27, 217~44면).

마지막으로 법관 수의 급증은 재판 효율의 하락이라는 문제로 이어졌다. 표6-2는 중국의 상황을 5개 선진국과 비교한 것이다. 우선 인구 10만명당 법관 수는 중국이 14.7인으로 독일을 제외한 다른 국가보다 많다(미국의 3배, 영국의 8배, 프랑스의 2배, 일본의 9배). 그런데 법관의 사건 처리 건수는 중국과 타국이 현격한 차이가 난다. 중국에서 법관 1인이 1년에

표6-2 주요 국가별 법관 수와 사건 수 비교(2004년)

국가	미국	영국	독일	프랑스	일본	중국
법관 총수	30,888	3,170	20,999	4,900	2,899	190,961
인구 10만당 법관 수	5.0	1.8	22.2	8.1	1.7	14.7
법원 1심사건 총수	29,795,102	2,429,255	2,938,961	1,539,502	512,342	5,044,166
법관 1인당 사건 수	965	765	140	314	177	26.4

출처: 朱景文 2009, 408면.

표6-3 중국 법원의 문제점과 해결책

종류	사법권의 지방화	법원 운영의 행정화	법관의 대중화
내용	① 공산당의 인사권 행사 ② 공산당의 재판권 행사 ③ 정부의 재정권 행사	① 사건 심의비준제도 ② 재판위원회의 토론결정 제도 ③ 지시요청 보고제도	① 법관의 낮은 자질 ② 방대한 법관 규모 ③ 낮은 재판 효율성
문제	지방 보호주의 ① 사법부패 조장 ② 법제통일 저해 ③ 집행난	① 재판원리 위배: 독립·직접·공개·변론 보장의 원칙 위배 ② 재판 효율 저하 ③ 이심종심제 형해화	① 재판 불공정(오심) ② 사법부패 ③ 사법제도 불신
해결	법원 독립: 인사·재정의 수직관리 체계 수립	법관 독립: 기존 제도의 폐지 또는 대폭 개정	법관 직업화: 법관의 신분 보장·생활보장·권위 제고, 임용제도 개선

평균 26.4건의 소송사건을 처리하는 반면, 미국에서는 965건(중국의 약 37배), 영국에서는 765건(중국의 29배), 독일에서는 140건(중국의 5배), 프랑스에서는 314건(중국의 12배), 일본에서는 177건(중국의 7배)을 처리했다. 중국처럼 대륙법 계통에 따라 직권주의(職權主義) 재판방식을 채택하고 있는 독일·프랑스·일본과 비교해도 중국 법관의 업무 효율은 매우 떨어진다.

표6-3은 이상에서 살펴본 법원제도의 문제점을 정리한 것이다.

2. 법원개혁의 정책내용

여기서는 〈법원개혁 요강〉을 중심으로 법원개혁의 정책내용을 자세히 검토할 것이다. 이를 검토할 때에는 법원이 당면한 '3대 문제', 즉 사법권의 지방화, 법원 운영의 행정화, 법관의 대중화에 대해 각 〈법원개혁 요강〉이 어떤 정책을 제시했는가를 중심으로 살펴볼 것이다.

먼저, 제1차 〈법원개혁 요강〉은 법원이 당면한 네 가지 문제를 지적한다. 여기에는 지방 보호주의로 인한 법제통일과 권위 훼손(즉, 사법권의 지방화), 법관 관리제도의 문제와 부패(즉, 법관의 대중화), 재판업무의 행정관리 모델(즉, 법원 운영의 행정화), 법원의 경비부족이 포함된다. 이처럼 제1차 〈법원개혁 요강〉은 중국 법원제도의 '3대 문제'를 적시하고 있다. 이어서 법원개혁의 원칙으로 '다섯 가지 견지(堅持)'를 제시한다. 공산당 영도, 인민민주독재의 국체(國體)와 인민대표대회제도의 정체(政體), 의법(依法) 재판독립, 국가 법제 통일, 중국 조건(國情)의 고려와 외국 경험의 참고가 그것이다.

제1차 〈법원개혁 요강〉의 목표는 전체 목표와 세부 목표로 나뉜다. 사회주의 시장경제의 발전과 사회주의 법치국가의 수요에 맞추어 법원의 조직체계를 개선하는 것이 전체 목표이다. 세부 목표로는 먼저 독립·공정·효율·청렴의 재판제도 수립이 제기되며 그밖에도 높은 자질의 법관 충원을 위한 법관제도 개혁, 집행난 해결을 위한 법원기구 개혁, 법원 업무의 현대화, 법원 감독기제 강화 등이 포함된다. 반면 법원의 조직·인사·재정 등 공산당 및 정부와 관련된 '체제개혁'은 '탐색'과제로 분류되어 이번 기간에 달성해야 할 목표가 아님을 분명히 하고 있다.

이어 각 세부 목표의 정책과제를 구체적으로 설명한다. 첫째 과제는 제1차 개혁의 중점 과제로 재판제도의 개혁이다. 이는 다시 몇가지 세부 과제로 구성된다. 첫번째는 재판방식 개혁으로, 여기에는 '3개 분리', 즉 사건 수리와 재판 분리(立審分立), 재판과 집행 분리(審執分離), 재판과 감독 분리(審監分立)의 철저한 실행, 전면적인 공개재판 실시, 형사소송 방식의 개혁 등이 들어 있다. 다음은 재판조직 개혁으로, 핵심은 합의법정의 역할을 강화하고 원장·정장의 심의비준과 재판위원회의 결정을 제한하는 것이다. 그밖에도 원장·정장 등 법원 지도부가 가급적 합의법정의 재판장을 맡아 재판을 주도할 것도 요구한다.

둘째 과제는 법원기구의 개혁으로, 핵심은 집행난 해결을 위한 새로운 기구의 수립이다. 먼저, 1999년 공산당 중앙의 지시에 의거하여, 고급법원은 관할지역(성·직할시·자치구) 법원의 집행을 통일적으로 관리하고, 각급 법원은 이에 협조하는 집행체계를 구축한다. 또한 법원 직원의 최소 15%를 집행 업무에 할당한다. 그밖에도 최고법원은 '강제집행법'의 초안을 잡아 강제집행의 법적 근거를 마련한다.

셋째 과제는 법관제도의 개혁이다. 여기에는 법관의 자질 제고를 위해 상급법원의 법관을 하급법원의 우수한 법관과 유능한 변호사 중에서 선임하는 제도를 점진적으로 도입하는 방안이 포함된다. 또한 법원 상하간, 타 지역 법원간의 법관 업무교류제도와 동일 법원 내 법관 순환근무제도의 실시, 법관 교육훈련의 강화 등이 주요 과제에 포함된다. 마지막 과제는 법원 업무의 현대화를 통한 업무효율 제고와 법원 관리수준 제고, 법원 감독의 강화 등이다.

제2차 〈법원개혁 요강〉도 샤오 양 원장이 주도한 것이고, 이런 점에서 제1차 〈법원개혁 요강〉의 연장선상에 있다고 할 수 있다. 다만 제1차와 다른 점은, 2003년 5월 '중앙 사법체제개혁 영도소조(中央司法體制改革領導小組)'가 설립되어 제2차 〈법원개혁 요강〉을 사전에 비준하고 최고법원이 이를 발표했다는 사실이다. 이런 면에서 제2차는 제1차보다 공산당의 관점이 더 강하게 반영된 것으로 볼 수 있다(표6-4 참조).

제2차 〈법원개혁 요강〉에 따르면, 향후 5년 동안 7개의 기본 임무와 목표를 달성해야 한다. 여기에는 소송제도 개혁, 집행체제 개혁, 재판조직과 기구 개혁, 법원관리체제 개혁, 법관제도 개혁, 감독제도 강화가 포함된다. 내용은 제1차와 유사하지만, 각 항목의 배치를 달리함으로써 법원개혁이 '3대 문제' 해결을 위해 추진된다는 제1차 〈법원개혁 요강〉의 성격을 어느 정도 탈색시켰다는 특징이 있다.

제2차 〈법원개혁 요강〉이 제시하는 개혁 원칙은 제1차와 유사하지만, 두 가지 점에서 차이가 있다. 첫째는 재판독립 원칙이 '헌법과 법률에 의거한 개혁 견지' '법제통일 옹호'와 함께 병렬적으로 제시됨으로써 중요원칙에서 부수원칙으로 전락했다는 점이다. 둘째, '국민을 위한 한마음'(一心爲民)과 '과학발전관(科學發展觀) 견지'가 추가됨으로써 후 진타오 시대의 국정이념이 법원개혁에도 반영되었다. 또한 이를 위해 사법공정과 효율이 법원개혁의 목표로 분명하게 제시되었다.

제2차의 개혁정책은 제1차와 각 항목의 배열순서만 다를 뿐 대동소이하다. 첫째는 소송제도의 개혁이다. 최고법원이 사형판결의 최종 비준권을 갖도록 하는 사형 재심사(死刑復核程序)제도의 도입(2007년 1월 1일부터 실시), 형사소송제도의 개선, 민사소송의 약식재판 도입, 조정(調解)제도 개혁, 공개재판의 관철이 주요 내용이다. 둘째는 재판제도의 개혁이다. 여기에는 법원 상하간의 지시요청 보고제도의 개혁(즉, 보편적인 법률 적용과 관련된 사건만 지시를 요청하도록 제한), 판례지도(案例指導)제도의 도입, 사법해석 절차의 개혁이 포함된다. 셋째는 집행난 해결을 위한 집행기구의 개혁으로 제1차의 내용을 반복하고 있다.

넷째는 재판조직과 재판기구의 개혁이다. 여기서는 재판위원회 개혁과 합의법정 강화가 핵심이다. 구체적으로, 최고법원에 형사전문위원회와 민사·행정전문위원회를 설립하고, 고급법원과 중급법원에는 필요에 따라 이 위원회를 설립할 수 있다. 또한 재판위원회의 전문성을 높이기 위해 능력 있는 법관을 충원하고, 사건 심리방식도 회의제(會議制)에서 심리제(審理制)로 변경한다. 중대하고 복잡한 사건을 심리할 때에는 재판위원회 위원이 직접 합의법정에 참여하도록 한다. 그밖에도 원장 등 법원 지도부의 재판 역할을 강화하고, 이들의 재판직능과 행정직능을 구분한다. 마지막으로 법관의 독립재판 책임제를 수립하고, 합의법정과 단독법정(獨任庭, 단독재판부)의 재판기능을 강화한다.

다섯째는 법관제도와 인사 관리제도의 개혁으로, 여기에는 법관 정원제 연구, 법관 선임제도 개혁, 법관 업무교류제도와 순환근무제도의 확대, 법관 교육훈련의 강화가 포함된다. 제1차에서 강조한 것처럼, 상급법원의 법관을 하급법원의 우수한 법관과 유능한 변호사 중에서 선임하는 제도를 점차 도입한다는 내용이 눈에 띈다. 여섯째는 법원 감독의 강화이다. 마지막으로 법원의 체제문제 해결은 '계속 탐색'하는 과제로 남겨둔다.

표6-4 중국 법원의 문제와 제1,2차 〈법원개혁 요강〉의 정책

문제	제1차 정책	제2차 정책
사법권의 지방화	법원의 '3대 문제'와 재정부족 제기. 단, 현재는 해결을 위한 '탐색' 추진	제1차와 동일
법원 운영의 행정화	① 재판방식 개혁: 3개 분리, 공개재판 ② 재판조직 개혁: 합의법정 강화, 심의비준제도와 토론결정제도 개혁 ③ 법원기구 개혁: 집행난 해결 ④ 법원 업무 현대화	① 소송제도 개혁: 최고법원이 사형비준권 행사 ② 법원 상하간의 지시요청 보고제도 개혁: 범위 제한 ③ 재판조직 개혁: 합의법정 강화와 토론결정제도 개혁 ④ 집행체제 개혁: 집행난 해결
법관의 대중화	① 인사 관리제도 개혁 ② 법관대오 건설: 하급법원 법관 중에서 상급법원 법관 충당 ③ 법원 감독 강화: 법원 내외의 감독기제 개선	제1차와 동일

제3차 〈법원개혁 요강〉은 2008년 취임한 왕 성쥔(王勝俊) 원장의 주도로 작성된 것이다. 제3차에서는 먼저 법원개혁의 목표로 '공정, 고효율, 권위의 사회주의 사법제도 건설'을 분명하게 제시한다. 이전의 사법개혁 목표였던 '공정'과 '효율'에 '권위'가 새롭게 추가되었다. 이어서 7개의 개혁 원칙을 제시한다. 이전과 다른 특징은 법원의 재판독립 원칙은 사라지고, 공산당 영도와 중앙통제, 정확한 정치방향의 견지, 군중노선(群衆路線)을 강조한다는 점이다. 먼저, 법원개혁은 '정치개혁의 중요한 구성요소'로서 반드시 당의 지도하에 점진적으로 위에서 아래로 추진되고, 동시에 사법개혁의 '정확한 정치방향'을 확보해야 한다. 또한 '3개 지상(至上)', 즉 '공산당 사업 지상, 인민이익 지상, 헌법·법률 지상'에 맞추어 개혁을 추진하여 '중국 특색의 사회주의 방향'을 견지해야 한다. 그밖에도 법원개혁에서는 군중 의견을 청취하고 군중 의지를 관철하는 군중노선을 견지해야 한다(표6-5 참조).

제3차의 개혁과제는 이전과는 다른 배치와 개념으로 제시된다. 첫째는 법원 직권의 개선(法院職權優化)인데, 여기에는 소송제도 개혁, 집행기구 개혁, 법원 상하관계 개혁(지시요청 보고제도 개선 포함), 재판 관리제도 개혁, 감독제도의 강화, 법관 직업보장제도의 강화 등이 포함된다. 또한 재판위원회의 토론 범위와 절차 개선, 재판위원회의 직책과 관리업무 규범화 같은 재판조직 개혁도 포함된다. 합의법정의 강화도 여기에 포함된다.

둘째는 '관대함과 엄격함이 상호 보조를 이루는 형사사건 정책(寬嚴相濟刑事政策)'의 관철이다. 이를 위해 엄격한 처벌과 관대한 처벌의 형사재판제도와 업무기제를 수립한다. 이처럼 민사사건과 형사사건의 판결방침이 독립된 법원개혁 항목으로 제시된 것은 이번이 처음이다. 이것이 제3차의 첫번째 특징이다.

셋째는 법관제도의 개혁이다. 먼저, 최고법원, 고급법원, 중급법원의 법관은 '원칙상' 기층법원의 우수한 법관과 유능한 법률인재 중에서 채용한

표6-5 중국 법원의 문제와 제3차 〈법원개혁 요강〉의 정책

문제	제3차 정책
사법권의 지방화	① 법원제도의 근본문제 언급 없음 ② 법원재정 보장 강화 제기
법원 운영의 행정화	① 재판제도 개혁: 민사·형사재판, 재심제도 ② 재판조직 개혁: 합의법정 강화, 토론결정제도와 지시요청 보고제도 개혁 ③ 법원기구 개혁: 집행난 해결 ④ 형사사건 정책의 변화
법관의 대중화	① 인사 관리제도 개혁 ② 법관대오 건설: 상급법원 법관 하급법원에서 충당 ③ 법원 감독 강화: 법원 내외의 감독기제 개선
기타	다원화된 분규 해결기제의 건립

다. 이전의 〈법원개혁 요강〉과 다른 점은 '원칙상'이 추가된 것이다. 이는 상황에 따라서는 그렇지 않을 수도 있다는 것으로, 실제로 이렇게 하지 않는 경우가 많음을 보여준다. 왕 성쥔 원장의 임명이 대표적인 사례이다. 법관제도의 개혁은 법관 교육훈련의 강화, 반(反)부패기구의 개선, 정원제 도입 검토, 법관 업무교류제도와 순환근무제도의 확대 등 이전 〈법원개혁 요강〉의 내용을 반복하고 있다.

넷째는 법원의 경비(재정) 보장이다. 이전 〈법원개혁 요강〉은 재정문제를 미래에 해결할 '탐색' 과제로 분류했는데, 이번에는 이것이 당면 추진과제로 설정되었다. 핵심 내용은 현재 진행 중인 행정재정 보장제도 개혁에 맞추어, "책임을 명확히 하고(責任明確), 분담을 나누며(分擔分類), 수입·지출을 분리하여(收支脫鉤), 전액을 보장하는(全額保障)" 법원재정 보장제도를 수립하는 것이다. 또한 법원재정을 인건비, 사업비, 시설·장비비, 건축비 등 네 가지 항목으로 나누고, 지역 특징과 법원 성격에 맞추어 각급 재정부담의 층차(層次)와 비율을 확정하여 법원재정을 보장하도록 하였다. 얼마나 실현될지는 모르겠지만, 이것이 제3차의 두번째 특징이다.

다섯째는 '국민을 위한 사법'(司法爲民)의 업무기제 개선이다. 여기에는 법원 재판과 집행의 공개 강화 이외에도 민의 소통 및 표현기제의 수립, 법원 신방제도(信訪制度)의 개선, 사법구조(司法救援)제도의 개혁이 포함된다. 또한 증가하는 사회 갈등과 모순을 완화하기 위해 '다원화된 분규 해결기제(多元糾紛解決機制)' 건립이 주요 과제로 제시되었다. "공산당 위원회가 지도하고(黨委領導), 정부가 지지하며(政府支持), 여러 관련 주체가 참여하고(多方參與), 사법이 추동하는(司法推動)" 분규 해결기제 수립의 요구에 맞추어, 법원은 조정 주체의 범위를 확대하고 조정기제를 개선하여 국민을 위해 선택의 여지가 더 많은 분규 해결방식을 제공한다. 이것도 전에는 없던 정책으로, 제3차의 세번째 특징이다.

3. 법원개혁의 실시 사례

3차에 걸친 〈법원개혁 요강〉은 전국적으로 추진되었거나 현재 추진 중에 있다. 이를 통해 각 계획이 제기했던 개별적이고 구체적인 과제는 일정 정도 달성되었고, 이에 따라 법원개혁의 성과도 조금씩 가시화되고 있다. 중국학자들의 연구는 이런 개혁의 집행 결과를 잘 설명하고 있다(周道鸞 2009, 4~34면; 蔡定劍·王晨光 2008, 129~60면; 中國社會科學院法學研究所 2008, 196~217면). 따라서 여기서 이를 다시 반복하는 것은 큰 의미가 없다. 대신 지방 몇곳을 선택하여 법원개혁이 실제로 어떤 내용으로 어떻게 진행되었는가를 살펴볼 것이다. 여기서 선택한 지역은 비교적 충실한 법원개혁 집행보고서를 확보할 수 있는 곳으로, 이런 지역은 대개 모범지역이라고 볼 수 있다. 다시 말해, 대부분의 다른 법원은 이처럼 개혁이 추진되지 않을 가능성이 높다고 할 수 있다.

(1) 산둥성 칭다오시 중급법원의 사례

먼저, 산둥성 칭다오시(靑島市) 중급법원의 제1차 5개년 법원개혁을 살펴보자(柳富華·柏敏 2005, 476~86면). 칭다오시 법원은 '법관 합의제 개혁(法官合議制改革)'이라는 명칭으로, 법관제도 개혁과 재판제도 개혁을 결합한 법원개혁을 1999년부터 실시했다. 1990년대 초반부터 칭다오시 법원은 산둥성 법원개혁의 시험지역으로 선정되었지만 여러가지 이유로 개혁이 지연되다가 1998년 6월에 들어 법원개혁 준비에 들어갔고, 1999년에는 개혁에 본격 착수했다.

개혁 내용은 첫째, 전체 105명의 법관 중에서 우수한 법관 33명을 선발하여 합의법정의 주심법관(主審法官)으로 임명하도록 했다. 이는 법관의 자질 제고를 위해 실제 재판을 담당할 수 있는 법관 인원을 축소한 것으로, 법관의 직업화 또는 엘리뜨화를 위한 중요한 조치이다. 주심법관은 합의법정의 책임자로서 배심법관(보조법관)과 서기(書記員)의 도움을 받아 독자적으로 사건을 심리하고 최종 판결한다. 둘째, 각 합의법정의 합의제도를 강화했다. 이 제도하에서 주심법관과 배심법관의 책임과 권한은 동등하며, 이들은 토론과 협의를 거쳐 사건을 최종 판결한다. 셋째, 원장·정장 등 법원 지도부의 사건 심의비준제도를 폐지했다. 다시 말해, 법원 지도부는 법원 행정 책임자로서의 역할에 충실하고, 재판권은 합의법정과 담당법관이 행사하도록 조치했다. 원장과 정장도 사건을 판결할 수 있지만, 이는 자신이 특정 사건을 맡았을 경우에 한정했다. 그밖에도 소송사건의 접수에서 심리, 판결, 집행, 기록 등 재판 전체 과정을 과학적으로 관리하는 사건심리 공정관리(案件審理流程管理)제도를 도입해 업무 효율이 높아졌고, 법원 내부의 감독제도도 강화되었다.

칭다오시 중급법원의 개혁은 기대한 성과를 거두었다고 평가된다. 단적으로, 법원개혁 이후 재판의 공신력이 높아졌고, 그 결과 상소율이 40%

정도 감소했다고 한다. 이렇게 해서 법원개혁의 '칭다오 모델(靑島模式)'
이 탄생했다. 그러나 동시에 칭다오 모델은 새로운 해결과제를 던져주었
다. 바로 능력과 자질이 부족한 법관의 처리문제이다. 다수의 법관이 주심
법관에 선정되지 못하면서 재판권을 상실했고, 이들이 '법관 합의제 개혁'
에 반발했던 것이다. 이런 이유로 칭다오시 법원 관계자들은 법관 직업화
가 장시간을 요하는 어려운 과제이며, 기존 법관의 이익을 침해하기 때문
에 "고통이 따르고 반드시 댓가를 지불해야 하는" 과제라고 조언했다.

(2) 상하이시 황푸구 법원의 사례

다음으로 상하이시 황푸구(黃浦區) 기층법원의 개혁을 살펴보자(嚴勵
2008, 140~73면). 제1차 〈법원개혁 요강〉에서 보았듯이, 제1차 개혁의 중심
과제는 재판제도 개혁이었다. 이에 따라 황푸구 법원도 재판 관리방식의
개혁을 매우 중시했다. 여기서는 재판위원회, 합의법정, 단독법정의 직책
과 권한을 분명히 규정함으로써 법관이 각각의 재판조직에서 법률에 근거
하여 독립적으로 재판할 수 있도록 보장하는 것이 핵심이었다.

또한 법관의 전문화와 직업화를 목표로, 재판제도 개혁과 연계하여 법
관제도 개혁을 추진했다. 첫째, 법관 중심으로 재판 관리제도를 개혁하여
행정 인허가방식의 관리체제를 개선했다. 여기에는 원장·정장의 사건 심
의비준제도를 폐지하여 법관이 재판권을 독립적으로 행사할 수 있도록 보
장하는 개혁도 포함된다. 둘째, 법관의 순환직무제도를 도입했다. 구체적
으로 각 합의법정은 재판장 임기제를 실시하여 임기가 만료되면 재판장
이 교체될 수 있도록 했다. 여기서 합의법정 재판장은 다른 법관의 민주적
추천이나 자천(自薦)을 통해 선임했다. 이와 함께 합의법정의 재판장과 배
석법관이 서로를 지목하여 선택할 수 있도록 하는 제도도 도입되었다. 셋
째, 다양한 법관 감독과 징계제도가 개선되었고, 법관의 교육훈련도 강화

되었다.

마지막으로, 재판업무의 효율적 처리를 위해 법원 관리제도를 개혁했다. 첫째, 사무자동화와 현대화, 소송절차의 공정관리 등을 도입하였다. 둘째, 집행난 해결을 위한 다양한 제도를 새로 도입하였다. 핵심은 실제 집행능력을 강화하는 것이다. 집행 기한제도의 도입, 집행법정(執行庭) 재판장 책임하의 협력 집행제도 수립, 재산조사 전문기관의 건립 등이 이에 속한다. 셋째, 사법부패 방지를 위해 법원의 감독기제를 개선했다. 재판공개의 철저한 실시, 재판 방청제도 도입, 의회·정협·검찰의 대 법원 감독의 적극 수용, 언론매체와 사회감독의 강화 등이 그것이다.

5년에 걸친 제1차 법원개혁을 통해 황푸구 법원은 법원 내외에서 소기의 성과를 거두었다고 평가된다. 법원의 재판 독립과 법원 감독 사이의 균형을 잡을 수 있는 기제의 수립, 법원의 재판업무와 행정업무 관계의 정확한 처리, 법원관리의 현대화, 법관의 전문성 강화와 엘리뜨화의 실현 등이 법원 내부의 중요한 성과로 꼽힌다. 법원 외부의 성과로는 법원 민사판결 집행률의 향상, 법원에 대한 국민의 신뢰도 제고 등을 들 수 있다. 마지막으로 황푸구 법원은 이런 개혁 경험을 정리하면서, 법원개혁의 급선무는 재판방식 개혁이고, 법관 전문화를 통해 법관의 자질 개선에 노력할 것 등을 제안했다.

(3) 광둥성 선전시 옌톈구 법원의 사례

마지막으로 제2차 5개년 법원개혁 기간에 광둥성 선전시 옌톈구(鹽田區) 기층법원에서 실시된 개혁을 살펴보자(李林 2008, 57~65면). 옌톈구 법원도 '주심법관 책임제(主審法官負責制)'라는 명칭으로 재판제도 개혁과 법관제도 개혁을 결합한 법원개혁을 추진했다. 먼저, 전체 21인의 법관 중에서 9인의 '주심법관'을 선출했다. 주심법관은 법률시험, 재판능력 평가, 동료법관의 평가, 공산당의 조직 심사 등을 거쳐 "업무에 정통하고 경험이 풍부하며 태도가 우량한" 법관들이 선발되었다. 9인의 주심법관 중에서 재판 담당은 6인(형사재판 1인, 민사재판 4인, 행정재판 1인)이고, 3인은 판결 집행을, 1인은 소송 접수업무를 담당했다.

다음으로, 9인의 주심법관은 각기 독립적인 '주심법관 사무실(辦公室)'을 개설했다. 각 사무실에는 주심법관 이외에 보조법관(跟案法官) 2인, 법관 보조원(法官助理) 1인, 서기 1인이 한 조로 근무한다. 여기서 주심법관은 전체 재판을 책임지고, 보조법관은 증거를 조사하고 합의법정 심의에 참여하며 판결문 초안을 작성하는 등의 업무를 담당한다. 법관 보조원은 문서수발, 법정 정리, 서류복사 등의 보조 업무를, 서기는 법관 보조원의 지도하에 법정기록을 담당한다.

주심법관 책임제도의 핵심 내용은 두 가지이다. 첫째, 주심법관이 독립적으로 재판권을 행사한다. 재판위원회가 중요하고 민감한 소송사건을 토론 결정하는 것을 제외하면, 나머지 소송은 주심법관이 독립적으로 심리하고 판결한다. 둘째, 법원의 행정관리직능과 재판직능의 분리이다. 법원 원장·부원장, 정장·부정장 중에서 주심법관을 맡은 사람을 제외하고는 모두 보조법관의 역할만을 담당한다. 이렇게 함으로써 법원 지도부는 행정관리 업무를 주로 맡고, 더이상 주심법관의 재판을 통제하고 관리하는 역할을 맡지 않는다.

옌텐구 법원은 '주심법관 책임제'에서도 실행 1년 만에 긍정적인 결과를 얻었다. 상소율과 원심파기율 등 모든 재판 관련 지표가 호전되었다는 것이다. 그러나 이 개혁도 또한 새로운 과제를 남겼다. 먼저, 주심법관이 새로운 법원의 '지도부'가 되면서 보조법관은 독립적인 재판권을 박탈당하는 문제가 발생했다. 이로써 주심법관 책임제는 합의제의 원래 의의를 크게 퇴색시켰다. 또한 주심법관이 사실상 법원 원장이나 정장이 보유했던 사건 심의비준권을 행사하는 현상이 발생했다. 즉, 보조법관이 사건을 심의하고 판결 초안을 정리한 다음 주심법관의 비준을 받아 최종 판결하는 방식이 원장·정장의 사건 심의비준제도와 크게 다르지 않다는 것이다. 결국 이 제도도 일정한 성과를 거두었지만 법원 운영의 행정화 문제를 극복하지는 못했다. 이 문제는 진정한 법관독립을 통해서만 달성될 수 있다.

4. 법원개혁의 평가

여기서는 제1, 2차 법원개혁에 초점을 맞추어 지난 개혁을 평가할 것이다. 제3차 법원개혁은 2009년에 시작되었기 때문에 현 단계에서 평가하기에는 이르다.

(1) 평가

법원개혁은 법원이 당면한 '3대 문제', 즉 사법권의 지방화, 법원 운영의 행정화, 법관의 대중화 해결을 주된 목표로 한다. 이는 제1차 〈법원개혁 요강〉에 명시적으로 제시된 것이다. 따라서 우리가 최근의 법원개혁을 평가할 때에는 그것이 법원제도의 3대 문제를 얼마나 효과적으로 해결했는가에 초점을 맞추어야 할 것이다.

첫째로, 사법권의 지방화 문제의 해결 정도를 살펴보자. 이는 공산당의 법원 인사권과 재판권 행사, 지방정부의 법원재정권 행사로 인해 생겨난 지방 보호주의 문제를 해결하는 것이다. 이를 위해서는 인사·재정·재판과 관련된 법원의 다양한 '영도체제'를 현행의 '수평영도(塊塊領導)'에서 '수직영도(條條領導)' 체제로 개혁해야 한다는 것이 학계와 법조계의 다수 의견이다(信春鷹·李林 1999, 368~83, 440~50면; 人民司法編輯部 2003, 39~40, 824~53면; 譚世貴 2004, 105~10면). 결론적으로 말하면, 이런 학계와 법조계의 주장은 지금까지 수용되지 않았고, 향후 단기간 내에도 이것이 수용될 가능성은 크지 않다.

제1차 〈법원개혁 요강〉은 '3대 문제'가 존재한다고 적시하면서, 궁극적으로는 법원개혁을 통해 이를 해결해야 한다고 '묵시적으로' 주장했다. 다만 현실적인 상황으로 당장 이것을 개혁할 수 없기 때문에 현 단계에서는 문제 해결을 위한 '탐색'을 한다고 규정했다. 이는 제2차 〈법원개혁 요강〉으로 이어졌다. 그런데 2009년 제정된 제3차에서는 이에 대한 언급조차 없다. 이로써 3차에서 법원개혁은 '3대 문제' 해결과의 관련성을 잃고, 대신 공산당의 집권기반을 강화하고 '국민을 위한 사법'을 실현할 목적으로 추진하는 것으로 성격이 바뀌었다. 결국 법원개혁은 사법권의 지방화 문제를 개혁대상에서 제외한 것이다.

다만 제3차 〈법원개혁 요강〉은 제1차와 제2차에서 미래 과제로 미루어 놓았던 법원의 재정문제를 제기한 특징이 있다. 그 내용은 '행정재정 보장제도'의 마련과 함께 '법원재정 보장제도'를 마련하며, 이를 통해 법원재정 전액을 보장할 수 있도록 중앙과 각급 지방정부가 부담 비율을 조정하는 정책을 추진한다는 것이다. 그런데 여기에는 법원재정을 정부가 아니라 법원이 편성하고 집행한다는 분명한 규정이 없다는 문제가 있다. 다시 말해 현재 계획대로라면 법원재정은 여전히 정부가 관리하게 되어, 법원이 정부로부터 재정독립을 이룰 수 없는 것이다. 또한 중앙과 지방이 법원재정 부담을 구체적으로 어떻게 분담할지에 대한 구체적인 규정이 없기 때문에 이것이 실제로 제대로 추진될 수 있을지 장담할 수 없다.

둘째로, 이에 비해 법원 운영의 행정화 문제 해결은 개혁의 중심 과제였다. 이를 위해 재판방식과 재판조직을 개편하는 재판제도의 개혁이 추진되었다. 먼저 개혁의 핵심으로, 합의법정을 대개 1인의 주심법관과 2인의 배심법관 등 3인으로 구성하고, 중대하고 민감한 사건을 제외하고는 대부분의 사건을 독립적으로 재판하도록 보장하는 합의법정 강화를 추진하였다. 이를 위해 법관 중에서 능력 있고 경험이 풍부한 법관만을 선별하여 주심법관으로 임명했다. 부수적으로 1인 판사가 재판을 책임지는 단독법정도 강화되었다.

이와 함께 법원 원장·정장의 사건 심의비준제도는 점차로 축소 또는 폐지하는 방향으로 나아가고 있다. 동시에 법원의 재판직능과 행정관리직능을 구분하여 법원 지도부는 행정관리에만 전념하고 재판에는 개입하지 않도록 하는 정책도 추진되었다. 재판위원회의 사건 토론결정제도도 개혁하였다. 가급적 사건 개입은 축소하고 재판 경험의 종합과 연구에 더 많은 시간을 쏟도록 하는 것이 개혁 방향이다. 다만 이것이 전국에 걸쳐 제대로 실현되고 있다고는 말할 수 없다. 사실상 법원의 최고 지도조직으로서 재판위원회가 존속하는 한, 또한 법관의 자질 문제가 해결되지 않는 한, 재판위원회의 재판 개입은 계속될 것이기 때문이다. 실제로 많은 기층법원에서는 원장 등 법원 지도부와 재판위원회의 재판 개입이 사라지지 않고 있다.

법원 상하간의 지시요청 보고제도도 이와 유사하게 축소 또는 폐지되는 방향으로 나아가고 있다. 그 전 단계로 현재까지 추진된 개혁은 하급법원이 상급법원에 지시를 요청하는 범위를 가급적 축소하고 그 방식도 더욱 규범화하는 것이다. 예를 들어, 하급법원은 사건의 객관적인 사실을 상세히 적시하고, 해당 법원과 동급 공산당 정법위원회의 판결 의견을 명시하여, 법원 원장의 서명을 받아 서면으로 상급법원에 지시요청 보고서를 제출하도록 규정하였다. 다만 현재 많은 법률이 추상적이고 애매모호하여 일선 법원이 이에 근거하여 판결할 때 어려움이 있다는 현실적 상황을 고려하여, 지시요청 보고제도는 향후에도 한동안 유지될 것이다.

그런데 한편으로 최근에 진행된 재판제도 개혁은 새로운 문제를 낳고 있다. 합의법정의 강화과정에서 또다른 법원 운영의 행정화 문제가 야기되는 것이 대표적이다. 즉, 합의법정을 책임지고 있는 주심법관(재판장)이 보조법관(배심법관)이 심리하고 준비한 판결 초안을 심의, 비준하는 방식으로 재판을 운영하면서 사실상 법원 원장과 정장의 역할을 대신하는 현상이 나타난 것이다. 법원 지도부의 재판 개입 축소도 기대했던 성과를 거두지 못하고 있다고 평가된다. 법원 지도부가 법관 인사평가에 큰 영향을 미치기 때문에 법관들은 여전히 사건 판결과정에서 이들에게 지시를 요청하고, 원장도 판결에 개입하는 현상이 계속된다고 본다(李林 2008, 80~92면)

결국 법원 운영의 행정화 문제를 해결하기 위해서는 법관의 독립재판권 보장이 이루어져야 한다(公丕祥 2009, 128~30면; 譚世貴 2004, 110~16면; 信春鷹·李林 1999, 390~98면; 人民司法編輯部 2003, 47~50면). 그런데 아직까지 이에 대한 개혁이 본격적으로 추진되고 있지 않은 것이 현실이다. 공산당과 법원 지도부가 이를 수용하지 않기 때문이다. 우선 중국 법률은 법원의 독립재판권 행사는 보장하면서 법관의 독립재판권 행사는 보장하지 않는다. 다시 말해 법률적으로 법관은 독립재판의 주체가 아니다. 또한 법원의 독립 재판권 행사도 공산당의 영도, 의회의 감독, 검찰의 법률 감독을 전제로 한 제한적이고 조건적인 것이다. 그밖에 법원 내부적으로도 앞에서 살펴본 각종 제도로 인해 법관의 독립재판은 쉽지 않다. 따라서 법원 운영의 행정화 문제도 향후 단기간 내에는 제대로 해결될 수 없을 것이다.

셋째로, 법관의 대중화 문제 해결을 살펴보자. 이를 해결하는 방안으로는 법관의 신분과 생활을 보장하고, 권위를 높이고 임용조건을 강화하는 법관 직업화가 제시되었다(柳富華·柏敏 2005, 80~93면; 孫謙·鄭成良 2004a, 353~70면; 康均心 2004, 320~35면). 지난 법원개혁에서는 우선 법관 임용조건이 전보다 엄격해짐으로써 일정한 발전이 있었다. 2001년 〈법관법〉의 수정으로 법관의 학력조건으로 4년제 대학 졸업이 추가된 것과, 국가 통일 사법고시가 자격제도로 도입된 것은 대표적인 사례이다. 또한 상급법원 법관을 '원칙적으로' 우수한 하급법관과 유능한 법률인재에서 선임하는 제도를 점진적으로 도입하는 것도 법관의 자질 향상을 위한 조치이다. 그밖에도 법원 상하간과 타지역 법원간의 법관 업무교류제도, 동일 법원 내의 법관 순환근무제도 등 새로운 제도를 도입해서 법관사회에 활력과 자극을 불어넣으려는 정책도 추진 중에 있다.

문제는 기존의 무능하고 자질이 떨어지는 법관들이 여전히 법관의 다수를 차지하고 있다는 점이다. 특히 기층법원의 지도부를 구성하고 있는 전역군인 출신의 법관 문제는 매우 심각하다. 현재까지는 이를 해결하기 위해 법관 교육훈련의 강화, 비리법관 퇴출제도 도입 등 여러가지 정책을 실시했지만 실제로 이것이 얼마나 커다란 효과를 거두었는지는 단정적으로 말할 수 없다. 특히 각종 교육훈련과정 이수를 통해 학력증서를 획득함으로써 통계상 법관의 학력은 현저히 높아졌지만, 이것이 실제 법관 능력의 향상으로 이어졌다고는 장담할 수 없다.

그래서 최근에는 기존 법관 중에서 일부 유능하고 경험 많은 법관을 선발하여 이들을 중심으로 재판을 운영하는 제도가 도입되고 있다. 합의법정의 '주심법관 선임제도'가 대표적이다. 이를 통해 재판의 공정성과 효율성이 높아진 것은 사실이다. 그러나 이 제도도 문제가 있는데, 바로 주심법관에 선임되지 못한 법관들의 반발이다. 이로 인해 주심법관 선임제도는 추진과정에서 중단되거나 원래 계획보다 약화된 방식으로 추진되는 문제가 발생한다. 결국 법관의 직업화는 법관의 세대교체를 통해서만 해결될 수 있고, 이에는 1세대 약 30년의 시간이 필요하다. 그때까지 이 문제는 법원을 괴롭히는 가장 심각한 문제로 남을 것이다.

(2) 개혁 정책과 과정의 문제점

3차에 걸쳐 진행된 법원개혁에서는 몇가지 검토해야 할 문제가 있다. 사법독립이 배제된 법원개혁의 목표 설정 문제, 국민의 사법제도 불신, 법원 내부의 분열과 갈등, 지역적으로 불균등한 개혁의 진행이 그것이다.

첫째 문제는 사법독립이 법원개혁의 목표에서 공식적으로 배제되었다

224

는 점이다. 대신 2001년에 사법공정과 사법효율, 2007년 제17차 당대회에서는 여기에 더해 사법권위가 법원개혁의 공식 목표가 되었다. 지금까지 중국학계와 법조계는 사법독립이 법원개혁의 목표가 되어야 한다고 주장해왔다. 사법독립은 세계적 추세일 뿐만 아니라 중국의 법원제도가 당면한 문제를 해결하기 위해서도 반드시 필요하기 때문이다. 단적으로, 법원의 독립 없이는 사법권의 지방화 문제를 해결할 수 없다. 또한 법관의 독립 없이는 법원 운영의 행정화 문제도 해결할 수 없다. 특히 법원의 독립은 법관 독립의 전제이다(信春鷹·李林 1999, 368~83, 440~50면; 人民司法編輯部 2003, 39~40, 824~53면; 譚世貴 2004, 105~10면). 이런 학계와 법조계의 주장에도 불구하고 사법독립은 법원개혁의 공식 목표에서 최종적으로 제외되었다.

그렇다면 왜 사법독립이 제외되었을까? 먼저, 공산당의 반대를 들 수 있다. 공산당은 '정치의 사법화' 가능성을 우려하여 사법독립을 허용할 수 없다. 만약 사법독립이 이루어져서 법원이 '중대한 사건'을 사실과 법률에 의거하여 독자적으로 판결할 경우, 공산당은 상당히 곤란해질 수 있다. 우선 당정간부가 관련된 부패 사건의 진실이 재판을 통해 국민들에게 여과 없이 공개되면, 공산당의 도덕성과 권위는 치명타를 입을 수 있다. 또한 대형재해, 식품피해, 환경오염, 임금체불 등과 관련된 행정소송이나 집단소송이 법원에 의해 독립적으로 판결된다면, 공산당과 정부는 이에 막대한 비용을 지불해야 한다. 마지막으로 국민이 국가를 상대로 인권과 국민 기본권 침해에 대해 헌법을 근거로 소송을 제기하고, 법원이 법률에 근거하여 판결할 경우, 법원은 공산당과 정부에 맞서 국민의 기본권과 인권을 수호하는 장소가 될 수 있다. 이런 이유로 공산당은 사법독립을 허용할 수 없는 것이다.

실제로 이런 이유로 1990년대 이후 최고법원 원장은 법원 내부 인사가 아니라 정부 사법행정과 공산당 정법부문에서 성장한 인물로 임명되었다. 샤오 양과 왕 성쥔 원장이 이에 해당한다. 샤오 양 원장은 최고검찰원 부원장(1990~93)과 국무원 사법부 부장(1993~98)을 거쳐 원장에 임명된 인물이다. 왕 성쥔은 1993년부터 2008년까지 15년 동안 중앙 정법위원회에서 부(副)비서장과 비서장으로 근무한 공산당 정법계통 전문가이다. 이처럼 당 노선과 방침을 잘 이해하고 충실히 관철할 수 있는 인물을 법원 최고지도자로 임명한 것은 법원개혁에 대한 공산당의 의도를 잘 보여준다. 즉, 공산당은 사법독립보다는 사법부패 해소와 사법공정 달성을 위해 법원통제를 강화하려는 것이다. 왕 성쥔 원장이 주도한 제3차 5개년 법원개혁은 이런 공산당의 의도를 제대로 관철시키고 있다고 말할 수 있다(王利平 2009b).

동시에 같은 이유에서, 공산당과 최고법원은 제3차 〈법원개혁 요강〉을 작성하는 과정에서 민간의 참여를 제한했다. 중국에서는 국가와 공산당으로부터 독립된 인권단체나 시민단체가 거의 없다. 따라서 법원개혁 과정에서 참여할 수 있는 민간은 사실상 법과대학 교수, 변호사, 언론인 등 법률과 관계있는 지식인에 국한된다. 그런데 제3차 〈법원개혁 요강〉 작성과정에서는 이런 지식인의 참여까지 막은 것이다. 이 때문에 저명한 법학자인 왕 리핑(王利平) 교수는 제3차 〈법원개혁 요강〉이 국가주도로 공산당의 통제를 강화하는 방향으로 작성되었고, 이 때문에 법원개혁이 후퇴하는 경향이 있다고 비판했다(王利平 2009a).

사법독립이 법원개혁의 목표에서 배제된 데에는 조직 이기주의에 따른 다른 국가기관의 반대도 중요한 역할을 했다. 정부, 의회, 검찰 모두 자기 조직의 기득권 수호 차원에서 법원 독립에 반대했던 것이다. 우선 정부는 법원의 감독과 견제를 수용하지 않을 것이다. 만약 법원이 정부로부터 완전히 독립한다면 〈행정소송법〉 등 법률에 근거하여 정부행위를 통제하려고 할 텐데, 정부 입장에서는 이것이 결코 좋은 일이 아니다. 특히 법원이 인권보호를 주장하며 법원의 허락 없이 진행되는 부당한 피의자 구금이나 자의적인 노동교화(勞動敎化)를 견제하려고 든다면 정부 공안(公安)부서와 사법행정 부서에게는 매우 곤혹스러운 일이 될 것이다. 의회도 법원에 대해 행사하는 인사권과 감독권을 포기할 생각이 없다. 이는 법원에 대해 법률 감독권을 행사하는 검찰도 마찬가지다(Peerenboom 2002, 300면).

여기서 중요한 것은, 법원이 국민의 지지를 기반으로 공산당과 주요 국 가기관 등 권력기관에 대항하고 이런 과정을 통해 사법독립을 획득해야 하는데, 현재 이것이 거의 불가능하다는 사실이다. 법관의 낮은 자질과 사법부패의 만연, 법원의 불공정한 재판과 집행으로 법원 및 법관에 대한 국 민의 불신이 높기 때문이다. 국민의 불신은 여러 곳에서 확인할 수 있다.

우선 공산당, 의회, 정부, 법원에 대한 국민의 신뢰도 조사에서 법원 신 뢰도가 거의 가장 낮게 나오는 것이 대표적인 사례이다. 예를 들어, 2008 년 4~6월에 31개 성(省)을 대상으로 실시된 국민 여론조사에 의하면, 국민 의 신뢰도 순서는 중앙정부(95.8%)＞공산당(94.1%)＞의회(91.2%)＞검찰 (84.4%)＞법원(81.4%)＞경찰(77.8%)＞지방정부(76.7%) 순이었다. 즉, 법 원에 대한 국민 신뢰도는 경찰과 지방정부보다는 높지만, 공산당, 중앙정 부, 의회, 검찰보다는 낮았다(沈明明 2009, 210면).

또한 의회의 법원감독에 대한 국민의 지지를 통해서도 국민의 불신을 읽을 수 있다. 의회가 법원의 개별 판결을 조사해서 문제를 해결하는 개별 사건감독에 대해서는 지지와 반대의 두 입장이 존재한다. 대다수 학자와 법조계 인사들은 개별사건감독이 법원의 재판독립을 침해한다는 이유로 반대한다. 반면 의회와 공산당 관계자들은 이를 지지한다(Cho 2009b, 64~82 면; Peerenboom 2006c, 67~92면; 蔡定劍 2006; 孫謙·鄭成良 2004a, 276~86면; 李林 2008, 364~72면; 韓波 2003, 510~13면). 찬반론에 대해 국민들은 의회의 감독을 지지 하는 경향이 강하다. 이것이 사법부패를 방지하는 데 효과적이라는 판단 때문이다. 예를 들어, 광둥성에서 2005년 5월 1~7일 사이에 실시된 법치실 시에 대한 주민 여론조사 결과를 보면, 조사 대상자의 58.8%가 의회의 개 별사건감독을 지지했다(鄧世豹 2006, 253~56면).

이처럼 국민의 사법 불신이 심각한 상황에서, 국민들은 사법독립을 지지하지 않는다. 국민의 입장에서 보면, 사법독립은 곧 법관의 자의적 판결과 집행의 증가를 의미하고, 이는 사법부패와 재판 불공정의 확대를 가져올 것이기 때문이다. 대신 국민들은 사법부패를 방지하기 위해 사법독립이 아니라 공산당의 사법지도와 각종 사법감독의 강화를 요구하는 경향이 있다. 이처럼 법원은 국민의 지지에 힘입어 권력기관에 대항하여 사법독립을 획득해야 하는데, 현실적으로 이것이 불가능하다.

오히려 현실에서는 공산당과 법원 지도부가 국민의 뜻을 근거로 사법독립을 반대하는 주장을 제기한다. 후 진타오 시대에 들어 '이인위본'(以人爲本, 국민을 근본으로 함), '친민'(親民, 국민에 다가감) 등 국민 우선 방침을 강조하고, 이것이 사법업무에서는 '국민을 위한 사법'의 구호로 나타나고 있다. 이에 따라 법원개혁도 국민의 불만 해소가 최우선 방침이 되었다. 이는 곧 사법부패 해소와 사법공정의 달성, 사법효율 제고가 법원개혁의 목표가 된다는 것을 의미한다. 반대로 사법독립을 주장하는 것은 국민의 요구에 부응하지 못하는 법원의 조직 이기주의이거나 현실을 모르는 학계의 탁상공론으로 치부된다.

이는 향후 법원개혁에서 법원이 해결해야 할 매우 중요한 과제이다. 다시 말해 법원은 최대한 국민의 신뢰를 회복하고, 이를 근거로 사법독립을 법원개혁의 목표로 설정하고 추진해야 한다. 해결책은 사법부패의 해소와 사법공정의 달성, 그리고 이를 통한 국민의 신뢰 획득이다. 그런데 사법부패 해소와 사법공정의 실현을 위해서는 법원 및 법관의 독립, 즉 사법독립이 이루어져야 하고, 동시에 법관의 자질이 제고되어야 한다. 그런데 이를 위해서는 다시 국민의 요구를 근거로 사법독립을 반대하는 공산당과 정부를 먼저 설득해야 하며, 법관 자질의 제고에는 많은 시간이 필요하다. 결국 법원은 현재 닭이 먼저냐 달걀이 먼저냐 하는 딜레마에 빠져 있고, 단기간 내에 여기서 빠져나올 가능성은 높지 않다.

한편, 법원개혁을 추진하는 과정에서 발생하는 법원 내부의 갈등과 분열도 무시할 수 없는 문제이다. 한마디로, 개혁기의 법원은 동일한 이익을 가지고 같은 방향으로 개혁을 추진하는 단일한 주체가 아니다. 공산당, 정부, 의회, 검찰 등 외부기관과 관련해서는 법원이 이익공동체로 활동하지만, 법원 자체만을 놓고 보면 결코 그렇지 않다.

우선 상급법원과 하급법원의 이익이 반드시 일치하지는 않는다. 다시 말해, 지방 보호주의로 인해 기층법원이 최고법원, 고급법원, 중급법원 등 상급법원의 요구나 지시를 어기는 경우가 자주 발생한다(Peerenboom 2002, 315면). 특히 낮은 자질의 법관 문제와 심각한 사법부패는 주로 기층법원에서 발생하고, 최고법원이나 고급법원은 이를 해결하기 위해 적극적인 반면 기층법원은 그렇지 않다. 실제로 1990년대에 톈진시(天津市) 고급법원은 기층법원의 부패 등 일탈행위를 통제하기 위해 톈진시 의회에 기층법원을 감독해줄 것을 공식적으로 요청하기도 했다(Cho 2009b, 78~81면). 이렇듯 공산당 중앙과 최고법원이 준비하고 추진하는 법원개혁이 기층법원의 이익에 위배될 때, 현장에서 법원개혁은 힘있게 추진되지 않는다.

또한 각급 법원 내부에서도 균열이 발생하고 있다. 특히 기층법원의 지도부를 구성하고 있는 전역군인 출신의 법관과 대학을 졸업한 중하급 법관 간에는 법원개혁을 둘러싼 갈등과 대립이 존재하고, 이를 어떻게 해결하는가 하는 점은 과거에도 그랬고 향후에도 법원개혁의 향방에 큰 영향을 미칠 수 있다(Fu 2003, 206~207면). 예를 들어, 법원 지도부는 일반 법관을 관리하는 차원에서 재판위원회의 존속을 원하지만, 자신의 재판권을 수호하려는 일반 법관은 재판위원회의 폐지를 원한다. 우수한 법관을 선발하여 합의법정의 재판을 맡기는 주심법관 책임제도도 마찬가지이다. 능력 있는 법대 출신의 법관은 이를 찬성하겠지만 능력 없는 법관은 이를 반대한다. 법관의 순환직무제도에 대해서도 능력 있는 법관은 전문성의 제고를 위해 필요하다고 찬성하지만, 일부는 새로운 분야에서 적응능력이 부족하기 때문에 이를 반대한다(柳富華·柏敏 2005, 466~69면).

마지막으로 법원개혁이 지역적으로 불균등하게 진행되는 문제가 있다. 개혁·개방 정책이 지역적으로 불균등하게 실시되는 현상은 개혁기 정치· 경제·사회 등 전분야에서 나타나는 보편적인 것이다. 이는 의회개혁에서 도 분명하게 나타나며 법원개혁도 예외는 아니다(蔡定劍·王晨光 2008, 156면). 즉, 경제가 발전한 연해지역에서는 비교적 풍부한 재정지원과 우수한 법 관의 충원을 기반으로 법원개혁이 비교적 순조롭게 진행되었지만, 경제가 낙후한 내륙지역에서는 그렇지 않다. 그런데 경제개혁이나 의회개혁과는 달리, 법원개혁은 전국적인 법제통일이 매우 중요하기 때문에, 이런 지역 적 불균형 문제가 더욱 심각하게 부각된다.

5. 법원개혁의 전망

법원개혁은 단기(10년 이내)와 중장기(10년 이후)로 나누어 전망할 수 있다. 우선 시기와 상관없이 향후에도 법원개혁의 기본 목표는 법원제도 의 '3대 문제' 해결이 될 것이다. 단기적으로 볼 때, 3대 문제 중에서 법원 운영의 행정화와 법관의 대중화 해결이 주된 과제가 될 것이다. 다시 말해, 지금까지 해왔던 것처럼, 법원개혁은 내부개혁에 집중해서 재판제도 개혁 과 법관제도 개혁을 핵심 과제로 추진될 것이다. 여기에 더해 '국민을 위 한 사법'의 구호 아래, 국민의 불만이 집중된 사법부패와 불공정 재판의 문제, 과다한 소송비와 변호사 수임료의 문제(訴訟難), 법원 판결의 미집행 문제(執行難) 등의 해결에 필요한 정책이 추진될 것이다.

그러나 법원개혁이 지속되면서 현행 방식과 내용의 개혁은 한계가 점점 분명해질 것이다. 법원 운영의 행정화나 법관의 대중화를 해결하기 위해 서는 더이상 법원 내부에만 초점을 맞추어서는 되지 않기 때문이다. 그 결 과 중장기적으로 볼 때, 사법권의 지방화 해결이 주요 개혁과제로 등장할 것이다. 이는 곧 사법독립, 즉 법원 및 법관의 독립 추진을 의미한다. 이를 위해서는 법원-공산당, 법원-정부 관계를 변화시키는 법원 외부 개혁, 즉 체제개혁이 필요하다. 이처럼 법원개혁을 통해 사법독립을 달성해야 한다는 것은 거의 모든 중국학자와 법조계 인사의 요구이자 주장이다. 지금까지 공산당과 정부 지도자, 일부 법원 지도자들은 국민의 요구를 근거로 이를 배제했는데, 중장기적으로 볼 때에는 이러한 배제는 불가능할 것이다(蔡定劍·王晨光 2008, 157~58면; 中國社會科學院法學研究所 2008, 216~17면).

그런데 여기서 주의할 것이 있다. 중국학계와 법조계에서 주장하는 사법독립은 어디까지나 공산당 영도와 의회 감독을 전제로 한 '체제 내 독립'이라는 사실이다. 구체적으로, 공산당으로부터의 인사권과 재판권 독립은 '동급' 공산당 위원회로부터의 독립이지, 공산당 '영도 그 자체'로부터의 독립은 아니다. 다시 말해, 동급 정법위원회의 '사법영도'를 폐지하고, 대신 법원계통 내의 공산당 조직을 통해 수직영도를 실시하라는 것이다(수평영도 체제에서 수직영도 체제로의 개혁). 이런 면에서 이들이 주장하는 사법독립은 '동급' 공산당으로부터의 독립일뿐이다(信春鷹·李林 1999, 368~83, 440~50면; 人民司法編輯部 2003, 39~40, 824~53면; 譚世貴 2004, 105~10, 134~42면; 劉海年·李林·張廣興 1999, 468~70면).

유사하게, 법원의 재정독립도 '동급' 지방정부로부터의 독립이라는 성격이 강하다(韓波 2003, 276~77면; 公丕祥 2009, 560~62면; 孫謙·鄭成良 2004a, 270~71, 341~42면). 만약 중앙정부나 성급 지방정부가 관할지역 전체 법원의 재정을 편성하고 할당한다면, 또한 그것이 만약 법원의 재정부족 문제를 어느정도 해결하는 수준에서 편성된다면, 법원은 이를 수용할 수 있을 것이다. 물론 가장 좋은 것은 최고법원이 재정권을 갖고 전국 법원의 예산을 편성하고 집행하는 것이다(公丕祥 2009, 572~85면). 그 밖에도, 법원은 의회의 감독 그 자체를 반대하지 않는다. 이는 헌법과 법률에 규정된 의회의 고유 권한이기 때문이다. 법원이 반대하는 것은 의회가 법원의 개별 판결을 조사하고 수정하는 개별사건감독이다. 단, 법원은 검찰이 공소를 제기하지도 않은 민사사건이나 경제사건에서 법원을 상대로 감독을 진행하는 법률 감독에는 반대한다. 이는 소송사건의 주체(검찰은 공소 주체)가 동시에 감독관 역할도 수행하는 것이기 때문이다.

'조건부 독립'이라고 해도 사법독립의 실현을 위해서는 일정한 조건이 필요하다. 아프리카 국가의 법원을 분석한 한 연구에 의하면, 권위주의 체제에서 사법독립을 이룩하기 위해서는 몇가지 조건이 필요하다. 첫째는 야당, 기업가, 시민사회 등 정치권과 사회에 법원독립을 지지하는 세력이 존재해야 한다. 둘째는 국제적 관심과 지원이다. 만약 사법독립을 훼손할 경우 경제원조의 중단 등 국제제재가 가해진다면 정권은 법원독립을 쉽게 훼손할 수 없다. 셋째는 중요한 정치집단과 사회여론 주도층이 법치를 포함한 법원독립과 관련된 규범을 수용하고 지지하는 것이다. 마지막은 법원독립에 대한 확고한 의지가 있고, 이를 관철하기 위해 정당·정부·군부와 투쟁할 능력이 있는 법원 지도부이다(Widner and Scher 2008, 235~60면). 이와 비슷하게 한 중국학자도 법원독립을 위해서는 법관의 자질 제고, 법원 지도자의 용기와 행동, 법원독립에 대한 사회의 이해와 지지가 필요하다고 주장한다(譚世貴 2004, 218~24면).

현재의 중국 상황을 보면 이런 조건이 제대로 갖추어져 있지 않다. 법원독립을 지지하는 야당은 말할 것도 없고 독립적인 시민사회도 거의 존재하지 않는다. 편법이나 권력과의 결탁을 통해 성장한 많은 사영기업가들이 법원독립을 지지하는 세력이 되지는 않을 것이다. 그렇다고 공산당과 정부가 국제사회의 압력이나 감시를 두려워하는 것도 아니다. 오히려 중국의 경제력이 급속히 성장하면서 국제사회는 중국 정부와 공산당의 눈치를 본다. 중국에서 법치 규범이 전사회로 확대되고 있는 것은 분명하지만, 아직까지 정치지도자와 사회 여론주도층이 이를 전적으로 수용하고 지지한다고 볼 수는 없다. 마지막으로 법원독립에 대한 법원 지도부의 신념이

어느 정도인지는 모르겠지만, 이들이 공산당과 정부에 맞서 과감하게 투쟁할 것 같지는 않다. 설사 이런 법원 지도부가 있다 하더라도 공산당은 인사권 행사를 통해 이들을 충분히 통제할 수 있다.

결국 중국의 현실을 놓고 볼 때, 사법독립은 당분간 실현되지 않을 것이다. 그래서 일부 학자들은 이를 위해서는 정치개혁이 선행되어야 한다고 주장한다(Peerenboom 2002, 320면; 蔡定劍·王晨光 2008, 158면; 譚世貴 2004, 7~8면; 公丕祥 2009, 91면; 秦旭東 2009). 법원-공산당, 법원-정부 관계를 개혁하는 문제는 이미 법원개혁을 벗어나는 것으로, 이는 정치개혁이라는 것이다. 또한 정치개혁을 추진하는 과정에서, 혹은 정치개혁과 함께 법원개혁을 동시에 추진해야만 사법독립을 달성할 수 있다고 주장한다. 이는 다른 국가의 사법독립 경험을 통해서도 확인된다. 유럽 국가들도 국가제도가 수립되고 국민의 정치통합이 이룩되는 등의 국가건설이 완성된 이후에 법원제도가 수립되어 사회정의를 지키는 보루로 발전한 것이다(Root and May 2008, 304~25면).

그렇다고 중국의 법원개혁이 무의미한 것은 아니다. 우선 지난 개혁을 통해 법원제도는 분명히 발전했다. 다시 말해, 법원은 전보다 더욱 독립적이고 권위가 있으며, 법관도 좀더 전문화되고 유능해졌고, 법원 판결은 더 공정해졌다(Fu 2008, 171~72면). 또한 공산당원과 사회 엘리트의 법원에 대한 신뢰도는 전보다 높아졌고, 그 결과 법원 소송이 최근까지 증가해왔다(단, 2004년 이후로 증가 속도가 주춤하고 있다). 이와 같은 상황을 놓고 볼 때 법원의 제도적 확대는 향후에도 지속될 것이고, 이런 측면에서 미래의 법원 발전을 "낙관적으로" 볼 수도 있다(Landy 2008, 207~34면).

또한 싱가포르의 경험처럼 정치 민주화가 이룩되지 않은 권위주의 정치체제하에서도 사법제도는 형식적 법치를 어느정도 달성할 수 있고, 이를 통해 경제발전과 사회안정에 기여할 수 있다. 중국은 싱가포르의 '비자유주의적(non-liberal) 법치' 경험을 학습해왔고, 어쩌면 이를 자국에 실현하려고 하는지도 모른다(Silverson 2008, 73~101면). 중국처럼 인구가 많고 지역 편차가 심하며 공산당의 일당통치가 지속되는 조건에서 싱가포르와 같은 사법제도가 정착할지는 장담할 수 없다. 다만 현재처럼 법원개혁을 지속한다면 일정한 성과는 얻을 수 있을 것이다. 이는 향후의 발전을 위해 기초를 쌓는 역할을 할 것이다. 문제는 체제개혁을 포함하는 '제2의 법원개혁'이 추진될 수 있는가 하는 점이다. 이를 판단하기 위해서는 시간이 필요하다.

6. 소결: 요약

1997년 15차 당대회에서 의법치국 방침을 채택한 이후 이를 실현하기 위한 일환으로 법원개혁이 본격적으로 시작되었다. 법원은 '사회정의의 최후방어선(社會正義的最後一道防綫)'이고 '법치 실현의 보루(法治實現的堡壘)'로서 의법치국의 실현에서 필수불가결한 요소이다(蔡定劍·王晨光 2008, 153면; 張明傑 2005, 24~25면; 孫謙·鄭成良 2004a, 196면). 이 때문에 1999년 제1차 〈법원개혁 요강〉이 제정되고 집행된 이후 현재까지 모두 3차의 법원개혁이 추진되고 있다.

먼저, 법원제도는 사법권의 지방화, 법원 운영의 행정화, 법관의 대중화라는 근본문제를 안고 있다. 법원개혁은 이 문제를 해결하지 않으면 안 된다. 지금까지 진행된 3차의 법원개혁은 주로 법원 내부문제의 해결에 집중되었다. 법원 운영의 행정화 문제를 해결하기 위해 재판제도 개혁이 중점 사업으로 추진되었다. 합의법정의 권한과 역할의 강화, 각종 판결 심의 비준제도의 축소 또는 폐지가 개혁의 기본 방향이었다. 법관의 대중화 문제를 해결하기 위해서는 법관 정예화와 전문화가 추진되었다. 학력과 경력 등 신임법관의 임용조건 강화, 전국적으로 통일된 사법고시제도의 도

입, 재직법관 중 우수한 법관을 선발하여 재판 업무를 전담시키는 주심법
관 선임제도의 도입, 원장·정장 등 법원 지도부의 행정업무 전담제 도입이
개혁의 기본 방향이다. 반면, 공산당과 정부가 관계된 사법권의 지방화 문
제 해결은 개혁에서 제외되었다.

지난 10여년 동안 추진된 법원개혁은 법원제도의 합리화와 제도화, 법
관 능력의 제고 등 몇가지 면에서는 성과를 거두었다고 평가된다. 특히 재
판제도와 법관제도의 개선은 가장 대표적이다. 그러나 이와 함께 문제 또
한 안고 있었다. 사법독립이 개혁 목표에서 배제되고 대신 사법공정과 효
율이 목표로 설정된 것, 공산당이 국민의 사법 불신을 이용하여 군중노선
을 채택하고 이에 근거하여 단기적이고 표면적인 문제 해결에 치중한 것,
개혁 추진과정에서 나타난 법원 내부의 갈등, 법원개혁의 지역적 불균등
추진 문제 등이 대표적이다.

향후 단기적으로 볼 때, 법원개혁은 지금까지처럼 재판제도와 법관제도
개혁 등 법원 내부개혁을 중심으로 추진될 것이다. 그러나 법원개혁이 진
행되면서 이같은 내부개혁도 현행 정치체제의 개혁 없이는 한계에 직면할
것이다. 따라서 중장기적으로 볼 때 법원개혁은 사법독립을 추진할 수밖
에 없을 것이다. 다만 그 구체적인 시기가 언제이고, 또한 어느 정도의 강
도로 사법독립을 추진할지는 현재로서는 단정적으로 말할 수 없다.

제7장

결론

지금까지 중국이 추진하고 있는 국가 통치방식의 개혁을 분석했다. 이를 위해 법치논쟁의 전개, 의법치국 방침의 등장과 세부 정책의 실시, 의법집정 방침과 공산당 개혁, 의법행정 방침과 정부개혁, 법원개혁을 검토했다. 여기서는 이상의 연구를 정리한 뒤 의법치국의 실시 결과를 평가해보고, 또한 의법치국이 중국의 민주화 및 정치발전과 관련하여 어떤 함의를 주는가를 논의할 것이다.

1. 연구 요약

공산당은 1997년 제15차 당대회에서 의법치국과 사회주의 법치국가 수립을 새로운 국가통치 방침과 목표로 결정했다. 이런 결정은 1999년 헌법 개정을 통해 당 방침에서 국가 방침으로 승격되었다. 이후 이를 구체적으로 추진하기 위한 공산당과 주요 국가기관의 세부 방침과 정책도 확정되었다. 1999년 국무원의 '의법행정의 전면실시' 결정, 1999년 최고법원의 법원개혁 5개 계획의 확정, 2002년 공산당의 의법집정 방침과 2004년 공산당 집정능력 강화 방침의 결정은 이를 잘 보여준다.

그런데 의법치국은 그 전에 있었던 이론적 탐색과 치열한 논쟁을 배경으로 등장할 수 있었다. 먼저, 1980년대의 '인치-법치' 논쟁을 통해 인치가 비판을 받고 법제가 학계의 지지를 받았다. 동시에 사회주의 민주 발전과 함께 사회주의 법제 완비가 정치개혁의 과제로 결정되었다. 또한 1990년대 초반의 '중국 법치의 길' 논쟁을 통해 국가주도형 법치 수립의 모델이 정당화되었다. 마지막으로 1990년대 중반 '법치-법제' 논쟁을 통해서 법치가 법제를 대신하고, 의법치국과 사회주의 법치국가의 수립이 결정되었다. 이처럼 의법치국은 '법치론'이 '인치론'과 '법제론'을 물리치고 이론적 주도권을 확보한 결과로 등장할 수 있었다. 한편, 법치논쟁은 많은 성과를 거두었지만 동시에 한계도 보여주었다. 도구주의 법률관의 유지, 인치론의 지속적인 영향, 공산당 영도하의 법치는 대표적인 사례이다.

의법치국 방침은 공산당이 국가 통치방식을 개혁하기 위해 추진하는 종합적인 정치개혁이다. 공산당은 1980년대 이후 개혁·개방 정책의 추진을 위해 '법제개혁'을 추진했다. 당시 법제개혁은 법률 제정과 수정을 위한 법률개혁, 법원과 검찰 등 법률 관련 기구와 제도의 정비를 위한 사법개혁의 성격을 띠었다. 그런데 1990년대 중반 공산당은 기존의 법제개혁과 정치개혁을 종합하여 의법치국을 결정했다. 그 결과 의법치국은 공산당 개혁, 정부개혁, 법원개혁, 의회개혁을 포괄하는 종합적인 정치개혁으로 발전했다.

또한 의법치국은 중앙의 정책 결정과 지방의 자발적 실천이 상호작용하면서 점진적으로 발전했다. 1980년대 중반부터 일부 지방은 치안상황 개선과 법질서 확립을 위해 다양한 내용의 법제정책을 실시했다. 이 과정에서 기층단위의 의법치리 등 의법치국의 세부 정책이 등장했고, 이는 상급 행정단위와 전국의 다른 지역으로 확산되었다. 이 때문에 초기 의법치국의 정책내용과 추진방식은 지방마다 편차를 보였다. 1990년대 중반 중앙은 지방의 다양한 정책과 실천을 적극 수용하고 발전시켜 의법치국을 결정했다. 동시에 중앙은 통일된 정책을 수립하여 전국적으로 확대 적용했다. 이렇게 되면서 1990년대 후반에 의법치국은 의법집정(공산당 개혁), 의법행정(정부개혁), 사법공정과 효율(법원개혁), 입법과 감독 강화(의회개혁), 기층민주의 발전 등 모두 다섯 개의 세부 방침으로 수렴될 수 있었다.

의법집정은 의법치국을 공산당 개혁에 적용한 것이다. 의법집정은 공산당이 법률에 의거하여 국가권력을 장악, 운영함으로써 공산당 통치의 법적 정당성을 제고하려는 '공산당 통치방식의 법제화' 정책이다. 이를 위해 공산당은 1980년대의 '당정분리' 방침을 폐기하고 '당정결합' 원칙을 다시 확고히 했다. 또한 공산당은 당규와 법률을 제정하여 공산당-국가기관 관계를 규정하고, 동시에 이런 당규와 법률에 근거하여 공산당과 국가기관이 각자의 역할을 수행하도록 제도화하는 '당정관계의 법제화'를 추진했다. 이는 당 조직과 당원의 자의적인 권력행사를 축소하여 국민의 정권 수용성을 높이고, 이를 통해 궁극적으로 공산당 통치의 안정성을 강화하려는 시도이다.

또한 공산당은 네 가지 세부 정책을 통해 의법집정을 추진했다. 이는 대부분 이전 정책을 계승 발전시킨 것이다. 당규 정비를 통한 '의법치당'의 강화가 대표적이다. 또한 공산당은 1990년대에 들어 고위 당정간부에 대한 법제·법치 교육을 강화했다. 이는 공산당 정치국 등 최고지도자들이 정기적인 법제강좌 개설 등을 통해 주도했고, 중앙당교와 공산당 간부학교의 정규 프로그램을 통해 실시되었다. 그밖에도 법률 제정을 통한 국가기관의 조직과 운영의 법제화 정책도 추진되었고, 공산당-의회 관계도 재조정되었다. 1980년대 당정분리 방침하에서는 공산당-정부 관계의 재조정이 중심이었다면, 1990년대 의법집정 방침하에서는 공산당 통치의 법적 정당성을 제고할 수 있는 공산당–의회 관계의 재조정이 중심이 되었다.

의법행정은 의법치국을 정부개혁에 적용한 것이다. 의법행정은 각급 정부가 법제를 수립하고 이를 엄격히 적용함으로써 정부 부서와 공무원의 행위를 규제하려는 '정부 행정의 법제화' 방침이다. 이는 행정권력의 남용과 자의적인 운영을 방지하여 행정의 효율성과 공정성을 높이려는 목표를 갖는다. 특히 기존 행정개혁이 정부 행정의 '내용'에 초점을 맞추었다면, 의법행정은 여기서 더 나아가 행정의 '방식'에 초점을 맞추었다는 특징이 있다. 이 점에서 의법행정은 이전의 정부개혁과는 다른 '혁명적 변화'이다.

또한 의법행정은 그동안 개별적이고 산발적으로 실시되던 다양한 정책을 포괄하는 종합적이고 장기적인 개혁방침이다. 여기에는 정부 입법의 과학화와 민주화, 정부업무의 공개, 의회 및 시민의 감독 수용 등 다양한 정책이 포함된다. 광둥성 선전시의 사례를 보면, 다양한 정책 중에서도 세 가지가 특히 중요하다. 첫째는 계량 가능한 객관적인 법치지표를 마련하고 이를 정부 각 부서의 구성·운영·집행에 적용하여 정부 조직과 행위를 규제하려는 법정화(法定化) 및 법치화(法治化) 정책이다. 둘째는 정부직능의 전환을 위한 행정 인허가제도 개혁이다. 셋째는 행정관리체제의 개선을 위한 행정삼분제 개혁과 이를 계승한 대부처제 개혁이다.

중국 법원은 여러가지 문제를 안고 있고, 이는 흔히 사법권의 지방화, 법원 운영의 행정화, 법관의 대중화 문제로 요약된다. 사법권의 지방화는 법원의 인사·재판·재정에 대한 일부 또는 전부의 권한을 공산당과 정부가 행사함으로써 법원이 독립적으로 조직, 운영되지 못하는 문제를 가리킨다. 법원 운영의 행정화와 법관의 대중화는 주로 법원의 내부문제로, 법원이 정부처럼 관료제 방식으로 운영되고, 법원의 핵심 주체인 법관이 자질이 부족하여 사법부패 등 많은 문제를 야기하는 현상을 가리킨다. 중국은 지금까지 10여년에 걸쳐 법원개혁을 추진했는데, 법원 운영의 행정화와 법관의 대중화 문제 해결이 중점 과제였고 법원과 공산당·정부 간의 관계와 관련된 사법권의 지방화 문제는 개혁에서 제외되었다. 법원개혁은 법원 내부제도의 개선, 즉 재판제도와 법관제도 발전에서는 일정한 성과를 거두었다. 그러나 사법독립의 배제, 법원 내부의 갈등, 개혁의 지역적 불균등 추진 등 몇가지 문제를 안고 있다. 향후 법원개혁이 사법독립을 위한 개혁이 되기 위해서는 법원-공산당, 법원-정부 관계에 대한 개혁이 필요하다. 이는 법원개혁을 넘어서는 정치개혁의 영역이다.

2. 의법치국의 평가

의법치국과 그 세부 방침, 즉 의법집정, 의법행정, 법원개혁, 의회개혁은 장기적인 관점에서 점진적으로 추진되고 있다. 따라서 현 단계에서 이를 제대로 평가하기는 쉽지 않다. 대부분의 정책이 현재 진행 중에 있기 때문이다. 또한 이런 정책을 평가하는 객관적인 기준이 존재하는 것도 아니다. 정치체제와 역사적 경험이 다른 타국과 중국을 직접 비교, 평가하는 것도 쉽지 않다. 이런 어려움을 염두에 두고, 의법치국의 실시 과정과 결과를 평가하면 다음과 같다.

먼지, 의법지국과 사회주의 법치국가 수립이라는 새로운 통치방침과 목표를 확정하고 추진한 것은 올바른 결정이었다. 1997년 의법치국이 확정되기 전까지 중국의 '법제건설'은 경제발전과 개혁을 위한 '수단'이라는 성격이 강했다. 현재도 이런 성격을 완전히 벗어버린 것은 아니지만, 헌법수정을 통해 의법치국과 사회주의 법치국가의 수립은 공식적으로 중국이 추구하는 정치개혁의 '방침'이자 '목표'로 확정되었다. 이렇게 되면서 중국의 정치개혁은 지향점이 분명해졌고, 이를 위한 정책도 종합적이고 체계적으로 준비되고 추진될 수 있었다.

또한 분야별·지역별로 차이는 있지만, 의법치국과 세부 방침은 점진적으로 일정한 성과를 거두고 있다. 성과가 가장 뚜렷한 분야는 의회의 입법 및 감독 역할 강화이다. 지난 20여년간의 입법 활동을 통해, 중국에는 이미 어느정도 체계적인 법률체계가 수립되었다. 그 결과 현재는 법률제도의 미비가 더이상 큰 문제가 되지 않는다. 이를 반영하여 2011년 3월 전국인대 제4차 연례회의에서 우 방궈 전국인대 상무위원회 위원장은 "중국 특색의 사회주의 법률체제가 이미 형성되었다"고 공식 선언했다. 또한 지방인대를 중심으로 의회의 정부 감독이 강화되면서, 전에는 '고무도장'(橡皮圖章, rubber stamp)에 불과했던 의회가 '철도장'(鉄圖章, iron stamp)으로 바뀌고 있다. 이런 점에서 의회개혁은 의법치국의 실시에서 선도적인 역할을 했다고 평가할 수 있다.

의법집정과 공산당 통치방식의 개혁도 일정한 성과를 거두고 있다. 예를 들어, 공산당의 각종 회의가 법정절차에 따라 정기적으로 개최되고, 회의 운영과 정책 결정도 당내 규정을 준수하고 있다. 인사제도와 감독제도 등 공산당의 주요 제도들이 전과 다르게 체계적으로 정비된 점도 중요한 성과이다. 그 결과 공산당의 엘리뜨 정치는 전보다 더욱 제도화되고 안정화되는 모습을 보이고 있다. 지난 10여년 동안 중앙 차원의 지도부 세대교체와 지방 차원의 엘리뜨 충원이 평화롭고 안정적으로 진행된 것은 이를 잘 보여준다. 다만 의법집정의 추진이 권력집중 문제를 제대로 해결하지 못하면서 정치부패가 계속 심각한 상태로 남아 있는 점은 해결해야 하는 중요한 과제이다.

의법행정과 정부 통치방식의 개혁은 여전히 많은 어려움을 안고 있다. 이는 중국 정부가 중앙부터 기층에 이르기까지 매우 방대하고 복잡하며, 지역적으로도 정부 조직과 운영에서 큰 편차를 보이기 때문이다. 또한 중국의 사회·경제체제는 시장제도의 도입과 경제적 대외개방 정책의 실시와 함께 급속하게 변화할 수 있지만, 정부구조와 운영은 과거의 관성과 기득권 집단의 반발로 이런 변화에 맞추어 동일한 속도로 변화할 수 없다는 현실적 어려움도 있다. 따라서 의법행정이 전국적으로 뚜렷한 성과를 거두려면 좀더 많은 시간이 필요하다. 그러나 여기서도 정부직능의 점진적 전환, 정부 기구와 조직의 합리화, 행정관리체제의 강화, 정부 행정의 규범화와 법제화 등 일정한 성과가 있는 것은 사실이다.

마지막으로 법원개혁은 현재 상태에서 평가하면 성과가 가장 미약한 분야라고 할 수 있다. 공산당이 법원의 인사권과 재판권을 여전히 행사하고, 정부의 법원재정 통제도 지속되면서 법원 독립은 요원한 상태이다. 특히 사법독립이 개혁 목표에서 제외되고, 대신 사법공정과 사법효율 제고가 목표로 확정된 것은 큰 문제라고 하겠다. 여기에 더해 법관의 낮은 자질, 법원 조직과 운영의 관료주의 만연 문제는 일부 해결되었지만, 국민의 기대에는 미치지 못하고 있다. 이런 점에서, 향후 의법치국의 실시에서 사법개혁은 가장 심각하고 중요한 과제로 등장할 것이다. 특히 의법치국이 국민들에게 의미있는 것으로 인식되기 위해서는 법원개혁이 더욱 철저하게 추진되어야 한다. 국민의 사법 불신이 매우 심각하고, 이것의 해결 없이는 국민들이 의법치국을 결코 높이 평가하지 않을 것이기 때문이다.

그런데 현재까지의 의법치국 추진상황을 보면 향후에도 쉽게 해결할 수 없는 몇가지 근본문제가 있다. 이로 인해 의법치국은 지금까지 적지 않은 성과를 기두었지만, 그것이 기대했던 만큼의 커다란 성과를 거두기는 쉽지 않을 것이다. 특히 의법치국은 기본적으로 공산당 일당제의 현행 정치체제를 인정한 상태에서 국가 통치방식을 개혁하려는 정치개혁이기 때문에, 현행 정치체제가 안고 있는 권력집중과 국민의 정치참여 배제 같은 근본문제를 해결하는 데에는 제한된 역할만을 할 것이다.

먼저, 의법치국이 국민과 시민사회의 참여가 제한된 상황에서 국가 주도로 '위에서 아래로' 추진되면서 국가권력의 통제와 국민 권리의 보호에 소홀하다는 문제가 있다. 한국과 타이완 등 동아시아 국가의 경험이 보여주듯이, 급속한 경제발전과 사회변화의 초기단계에서는 정부가 주도적으로 법치정책을 추진하는 것이 불가피한 측면이 있다. 그런데 현재 중국은 이미 그 초기 단계를 벗어난 상태임에도 불구하고 국민과 시민사회의 참여는 매우 제한되어 있다. 이렇게 되면서 의법치국은 국가권력의 통제와 개인의 권리 보호라는 법치 본연의 요구보다, 국가에 의한 사회와 개인의 통제 및 관리라는 법제의 성격을 띠게 되었다. 이는 향후 의법치국이 현재보다 더욱 강력하게 추진된다 하더라도, 중국의 법질서 확립에는 도움이 될 수 있지만 국가권력의 통제와 개인 권리의 보호라는 법치 고유의 두가지 목표 실현에는 여전히 미흡할 것임을 보여준다.

또한 공산당과 핵심 국가권력기관의 '법률에 의거한' 통제가 부족하다는 문제가 있다. 법치 고유의 두 가지 목표를 실현하려면, 무엇보다 공산당과 핵심 국가기관의 권력 장악과 운영에 대한 '법률에 의거한' 통제가 이루어져야 한다. 그런데 현재 중국에서 공산당에 대한 통제는 공산당이 스스로 알아서 하는 '자율통제'이다. 공산당의 의법집정이 '법률에 의거한' 집정이 아니라 '당규에 의거한' 집정이라는 사실은 이를 잘 보여준다. 게다가 군·정보기구·검찰·경찰 등 국가권력기구는 '외부감독'이 없는 사실상 감독의 사각지대에 놓여 있다. 대신, 공산당의 감독기구(즉, 기율검사위원회)와 자체 감독기구에 의한 '내부감독'만이 있을 뿐이다.

이런 문제는 중국의 정치체제 때문에 발생하는 것으로, 현행 정치체제를 개혁하지 않는 한 해결될 수 없다. 단적으로, 중국 같은 공산당 일당제 하에서는 공산당과 권력기관을 통제할 수 있는 동력(driving force)과 기제(mechanism)가 존재하지 않는다. 예를 들어, 공산당의 집권에 위협이 될 만한 정당이나 사회단체가 부재하고, 공산당의 변화를 강제할 수 있는 경쟁체제(예를 들어, 선거제도)도 없다. 공산당이 의법집정 방침을 추진한지 10년이 넘은 현재에도 지방 당 조직과 당정간부의 자의적인 권력행사와 일탈행위(특히, 부정부패)가 여전히 심각한 것은 이 때문이다. 이는 공산당과 권력기관이 법보다 상위에 있음을 의미하고, 이런 정치체제에서는 '법률지상'이라는 법치주의의 기본원칙이 지켜질 수 없다. 대신 '공산당 영도'가 의법치국 실시에서 가장 중요한 원칙으로 작동하고 있다.

결국 국가권력의 통제와 개인 권리의 보호, 법률지상 원칙의 수립과 공산당 및 국가권력기관에 대한 법의 통제를 확립하기 위해서는 의법치국과 같은 국가통치의 법제화 정책과 함께 정치 민주화가 추진되어야 한다. 다시 말해, 정치 민주화 없이 진행되는 의법치국은 분명한 한계가 있으며, 이를 해결하기 위해서는 좀더 과감한 민주적 정치개혁이 추진되어야 한다. 정치 민주화에 의해서만 국민과 시민사회의 정치참여가 보장되고, 이를 통해서만 앞에서 말한 법치 본연의 목표가 달성될 수 있기 때문이다. 그러나 현재 공산당은 정치 민주화를 위한 정치개혁을 추진할 생각이 없기 때문에 의법치국의 한계는 향후에도 지속될 것이다.

3. 법치와 중국의 민주화 논쟁

중국의 정치개혁 논의와 실천은 법치와 밀접히 연관되어 있다. 1978년 이후 최근까지 지난 30년 동안 정치개혁은 '사회주의 민주 발전'과 함께 '사회주의 법제 완비'(1990년대 중반까지) 또는 '의법치국과 사회주의 법치국가의 건설'(1990년대 중반 이후 현재까지)을 양대 과제로 추진되었다. 또한 많은 학자들은 중국의 법치를 정치발전, 특히 민주화와 관련지어 논의하고 있다. 따라서 법치 실현이 민주화와 어떤 관련이 있고 이를 어떻게 추진해야 하는가라는 문제를 검토할 필요가 있다.

서양에서 법치와 현대적 의미의 민주주의가 등장하는 과정을 보면, 법치가 민주주의에 선행한 것은 분명하다. 먼저, 법치는 중세 왕권과 교황권 간의 다툼, 게르만 관습법, 영국의 마그나 카르타(The Magna Carta, 1215)

선포 등을 배경으로, 왕을 비롯한 국가권력은 법에 의해 제한된다는 전통이 수립되면서 등장할 수 있었다. 또한 17,18세기에 자유주의(liberalism)가 등장하면서 법은 개인의 자유 보장을 최우선 과제로 한다는 자유주의적 법치관이 수립되었다. 특히 자유주의 법치관은 개인 자유 우선의 원칙을 위해 민주주의와 법치가 충돌할 때 기꺼이 민주주의를 희생해야 한다고 주장했다. 반면, 보통선거권의 확대와 시민적·정치적 권리의 보편적 보장, 즉 선거 민주주의와 자유 민주주의는 19세기 이후에 등장하여 20세기 초중반에 확립되었다(Tamanaha 2004a, 15~26, 32~33면; Reitz 1997, 113~14면; Zakaria 1997, 22~43면). 이런 면에서, 서양의 경험은 '민주화 이전의 법치화'라고 평가할 수 있다.

그렇다면 중국에서도 이와 같은 '민주화 이전의 법치화'가 실현될 수 있을까? 한 국가에서 어떻게 법치가 실현될 수 있는가에 대해서는 현재까지 합의된 이론이나 모델이 없다. 다만 법치와 민주주의 중에서 무엇을 먼저 추진해야 하는가에 대해서는 두 가지 다른 관점이 존재한다. 이 두 가지 관점은 단순히 법치의 실현 문제뿐만 아니라 중국의 정치발전 모델과 관련해서도 다른 견해를 제시한다.

첫째는 실질적 법치(substantive rule of law)의 입장에서 민주화 우선 또는 민주화와 법치의 동시 추진을 주장하는 관점이다. 이런 관점은, 권위주의체제에서 법치는 실현 불가능하므로 법치의 실현을 위해서는 민주화를 먼저 추진해야 한다고 본다(Reitz 1997, 130~36면). 특히 중국과 같이 전통적으로 인치와 권위주의 통치방식에 익숙한 국가에서는 민주화가 더욱 필요하다. 법치 실현의 두 가지 필수 요소, 즉 견제와 균형(checks and balances)의 정치·사회적 제도와, 모든 개인은 법에 복종해야 한다는 정치이념이 중국에는 부재하기 때문이다. 다시 말해 오직 민주화를 통해서만 법치에 필요한 두 가지 조건을 만들 수 있다(Zhang 2006, 122~23면). 이 관점의 학자들은, 의법치국은 법치보다는 법제에 가깝고, 향후에도 민주화 없는 법치는 실현될 수 없다고 본다(Li 2007, 144~43, 150~51면).

둘째는 형식적 법치(formal rule of law)의 입장에서 민주주의에 선행하는 법치의 추진을 주장하는 관점이다. 피렌붐의 주장은 이를 대표한다. 이에 따르면, 권위주의체제에서 법치를 추진하는 것은 국가권력의 제한, 법치의식의 확산, 국가제도(예를 들어, 법원)의 정비 등 여러가지 면에서 유리하다. 따라서 법치를 적극 추진해야 하고, 이런 법치의 발전을 토대로 향후 민주주의가 등장할 가능성이 높다(Peerenboom 2004b, 37). 이런 점에서 피렌붐은 '민주화 이전의 법치화'를 주장한다고 말할 수 있다.

또한 이 관점에 따르면, 민주주의와 법치는 필연적 연관성이 없다. 앞에서 검토했듯이, 권위주의체제에서도 형식적 법치는 어느정도 실현될 수 있다는 것이다. 싱가포르, 말레이시아, 홍콩의 경험은 이를 증명한다. 물론 한국, 타이완, 인도네시아의 경험이 보여주듯이, 형식적 법치조차도 민주주의가 부재한 상황에서는 커다란 제약이 있다. 이런 면에서 민주주의가 법치 실현의 전제 조건은 아니지만, 민주주의 없는 법치의 발전은 한계가 있다(Peerenboom 2004b, 40~41면).

더 나아가 피렌붐은 중국의 정치발전과 관련하여 법치를 매우 중시한다. 그에 따르면 중국은 현재의 권위주의에서 비자유주의적 연성(soft) 권위주의 또는 민주주의의 공동체적 형태로 발전할 것이다. 법치는 바로 이 발진과정에서 중간 단계에 해당한다. 또한 그는 법치가 민주주의 없는 정치개혁을 가능하게 하고, 정부권력 제한의 이념적 기초와 도구적 수단을 제공할 수 있는 바람직한 대안(desirable alternative)이라고 본다(Peerenboom 2002, 513, 546면).

이런 관점에서 피렌붐은 중국의 법치발전이 향후 3단계, 즉 1단계 현재의 국가사회주의 법치에서 2단계 신권위주의 법치로, 다시 3단계 일본, 한국, 타이완 같은 동아시아 국가의 공동체적 법치로 발전할 것으로 전망한다. 그는 이를 위한 구체적인 개혁 의제로 4단계 과제를 제시한다. 1단계에서는 국가기구의 기술적(技術的) 능력을 제고하고 법치의 필요성을 홍보한다. 2단계에서는 권한 및 독립 강화 등을 통해 국가기관을 강화하고, 3단계에서는 공산당이 일상적인 통치에서 물러난다. 마지막 4단계에서는 진정한 다당제 민주주의를 수립한다(Peerenboom 2002, 571~77면).

판 웨이는 피렌붐의 주장에서 더 나아가 중국의 정치발전 모델로 '민주화 대신의 법치화'를 주장한다. 판웨이는 우선 민주주의와 법치는 별개의 개념이라고 주장한다. 또한 중국의 특수한 상황을 고려할 때, 현 단계에서 중국이 민주화를 추구하는 것은 바람직하지도 않고 가능하지도 않다. 대신 중국은 홍콩이나 싱가포르에서 실시되고 있는 '자문형 법치'(咨詢型法治, consultative rule of law) 모델을 추구해야 한다. 마지막으로 그는 이를 위한 3단계 발전 전략과 의제를 제시한다.[1]

지난 30년 동안 중국이 걸어온 정치발전의 길, 즉 '민주화 이전의 제도화' 또는 '민주화에 선행하는 제도화'를 놓고 볼 때, 중국이 향후에도 민주화보다 법치에 더욱 많은 노력을 기울일 것은 분명해 보인다.[2] 최근에 중국이 주장하는 '세 가지 유기적 통일론' 즉, 공산당 영도, 인민의 주인화, 의법치국의 유기적 통일 주장은 사회주의적 민주와 의법치국도 공산당의 영도하에서만 추진될 수 있다는 사실을 이론적으로 표현한 것이다. 그러나 민주주의가 부재한 상황에서는 형식적 법치도 많은 제약을 받기 때문에, 이 법치 모델은 커다란 한계에 직면할 것이다.

결론적으로 말하면, '민주화 이전의 법치화'(피렌붐의 주장)는 필요하고 어느정도 가능하다. 그러나 '민주화 대신의 법치화'(판 웨이의 주장)는 바람직하지도 않고 제대로 실현될 수도 없다. 무엇보다 공산당 일당제하에서 추진하는 법치는 형식적 법치조차도 제대로 달성할 수 없다. 공산당

---

1) 판 웨이의 주장은 조영남 2006c, 88~92면 참조. 판 웨이의 주장을 둘러싼 논쟁은 Zhao 2006b 참조.
2) 중국의 정치발전 모델 논의는 조영남 2009, 2장 참조.

의 최고 권위와 영도적 지위의 인정으로 인해 법 지상주의는 확립될 수 없고, 그렇기 때문에 법을 통한 국가권력과 통치 엘리뜨의 통제라는 형식적 법치의 목표가 제대로 달성될 수 없기 때문이다. 또한 민주는 법치만큼 중요한 정치적 가치이고, 따라서 '법치화'가 '민주화'를 대신할 수 없다. 다시 말해, 한 사회의 정치발전을 위해서는 민주화를 반드시 추구해야 한다. 그런데 법치화는 정치 제도화가 그렇듯이 그 자체로는 민주화를 초래할 수 없다. 즉, 민주화는 법치화와는 다른 별도의 노력과 방식을 통해서만 이루어질 수 있다.

4. 법치와 중국의 정치발전: 몇 가지 명제

지금까지 살펴본 이 책의 연구는 중국의 정치발전을 분석하고 전망하는 데 필요한 시사점을 제공한다. 이에 입각하여 필자는 중국의 정치발전에 대한 몇 가지 시론적(試論的) 명제를 제시하려고 한다.

첫째, 중국은 정치 제도화를 중심으로 한 정치개혁을 지속적이고 적극적으로 추진해왔다. 겉으로 보면 중국은 시종일관 확고하게 공산당 일당제를 유지하는 권위주의 정치체제로, 30년 전이나 지금이나 크게 변한 것이 없어 보인다. 또한 경제세세가 시상제도와 개인적 소유제를 도입하면서 근본적으로 변화한 것과 비교할 때에도 정치체제의 변화는 매우 미진해 보인다. 그러나 중국정치는 지속적인 개혁을 통해 많이 변화했다. 다만 그 변화가 다당제나 직선제 도입 등 정치 민주화를 동반하지 않았기 때문에 잘 드러나지 않을 뿐이다. 이는 중국이 정치 민주화가 아니라 정치 제도화를 목표로 정치개혁을 추진했기 때문에 나타난 현상이다. 중국은 다당제와 직선제 도입, 인권과 국민의 정치권리 보장 등에서는 많은 한계를 드러냈지만, 법률제도의 수립과 집행, 정부 행정의 합리화, 공산당과 국가기관 관계의 제도화, 군(軍)의 전문화와 직업화 등 국가제도의 수립과 운영에서는 많은 성과를 거두었다. 이런 정치적 성과를 바탕으로 중국은 지난 30년 동안 연 10%의 경제성장을 이룩할 수 있었던 것이다.

둘째, 중국의 정치개혁 방침은 두번의 당대회를 통해 수립, 수정되면서 현재에 이르고 있다. 하나는 1987년 제13차 당대회이고, 다른 하나는 1997년 제15차 당대회이다. 먼저, 제13차 당대회에서는 '당정분리' 방침이 결정되었다. 당정분리는 공산당으로 권력이 집중되고, 이로 인해 권력남용, 관료주의, 가부장적 통치 등의 문제가 발생하는 것을 해결하기 위한 조치였다. 이 방침의 핵심은 정부·의회·법원 등 국가기관을 공산당으로부터 기능적으로 분리해 자율성을 확대하고, 이를 통해 각 기관이 고유한 역할을 수행할 수 있도록 하는 것이다. 이 점에서 당정분리는 '통치구조의 합리화' 개혁이며, 이를 충실히 실행할 경우 국가기관간의 '견제와 균형'의 체제가 수립될 가능성이 있다. 그런데 당정분리 방침은 공산당의 국가권력 장악을 약화할 위험이 크기 때문에 기득권 세력이 반대하면서 좌절되었다.

이후, 1997년 제15차 당대회에서 의법치국 방침이 결정되었다. 이는 당정분리 대신 '당정결합' 방침을 전제로 하는 정치개혁이다. 이 때문에 이 방침은 공산당의 기득권을 침해하지 않는다. 또한 의법치국은 '통치방식의 법제화'를 위한 정치개혁으로, 정치적 민주화를 위한 조치는 포함하고 있지 않다. 이로써 중국은 정치 민주화가 아니라 정치 제도화를 위한 정치개혁을 추진한다는 방침을 공식결정하고 이를 본격적으로 추진하기 시작했다.

셋째, 의법치국은 두 가지 특징이 있는 정치개혁이다. 먼저, 의법치국은 공산당 일당제의 현행 통치체제를 전제로 할 뿐만 아니라 이를 더욱 공고히 하기 위해 추진된다. 그래서 공산당의 기득권 세력은 통치방식의 법제화에 의해 잃을 것이 거의 없다. 다만 기존의 자의적인 권력행사가 일정한 제약을 받을 뿐이다. 또한 의법치국은 국민의 정치참여를 최대한 배제하는 정치개혁이다. 대신 공산당은 통치방식의 법제화를 통해 당정간부의 관료주의와 일탈행위를 '위에서 아래로' 방식으로 통제함으로써 국민의 불만과 비판을 완화하려고 시도한다. 게다가 이 방침은 통치방식의 개혁을 통해 사회적 안정을 달성하고 고도의 경제성장을 지속하여 국민의 생활수준을 대폭 향상시킴으로써 국민의 정치참여 요구를 최소화하려고 시도한다.

넷째, 의법치국은 장점과 단점이 있다. 먼저, 의법치국은 경제발전과 사회안정에 필요한 정치체제를 구축하는 데 도움을 줄 수 있다. '제3의 민주화 물결'(the third wave of democratization) 이후 전세계에서 진행된 민주화 이행의 경험을 놓고 보면, 최소한 단기적으로는 '민주화'가 아니라 '법치화'가 경제발전과 사회안정을 위해 더욱 절실하다.[3] 의법치국은 바로 통치방식의 법제화를 통해 법치를 실현하려는 정책이다. 이를 통해 중국이 추진하는 경제발전과 사회안정에 필요한 정치재(political goods), 즉 안전(security), 질서(order), 복리(welfare) 등을 제공할 수 있다. 또한 통치방식의 법제화를 통해 권위주의 정치체제에서 발생하는 문제점을 일부 '완화'할 수 있다. 엘리뜨의 일탈행위(예를 들어, 부패)와 행정비효율(즉, 관료주의)의 만연은 공산당 일당제의 최대문제인데, 의법치국을 통해 이를 일정 부분 완화할 수 있다.

반면 의법치국은 두 가지 문제를 해결할 수 없다. 먼저, 의법치국은 권력집중과 이에 따른 부패와 비효율 문제를 해결할 수 없다. 이 문제는 권력 상층보다 기층에서 심각하다. 당정분리와 국가기관 간의 견제와 균형 체제의 수립, 국민의 정치참여 보장과 확대 등 정치 민주화만이 이를 해결할 수 있다. 또한, 의법치국은 국민의 정치참여 요구를 수용할 수 없다. 사회

---

3) 이에 대한 논의는 Haggard, MacIntyre and Tiede 2008, 205~34면 참조.

모순의 축적과 정치억압의 지속은 국민의 정치참여 요구를 증가시키는데, 통치방식의 법제화만으로는 국민의 이런 요구를 수용할 수 없다. 따라서 중장기적으로 볼 때, 다당제, 직선제, 국민의 정치권리(예를 들어, 언론·집회·결사·표현의 자유) 보장 등 민주화를 위한 정치개혁은 피할 수 없다. 다만 국민의 민주화 요구가 얼마나 강력하고 공산당이 이런 요구를 얼마나 수용하여 민주적 정치개혁을 추진할지는 미지수이다.

다섯째, 1992년 제14차 당대회에서 '사회주의 시장경제'와 1997년 제15차 당대회에서 '의법치국'을 확정함으로써 정치·경제 분야를 모두 포괄하는 개혁·개방 방침이 확립되었다. 사회주의 시장경제 방침이 결정되면서 소유제도의 다양화와 시장제도의 전면 도입을 기본 내용으로 하는 경제개혁을 본격적으로 추진할 수 있었다. 그 결과 1990년대는 사영기업과 외자기업이 급증하고 시장제도가 정착했다. 2001년 장 쩌민 전 총서기가 제기한 '삼개대표론'(三個代表論)은 이를 통해 성장한 사영기업가 계층을 정치적으로 수용하기 위한 방침이다. 또한 대외무역과 해외직접투자(FDI) 등 경제적 대외개방도 빠르게 추진되어 중국경제의 세계경제 편입이 가속화되었다. 이는 2001년 중국의 세계무역기구 가입으로 이어진다. 여기에 더해, 1997년 의법치국의 공식 결정으로, 1989년 톈안먼 사건 이후 방황했던 정치개혁 방침이 확립되었다. 이를 기초로 1990년대 후반부터 공산당·정부·의회·법원을 대상으로 하는 종합적이고 체계적인 정치개혁을 다시 추진할 수 있었다. 이런 과정을 거쳐 중국의 정치체제는 전보다 더욱 제도화되었고 또한 안정적으로 운영되고 있다.

여섯째, 만약 '중국모델'(中國模式, Chinese model)이 있다면,[4] 이는 정치적으로는 '정치 제도화'(구체적으로는 '의법치국'), 경제적으로는 '사

---

4) 이에 대한 논의는 다음을 참조. 전성흥 2008; 2010; 沈云鎖 2007; 鄭永年 2010; 藩維 2009; 黃平·崔之元 2005; 俞可平·黃平·謝曙光·高健 2006.

회주의 시장경제'를 양대 축으로 하는 사회주의 개혁 프로그램이다. 따라서 중국모델을 단순히 '정치적 권위주의+시장경제'로 이해하는 관점은 좀더 정교한 것으로 바뀌어야 한다. 또한 이런 중국모델도 중국만의 고유한 모델은 아니다. 이것은 일본, 한국, 타이완 등이 1950년대부터 1980년대까지 경험한 동아시아 발전국가(East Asian developmental state) 모델이 중국의 사회주의 개혁에 적용된 것이다. 즉, 중국모델은 동아시아 발전국가의 한 변종(變種)이다(조영남 2009, 55~98면; 2010, 203~28면; Cho 2009a, 71~106면). 따라서 중국모델의 존재 여부와 그것의 타당성을 평가하기 위해서는 동아시아 국가의 경험에 대한 깊이 있는 연구와, 이를 바탕으로 중국 경험을 분석하려는 비교분석의 관점이 필요하다.

| 참고문헌 |

1. 국문

전성홍 엮음『중국모델론: 개혁과 발전의 비교 역사적 탐구』서울: 부키 2008.

_____『체제전환의 중국정치』서울: 에버리치홀딩스 2010.

정철『중국의 사법제도』서울: 경인문화사 2009.

조영남『중국 정치개혁과 전국인대: 개혁기 구조와 역할의 변화』서울: 나남 2000.

_____「중국 선전(深圳)의 행정개혁 실험: "행정삼분제"(行政三分制)의 시도와 좌절」『중소연구』30권 2호, 한양대학교 아태지역 연구센터 2006a.

_____『중국 의회정치의 발전: 지방인민대표대회의 등장·역할·선거』파주: 나남 2006b.

_____『후진타오 시대의 중국정치』파주: 나남 2006c.

_____『21세기 중국이 가는 길』파주: 나남 2009.

_____「중국정치 60년: 중국 정치의 평가와 전망」중앙일보 중국연구소·현대중국연구소 엮음『공자는 귀신을 말하지 않았다』서울: 중앙 books 2010.

_____『중국의 법치와 법률보급 운동』서울: 서울대학교출판문화원 2012a.

_____『중국의 법원 개혁』서울: 서울대학교출판문화원 2012b.

조영남·안치영·구자선『중국의 민주주의: 공산당의 당내민주 연구』파주: 나남 2011.

판 중신(范忠信)·정 딩(鄭定)·잔 쉬에눙(詹學農) 지음, 이인철 옮김『중국법률 문화탐구: 정리법과 중국인(情理法與中國人中國傳統法律探徵)』서울: 일 조각 1996.

한대원 외『현대중국법입문』서울: 박영사 1997.

2. 영문

Alexander, Gerard. "Institutionalized Uncertainty, the Rule of Law, and the Sources of Democratic Stability." *Comparative Political Studies* 35: 10, 2002.

Alford, William P. "A Second Great Wall? China's Post-Cultural Revolution Project of Legal Construction." *Cultural Dynamics* 11: 2, 1999.

Almen, Oscar. *Authoritarianism Constrained: The Role of Local People's Congresses in China* (Ph D. Dissertation). Goteborg: Goteborg University 2005.

Barros, Robert. "Dictatorship and the Rule of Law: Rules and Military Power in Pinochet's Chile." Jose Maria Maravall and Adam Przeworski eds. *Democracy and the Rule of Law*. Cambridge: Cambridge University Press 2003.

Berman, Harold J. *Law and Revolution II: The Impact of the Protestant Reformations on the Western Legal Tradition*. Cambridge, Massachusetts: Harvard University Press 2003.

Biddulph, Sarah. "The Introduction of Legal Norms: A Case Study of Administrative Detention in China." *UCLA Pacific Basin Law Journal* 20: 2, 2003.

Bo, Zhiyue. *China's Elite Politics: Political Transition and Power Balancing*. Singapore: World Scientific 2007.

Brodsgaard, Kjeld Erik and Zheng Yongnian eds. *Bringing the Party Back in: How China is Governed.* Singapore: EAI 2004.

_____ *The Chinese Communist Party in Reform.* London: Routledge 2006.

Burns, John P. "China's Administration Reforms for a Market Economy." *Public Administration and Development* 13: 4, 1993.

_____ "Public Sector Reform and the State: The Case of China." *Public Administration Quarterly* 24: 4, 2000.

Burns, John P. and Wang Xiaoqi. "Civil Service Reform in China: Impacts on Civil Servants' Behaviour." *The China Quarterly* 201, 2010.

Cai, Dingjian. "The Development of Constitutionalism in the Transition of Chinese Society." *Columbia Journal of Asian Law* 19: 1, 2005.

Cai, Yongshun. "Managed Participation in China." *Political Science Quarterly* 119: 3, 2004.

Cai, Yongshun and Songcai Yang. "State Power and Unbalanced Legal Development in China." Suisheng Zhao ed. *Debating Political Reform in China: Rule of Law vs. Democratization.* Armonk: M.E. Sharpe 2006.

Carothers, Thomas. "The Rule of Law Revival." *Foreign Affairs* 77: 2, 1998.

Carothers, Thomas ed. *Promoting the Rule of Law Abroad: In Search of Knowledge.* Washington D.C.: Carnegie Endowment For International Peace 2006.

Chan, Hon S. and Edward Li Suizhou. "Civil Service Law in the People's Republic of China: A Return to Cadre Personnel Management." *Public Administration Review* 67: 3, 2007.

Chan, Hon S. and Jean-Pierre Cabestan. "Administrative Transformation in the People's Republic of China: A Symposium." *Public Administration Quarterly* 24: 4, 2000.

Chau, Dao Minh. "Administrative Reform in Vietnam: Need and Strategy."

Asian Journal of Public Administration 19: 2, 1997.

Chen, Jianfu. *Chinese Law: Toward an Understanding of Chinese Law, Its Nature and Development*. Den Haag: Kluwer Law International 1999.

Chen, Tsung-fu. "The Rule of Law in Taiwan: Culture, Ideology, and Social Change." C. Stephen Hsu ed. *Understanding China's Legal System: Essays in Honor of Jerome A. Cohen*. New York: New York University Press 2003.

Cho, Young Nam. "Democracy with Chinese Characteristics? A Critical Review from a Developmental State Perspective." *Issues & Studies* 45: 4, 2009a.

_____ *Local People's Congresses in China: Development and Transition*. New York: Cambridge University Press 2009b.

Chow, Daniel C. K. *The Legal System of the People's Republic of China* (Second Edition). St. Paul, MN: West 2009.

Christensen, Tom, Dong Lisheng and Martin Painter. "Administrative Reform in China's Central Government: How Much 'Learning from the West?'" *International Review of Administrative Sciences* 74: 3, 2008.

Chu, David K. Y. "Synthesis of Economic Reforms and Open Policy." Y. M. Yeung and David K. Y. Chu eds. *Guangdong: Survey of a Province Undergoing Rapid Change*. Hong Kong: The Chinese University Press 1998.

Chu, Mike P. H. "Criminal Procedure Reform in the People's Republic of China: The Dilemma of Crime Control and Regime Legitimacy." *UCLA Pacific Basin Law Journal* 18: 2, 2000.

Clark, David. "The Many Meanings of the Rule of Law." Kanishka Jaysuriya ed. *Law, Capitalism and Power in Asia*. London and New York: Routledge 1999.

Clarke, Donald C. "Class Action Litigation in China." *Harvard Law Review* 111: 6, 1998.

_____ "Economic Development and the Rights Hypothesis: The China

Problem." *American Journal of Comparative Law* 51: 1, 2003a.

_____ "Empirical Research into the Chinese Judicial System." Erik G. Jensen and Thomas C. Heller eds. *Beyond Common Knowledge: Empirical Approaches to the Rule of Law.* Stanford, California: Stanford University Press 2003b.

_____ "Introduction: The Chinese Legal System since 1995: Steady Development and Striking Continuities." *China Quarterly* 191, 2007.

Clarke, Donald C. "The Execution of Civil Judgement in China." Stanley B. Lubman ed. *China's Legal Reforms.* Oxford: Oxford University Press 1996.

Clarke, Donald C. ed. *China's Legal System: New Developments, New Challenges.* Cambridge: Cambridge University Press 2008.

Cohen, Jerome A. "Law in Political Transition: Lessons from East Asia and the Road Ahead of China." Written statement on the Congressional–Executive Commission on China. July 26, 2005. http://www.cecc.gov/pages/hearings/072605/Cohen.php. (Access date: October 12, 2006).

_____ "China's Legal Reform at the Crossroads." *Far Eastern Economic Review,* March 2006a. http://www.cfr.org/publication/10063/chinas_legal_reform_at_the_crossroads.html. (Access date: October 12, 2006).

_____ "Human Rights and the Rule of Law in China." Testimony before the Congressional–Executive Commission on China. September 20, 2006b. http://www.cfr.org/publication/11521/human_rights_and_the_rule_of_law_in_china.html. (Access date: October 12, 2006).

Cooney, Sean. "The Effects of Rule of Law Principles in Taiwan." Randall Peerenboom ed. *Asian Discourses of Rule of Law: Theories and Implementation of Rule of Law in Twelve Asian Countries, France and the U.S.* London and New York: Routledge 2004.

Cuenca, Ignacio Sanchez. "Power, Rules, and Compliance." Jose Maria Maravall and Adam Przeworski eds. *Democracy and the rule of law*. Cambridge: Cambridge University Press 2003.

Daniels, Ronald J., Michael Trebilcock and Joshua Rosensweig. "The Political Economy of Rule of Law Reform in Developing Countries." 2004. http://islandia.law.yale.edu/hathaway/files/Ron Daniels.pdf. (Access date: May 14, 2007).

Delisle, Jacques. "Legalization without Democratization in China under Hu Jintao." Cheng Li ed. *China's Changing Political Landscape: Prospects for Democracy*. Washington D.C.: Brookings Institution Press 2008.

Diamant, Neil J. Stanley B. Lubman, and Kevin J. O'Brien. "Law and Society in the People's Republic of China." Neil J. Diamant, Stanley B. Lubman, and Kevin J. O'Brien eds. *Engaging the Law in China: State, Society, and Possibilities for Justice*. Stanford: Stanford University Press 2005.

Diamond, Larry. *The Spirit of Democracy: The Struggle to Build Free Societies Through the World*. New York: Times Book 2008.

Ditmer, Lowell and Guoli Liu eds. *China's Deep Reform: Domestic Politics in Transition*. Lanham: Rowman & Littlefield Publishers 2006.

Dong, Ke-yong and Yang Hong-shan. "Achievements and Tendencies of Administrative Reform in China." *Journal of US-China Public Administration* 4: 1, 2007.

Dong, Lisheng, Tom Christensen and Martin Painter. "A Case Study of China's Administrative Reform: The Importanace of the Super-Department." *The American Review of Public Administration* 40: 2, 2010.

Dowdle, Michael W. "Heretical Laments: China and the Fallacies of 'Rule of Law'." *Cultural Dynamics* 11: 3, 1999.

Epstein, Edward J. "Law and Legitimation in Post-Mao China." Pitman B.

Potter ed. *Domestic Law Reforms in Post-Mao China*. Armonk, New York: M.E. Sharpe 1994.

Finer, S. E. *The History of Government III: Empires, Monarchies, and the Modern State*. New York: Oxford University Press 1997.

Fu, Hualing. "Putting China's Judiciary into Perspective: Is It Independent, Competent, and Fair?" Erik G. Jensen and Thomas C. Heller eds. *Beyond Common Knowledge: Empirical Approaches to the Rule of Law*. Stanford, California: Stanford University Press 2003.

Fu, Hualing and Richard Cullen. "*Weiquan* (Right Protection) Lawyering In an Authoritarian State: Building a Culture of Public–Interest Lawyering." *China Journal* 59, 2008.

Fukuyama, Francis. "Transition to the Rule of Law." *Journal of Democracy* 21: 1, 2010.

Gallagher, Mary E. "'Use the Law as Your Weapon!' Institutional Change and Legal Mobilization in China." Neil J. Diamant, Stanley B. Lubman, and Kevin J. O'Brien eds. *Engaging the Law in China: State, Society, and Possibilities for Justice*. Stanford: Stanford University Press 2005.

_____ "Mobilizing the Law in China: 'Informed Disenchantment' and the Development of Legal Consciousness." *Law & Society Review* 40: 4, 2006.

_____ "'Hope for Protection and Hopeless Choices': Labor Legal Aid in the PRC." Elizabeth J. Perry and Merle Goldman eds. *Grassroots Political Reform in Contemporary China*. Cambridge, MA: Harvard University Press 2007.

Ge, Wei. *Special Economic Zones and the Economic Transition in China*. Singapore: World Scientific 1999.

Gechlik, Mei Ying. "Judicial Reform in China: Lessons form Shanghai." *Columbia Journal of Asian Law* 19: 1, 2005.

Giles, Micheal W. and Thomas D. Lancaster. "Political Transition, Social Development, and Legal Mobilization in Spain." *American Political Science Review* 83: 3, 1989.

Gillespie, John. "Concept of Law in Vietnam: Transforming Statist Socialism." Randall Peerenboom ed. *Asian Discourses of Rule of Law: Theories and Implementation of Rule of Law in Twelve Asian Countries, France and the U.S.* London and New York: Routledge 2004.

_____ "Changing Concepts of Socialist Law in Vietnam." John Gillespie and Pip Nicholson eds. *Asian Socialism and Legal Change: The Dynamics of Vietnamese and Chinese Reform.* Canberra: Asia Pacific Press 2005.

Gillespie, John and Pip Nicholson eds. *Asian Socialism and Legal Change: The Dynamics of Vietnamese and Chinese Reform.* Canberra: Asia Pacific Press 2005.

Ginsburg, Tom. "Administrative Law and the Juidicial Control of Agents in Authoritarian Regimes." Tom Ginsburg and Tamir Moustafa eds. *Rule by Law: The Politics of Courts in Authoritarian Regimes.* New York: Cambridge University Press 2008.

Ginsburg, Tom and Tamir Moustafa eds. *Rule by Law: The Politics of Courts in Authoritarian Regimes.* New York: Cambridge University Press 2008.

Golub, Stephen. "A House without a Foundation." Thomas Carothers ed. *Promoting the Rule of Law Abroad: In Search of Knowledge.* Washington D.C.: Carnegie Endowment For International Peace 2006.

Grey, Robert D. ed. *Democratic Theory and Post Communist Change.* Upper Saddle River, New Jersey: Prentice Hall 1997.

Haggard, Stephan, Andrew MacIntyre and Lydia Tiede. "The Rule of Law and Economic Development." *Annual Review of Political Science* 11, 2008.

He, Baogang. "Intra-party Democracy: A Revisionist Perspective from Below."

Kjeld Erik Brodsgaard and Yongnian Zheng eds. *The Chinese Communist Party in Reform*. London: Routledge 2006.

He, Xin. "The Recent Decline in Economic Caseloads in Chinese Courts: Exploration of a Surprising Puzzle." *China Quarterly* 190, 2007a.

_____ "Why Did They Not Take on the Disputes? Law, Power and Politics in the Decision–Making of Chinese Courts." *International Journal of Law in Context* 3: 3, 2007b.

_____ "Administrative Law as a Mechanism for Political Control in Contemporary China." Michael W. Dowdle and Stephanie Balme eds. *Constitutionalism and Judicial Power in China*. New York: Palgrave 2008.

Heller, Thomas C. "An Immodest Postscript." Erik G. Jensen and Thomas C. Heller eds. *Beyond Common Knowledge: Empirical Approaches to the Rule of Law*. Stanford, California: Stanford University Press 2003.

Hintzen, Geor. "The Place of Law in the PRC's Culture." *Cultural Dynamics* 11: 2, 1999.

Horsley, Jamie P. "A Legal Perspective on the Development of Electoral Democracy in China: The Case of Village Elections." C. Stephen Hsu ed. *Understanding China's Legal System: Essays in Honor of Jerome A. Cohen*. New York: New York University Press 2003.

_____ "Chapter 5, The Rule of Law in China: Incremental Progress." *The China Balance of Sheet in 2007 and Beyond (Phase II Papers)*. CSIS (www. chinabalancesheet.org/Publication.html) 2006.

Howell, Jude. *China Opens its Doors: The Politics of Economic Transition*. Harvester Wheatsheaf: Lynne Rienner 1990.

Howell, Jude ed. *Governance in China*. Lanham: Rowman & Littlefield Publishers 2004.

264

Hsu, C. Stephen. ed. *Understanding China's Legal System: Essays in Honor of Jerome A. Cohen*. New York: New York University Press 2003.

Hualing, Fu. "Punishing for Profit: Profitability and Rehabilitation in A *Laojiao* Institution." Neil J. Diamant, Stanley B. Lubman and Kevin J. O'Brien eds. *Engaging the Law in China: State, Society, and Possibilities for Justice*. Stanford: Stanford University Press 2005.

Hung, Quang Nguyen and Kerstin Steiner. "Ideology and Professionalism: The Resurgence of the Vietnamese Bar." John Gillespie and Pip Nicholson eds. *Asian Socialism and Legal Change: The Dynamics of Vietnamese and Chinese Reform*. Canberra: Asia Pacific Press 2005.

Hung, Veron Mei-Ying. "China's WTO Commitment on Independent Judicial Review: Impact on Legal and Political Reform." *American Journal of Comparative Law* 52: 1, 2004.

Jaysuriya, Kanishka. "Introduction: A Framework for the analysis of legal institutions in East Asia." Kanishka Jaysuriya ed. *Law, Capitalism and Power in Asia*. London and New York: Routledge, 1999a.

Jaysuriya, Kanishka ed. *Law, Capitalism and Power in Asia*. London and New York: Routledge 1999b.

Jensen, Erik G. "Introduction." Erik G. Jensen and Thomas C. Heller eds. *Beyond Common Knowledge: Empirical Approaches to the Rule of Law*. Stanford, California: Stanford University Press 2003a.

_____ "The Rule of Law and Judicial Reform: The Political Economy of Diverse Institutional Patterns and Reformers' Responses." Erik G. Jensen and Thomas C. Heller eds. *Beyond Common Knowledge: Empirical Approaches to the Rule of Law*. Stanford, California: Stanford University Press 2003b.

Jensen, Erik G. and Thomas C. Heller eds. *Beyond Common Knowledge: Empirical*

Approaches to the Rule of Law. Stanford, California: Stanford University Press 2003.

Jiang, Shigong. "Written and Unwritten Constitutions: A New Approach to the Study of Constitutional Government in China." *Modern China* 36: 1, 2010.

Keyuan, Zou. "The Party and the Law." Kjeld Erik Brodsgaard and Yongnian Zheng eds. *The Chinese Communist Party in Reform*. London: Routledge 2006.

Killion, M. Uliric. "China's Amended Constitution: Quest for Liberty and Independent Judicial Review." *Washington University Global Studies Law Review* 4: 1, 2005.

Kleinfeld, Rachel. "Competing Definitions of the Rule of Law." Thomas Carothers ed. *Promoting the Rule of Law Abroad: In Search of Knowledge*. Washington D.C.: Carnegie Endowment For International Peace 2006.

Krygier, Martin. "Marxism and the Rule of Law: Reflections after the Collapse of Communism." *Law and Society Inquiry* 15: 4, 1990.

Lan, Zhiyong. "The 1998 Administrative Reform in China: Issues, Challenges and Prospects." *Asian Journal of Public Administration* 21: 1, 1999.

_____ "Understanding China's Administrative Reform." *Public Administration Quarterly* 24: 4, 2000.

Landy, Pierre. "The Institutional Diffusion of Courts in China: Evidence from Survey Data." Tom Ginsburg and Tamir Moustafa eds. *Rule by Law: The Politics of Courts in Authoritarian Regimes*. New York: Cambridge University Press 2008.

Lee, Ching Kwan. "From the Specter of Mao to the Spirit of the Law: Labor Insurgency in China." *Theory and Society* 31: 2, 2002.

_____ *Against the Law: Labor Protests in China's Rustbelt and Sunbelt*. Berkeley: University of California Press 2007.

Lee, H. P. "Competing Conceptions of Rule of Law in Malaysia." Randall Peerenboom ed. *Asian Discourses of Rule of Law: Theories and Implementation of Rule of Law in Twelve Asian Countries, France and the U.S.* London and New York: Routledge 2004.

Lee, Tang Lay and Francis Regan. "Why Develop and Support Women's Organizations in Providing Legal Aid in China? Women's Rights, Women's Organizations and Legal Aid in China." *Journal of Contemporary China* 18: 61, 2009.

Li, Jiefen(李橘芬). "Socialist Rule of Law with Chinese Characteristics." *Issues & Studies* 43: 1, 2007.

Li, Linda Chenlan. "The 'Rule of Law' Policy in Guangdong: Continuity or Departure? Meaning, Significance and Processes." *China Quarterly* 161, 2000.

Liang, Bin. *The Changing Chinese Legal System, 1978-Present: Centralization of Power and Rationalization of the Legal System*. London: Routledge 2008.

Liebman, Benjamin L. "Legal Aid and Public Interest Law in China." *Texas International Law Journal* 34: 2, 1999.

_____ "Watchdog or Demagogue? The Media in the Chinese Legal System." *Columbia Law Review* 105: 1, 2005.

_____ "China's Courts: Restricted Reform." *China Quarterly* 191, 2007.

Liou, Kuotsai Tom. "Retrospective and Prospective on China's Administrative Reform." *International Journal of Public Administration* 22: 6, 1999.

_____ "E-Government Development and China's Administrative Reform." *International Journal of Public Administration* 31, 2008.

Liu, Guoli and Lowell Dittmer. "Introduction: The Dynamics of Deep Reform." Lowell Dittmer and Guoli Liu eds. *China's Deep Reform: Domestic Politics in Transition*. Lanham: Rowman & Littlefield Publishers 2006.

Lo, Vai Io. "Resolution of Civil Disputes in China." *UCLA Pacific Basin Law Journal* 18: 2, 2000.

Lubman, Stanley B. "Introduction: The Future of Chinese Law." Stanley B. Lubman ed. *China's Legal Reforms*. New York: Oxford University Press 1996a.

_____ *Bird in a Cage: Legal Reform in China After Mao*. Stanford, California: Stanford University Press 1999.

_____ "Looking for Law in China." *Columbia Journal of Asian Law* 20: 1, 2006.

Lubman, Stanley B. ed. *China's Legal Reforms*. New York: Oxford University Press 1996b.

Luehrmann, Laura M. "Facing Citizen Complaints in China, 1951-1996." *Asian Survey* 43: 5, 2003.

Magaloni, Beatriz. "Enforcing the Autocratic Political Order and the Role of Courts: The Case of Mexico." Tom Ginsburg and Tamir Moustafa eds. *Rule by Law: The Politics of Courts in Authoritarian Regimes*. New York: Cambridge University Press 2008.

Maravall, Jose Maria and Adam Przeworski. "Introduction." Jose Maria Maravall and Adam Przeworski eds. *Democracy and the Rule of Law*. Cambridge: Cambridge University Press 2003. [아담 쉐보르스키·호세 마리아 마라발 외 지음, 안규남·송호창 외 옮김.『민주주의와 법의 지배』. 후마니타스. 2008]

Messick, Richard E. "Judicial Reform and Economic Development: A Survey of the Issues." *World Bank Research Observer* 14: 1, 1999.

Michelson, Ethan. "The Practice of Law as an Obstacle to Justice: Chinese Lawyers at Work." *Law & Society Review* 40: 1, 2006.

Minzner, Carl F. "Xinfang: An Alternative to Formal Chinese Legal Institutions." *Stanford Journal of International Law* 42: 1, 2006.

Moustafa, Tamir. "Law versus the State: The Judicialization of Politics in Egypt."

Law & Social Inquiry 28: 4, 2003.

_____ "Introduction: The Functions of Courts in Authoritarian Politics." Tom Ginsburg and Tamir Moustafa eds. *Rule by Law: The Politics of Courts in Authoritarian Regimes*. New York: Cambridge University Press 2008a.

_____ "Law and Resistance in Authoritarian States: The Judicialization of Politics in Egypt." Tom Ginsburg and Tamir Moustafa eds. *Rule by Law: The Politics of Courts in Authoritarian Regimes*. New York: Cambridge University Press 2008b.

Moustafa, Tamir and Tom Ginsburg. "Introduction: The Functions of Courts in Authoritarian Politics." Tom Ginsburg and Tamir Moustafa eds. *Rule by Law: The Politics of Courts in Authoritarian Regimes*. New York: Cambridge University Press 2008.

Naughton, Barry J. and Dali L. Yang eds. *Holding China Together: Diversity and National Integration in the Post-Deng Era*. New York: Cambridge University Press 2004.

Nghia, Pham Duy. "Confucianism and the Conception of the Law in Vietnam." John Gillespie and Pip Nicholson eds. *Asian Socialism and Legal Change: The Dynamics of Vietnamese and Chinese Reform*. Canberra: Asia Pacific Press 2005.

Ngok, Kinglun and Guobin Zhu. "Marketization, Globalization and Administrative Reform in China: A Zigzag Road to a Promising Future." *International Review of Administrative Sciences* 73: 2, 2007.

Nicholson, Pip. "Vietnamese Jurisprudence: Informing Court Reform." John Gillespie and Pip Nicholson eds. *Asian Socialism and Legal Change: The Dynamics of Vietnamese and Chinese Reform*. Canberra: Asia Pacific Press 2005.

O'Brien, Kevin. *Reform Without Liberalization: China's National People's Congress and the Politics of Institutional Change*. New York: Cambridge University Press

1990.

Painter, Martin. "Public Administration Reform in Vietnam: Problems and Prospects." *Public Administration and Development* 23, 2003.

Pech, Laurent. "Rule of Law in France." Randall Peerenboom ed. *Asian Discourses of Rule of Law: Theories and Implementation of Rule of Law in Twelve Asian Countries, France and the U.S.* London and New York: Routledge 2004.

Peerenboom, Randall. "Globalization, Path Dependency and the Limits of Law: Administrative Law Reform and Rule of Law in the People's Republic of China." *Berkeley Journal of International Law* 19: 2, 2001.

_____ *China's Long March toward Rule of Law.* Cambridge: Cambridge University Press 2002.

_____ "Competing Conceptions of Rule of Law in China." Randall Peerenboom ed. *Asian Discourses of Rule of Law: Theories and Implementation of Rule of Law in Twelve Asian Countries, France and the U.S.* London and New York: Routledge 2004a.

_____ "Varieties of Rule of Law: An Introduction and Provisional Conclusion." Randall Peerenboom ed. *Asian Discourses of Rule of Law: Theories and Implementation of Rule of Law in Twelve Asian Countries, France and the U.S.* London and New York: Routledge 2004b.

_____ "A Government of Laws: Rule of Law, and Administrative Law Reform in China." Suisheng Zhao ed. *Debating Political Reform in China: Rule of Law Vs. Democratization.* Armonk, New York: M.E. Sharpe 2006a.

_____ *China Modernizes: Threat to the West or Model for the Rest?* Oxford: Oxford University Press 2006b.

_____ "Judicial Independence and Judicial Accountability: An Empirical Study of Individual Case Supervision." *The China Journal* 55, 2006c.

270

Peerenboom, Randall ed. *Asian Discourses of Rule of Law: Theories and Implementation of Rule of Law in Twelve Asian Countries, France and the U.S.* London and New York: Routledge 2004c.

_____ *Judicial Independence in China: Lessons for Global Rule of Law Promotion.* Cambridge: Cambridge University Press 2010.

Pei, Minxin. *China's Trapped Transition: The Limits of Developmental Autocracy.* Cambridge, MA: Harvard University Press 2006.

Phillips, David R. and Anthony G. O. Yeh. "Special Economic Zones." David S. G. Goodman ed. *China's Regional Development.* London: Routledge 1989.

Plattner, Marc F. *Democracy without Borders?: Global Challenges to Liberal Democracy.* Lanham: Lowman & Littlefield Publishers 2008.

Potter, Pitman B. "The Administrative Litigation Law of the PRC: Judicial Review and Bureaucratic Reform." Pitman B. Potter ed. *Domestic Law Reforms in Post Mao China.* Armonk: M.E. Sharpe 1994a.

_____ *The Chinese Legal System: Globalization and Local Legal Culture.* London: Routledge 2001.

_____ *From Leninist Discipline to Socialist Legalism: Peng Zhen on Law and Political Authority in the PRC.* Stanford, California: Stanford University Press 2003.

_____ "Legal Reform in China: Institutions, Culture, and Selective Adaptation." *Law and Society Inquiry* 29: 2, 2004.

_____ "China and the International Legal System: Challenges of Participation." *China Quarterly* 191, 2007.

Potter, Pitman B. ed. *Domestic Law Reforms in Post Mao China.* Armonk, New York: M.E. Sharpe 1994b.

Qin, Julia Ya. "Trade, Investment and Beyond: The Impact of WTO Accession on China's Legal System." *China Quarterly* 191, 2007.

Quigley, John. "The Soviet Union as a State under the Rule of Law: An Overview." *Cornell International Law Journal* 23: 2, 1990.

Radin, Margaret Jane. "Reconsidering the Rule of Law." *Boston University Law Review* 69: 4, 1989.

Reitz, John. "Constitutionalism and the Rule of Law: Theoretical Perspectives." Robert D. Grey ed. *Democratic Theory and Post-Communist Change*. Upper Saddle River, New Jersey: Prentice Hall 1997a.

_____ "Progress in Building Institutions for the Rule of Law." Robert D. Grey ed. *Democratic Theory and Post-Communist Change*. Upper Saddle River, New Jersey: Prentice Hall 1997b.

Rigobon, Roberto and Dani Rodrik. "Rule of Law, Democracy, Openness, and Income: Estimating the Interrelationships." *Economics of Transition* 13: 3, 2005.

Root, Hilton L. and Karen May. "Judicial Systems and Economic Development." Tom Ginsburg and Tamir Moustafa eds. *Rule by Law: The Politics of Courts in Authoritarian Regimes*. New York: Cambridge University Press 2008.

Schubert, Gunter. "One-Party Rule and the Question of Legitimacy in Contemporary China: Preliminary Thoughts on Setting up a New Research Agenda." *Journal of Contemporary China* 17: 54, 2008.

Shambaugh, David. *China's Communist Party: Atrophy and Adaption*. Washington D.C.: Woodrow Wilson Center Press 2008.

Shambayati, Hootan. "Courts in Semi-Democratic/Authoritarian Regimes: The Judicialization of Turkish (and Iranian) Politics." Tom Ginsburg and Tamir Moustafa eds. *Rule by Law: The Politics of Courts in Authoritarian Regimes*. New York: Cambridge University Press 2008.

Shen, Yuanyuan. "Conceptions and Receptions of Legality: Understanding the

Complexity of Law Reform in Modern China." Karen G. Turner, James V. Feinerman and R. Kent Guy eds. *The Limits of the Rule of Law in China*. Seattle, Washington: University of Washington Press 2000.

Shi, Tianjian. "Democratic Values Supporting an Authoritarian System." Yun-han Chu, Larry Diamond, Andrew J. Nathan and Doh Chull Shin eds. *How East Asians View Democracy*. New York: Columbia University Press 2008.

Shigong, Jiang. "Written and Unwritten Constitutions: A New Approach to the Study of Constitutional Government in China." *Modern China* 36: 1, 2010.

Shirk, Susan L. *China: Fragile Superpower*. Oxford: Oxford University Press 2007.

Silverson, Gordon. "Singapore: The Exception That Proves Rules Matter." Tom Ginsburg and Tamir Moustafa eds. *Rule by Law: The Politics of Courts in Authoritarian Regimes*. New York: Cambridge University Press 2008.

Solomon, Peter H. Jr. "Judicial Power in Authoritarian States: The Russian Experience." Tom Ginsburg and Tamir Moustafa eds. *Rule by Law: The Politics of Courts in Authoritarian Regimes*. New York: Cambridge University Press 2008.

Sonne, Marria. *Administrative Reforms and the Quest for Foreign Investment in China: The Case of Shenzhen*. Lund: Lund University Press 1999.

Sørensen, Georg. *Democracy and Democratization: Progresses and Prospects in a Changing World* (Third Edition). Boulder: Westview Press 2008.

Stephenson, Matthew. "A Trojan Horse in China?" Thomas Carothers ed. *Promoting the Rule of Law Abroad: In Search of Knowledge*. Washington D.C.: Carnegie Endowment For International Peace 2006.

Summers, Robert. "The Principles of the Rule of Law." *Notre Dame Law Review* 74: 5, 1999.

Tamanaha, Brian Z. *On the Rule of Law: History, Politics, Theory*. Cambridge:

Cambridge University Press 2004a.

_____ "Rule of Law in the United States." Randall Peerenboom ed. *Asian Discourses of Rule of Law: Theories and Implementation of Rule of Law in Twelve Asian Countries, France and the U.S.* London and New York: Routledge 2004b.

Tanner, Murray Scot. "The Erosion of Communist Party Control over Lawmaking in China." *China Quarterly* 138, 1994.

_____ *The Politics of Lawmaking in China: Institutions, Processes, and Democratic Prospects.* New York: Clarendon Press 1999.

Tanner, Murray Scot and Eric Green. "Principals and Secret Agents: Central versus Local Control over Policing and Obstacles to "Rule of Law" in China." *China Quarterly* 191, 2007.

Thio, Li-Ann. "Rule of Law within a Non-Liberal 'Communitarian' Democracy: The Singapore Experience." Randall Peerenboom ed. *Asian Discourses of Rule of Law: Theories and Implementation of Rule of Law in Twelve Asian Countries, France and the U.S.* London and New York: Routledge 2004.

Toharia, Jose J. "Judicial Independence in an Authoritarian Regime: The Case of Contemporary Spain." *Law & Society Review* 9: 3, 1975.

Tsao, King K. and John Abbott. "Chinese Public Administration: Change with Continuity during Political and Economic Development." *Public Administration Review* 55: 2, 1995.

Turner, Karen G. "Introduction: The Problem of Paradigms." Karen G. Turner, James V. Feinerman and R. Kent Guy eds. *The Limits of the Rule of Law in China.* Seattle, Washington: University of Washington Press 2000.

Turner, Karen G., James V. Feinerman and R. Kent Guy eds. *The Limits of the Rule of Law in China.* Seattle, Washington: University of Washington Press 2000.

274

Upham, Frank. "Mythmaking in the Rule-of-Law Orthodoxy." Thomas Carothers ed. *Promoting the Rule of Law Abroad: In Search of Knowledge*. Washington D.C.: Carnegie Endowment For International Peace 2006.

Wei, Pan. "Toward a Consultative Rule of Law Regime in China." Suisheng Zhao ed. *Debating Political Reform in China: Rule of Law vs. Democratization*. Armonk: M.E. Sharpe 2006.

Weingast, Barry R. "A Postscript to "Political Foundations of Democracy and the Rule of Law." Jose Maria Maravall and Adam Przeworski eds. *Democracy and the rule of law*. Cambridge: Cambridge University Press 2003.

Wibowo, Ignatius and Lye Liang Fook. "China's Central Party School: A Unique Institution Adapting to Changes." Kjeld Erik Brodsgaard and Yongnian Zheng eds. *The Chinese Communist Party in Reform*. London: Routledge 2006.

Widner, Jennifer with Daniel Scher. "Building Judicial Independence in Semi-Democracies: Uganda and Zimbabwe." Tom Ginsburg and Tamir Moustafa eds. *Rule by Law: The Politics of Courts in Authoritarian Regimes*. New York: Cambridge University Press 2008.

Woo, Margaret Y. K. and Mary E. Gallagher eds. *Chinese Justice: Civil Dispute Resolution in Contemporary China*. New York: Cambridge University Press 2011.

Xia, Ming. *The People's Congresses and Governance in China: Toward a Network Mode of Governance*. London: Routledge 2008.

Yang, Dali L. *Remaking the Chinese Leviathan: Market Transition and the Politics of Governance in China*. Stanford: Stanford University Press 2004.

Yeo, Yukyung. "Remaking the Chinese State and the Nature of Economic Development? The Early Appraisal of the 2008 'Super-Ministry' Reform." *Journal of Contemporary China* 18: 62, 2009.

Young, Al. "The Continuing Lack of Independence of Chinese Lawyers." *The Georgetown Journal of Legal Ethics* 18: 3, 2005.

Yue, Xie. "Party Adaptation and the Prospects for Democratization in Authoritarian China." *Issues & Studies* 44: 2, 2008.

Zakaria, Fareed. "The Rise of Illiberal Democracy." *Foreign Affairs* 76: 6, 1997.

Zemans, Frances Kahn. "Legal Mobilization: The Neglected Role of the Law in the Political System." *American Political Science Review* 77: 3, 1983.

Zhang, Baohui. "Toward the Rule of Law: Why China's Path Will Be Different from the West." Suisheng Zhao ed. *Debating Political Reform in China: Rule of Law vs. Democratization*. Armonk, New York: M.E. Sharpe 2006.

Zhang, Qianfan. "The People's Court in Transition: The Prospects for Chinese Judicial Reform." Suisheng Zhao ed. *Debating Political Reform in China: Rule of Law vs. Democratization*. Armonk, New York: M.E. Sharpe 2006.

Zhang, Yunqiu. "Law and Labor in Post-Mao China." *Journal of Contemporary China* 14: 4, 2005.

Zhao, Suisheng. "Political Liberalization without Democratization: Pan Wei's Proposal for Political Reform." Suisheng Zhao. *Debating Political Reform in China: Rule of Law vs. Democratization*. Armonk, New York: M.E. Sharpe 2006.

_____ "The China Model: Can it Replace the Western Model of Modernization." *Journal of Contemporary China* 19: 65, 2010.

Zhao, Suisheng ed. *Debating Political Reform in China: Rule of Law vs. Democratization*. Armonk, New York: M.E. Sharpe 2006b.

Zheng, Yongnian. *Globalization and State Transformation in China*. Cambridge: Cambridge University Press 2004.

Zhiyue, Bo. *China's Elite Politics: Political Transition and Power Balancing.*

276

Singapore: World Scientific 2007.

3. 중문

賈和亭·梁世林 主編『深圳市改革政府審批制度』. 深圳: 海天出版社 1999.

葛洪義 主編『廣東法制建設的探索與創新』. 廣州: 華南理工大學出版社 2009.

康均心『法院改革研究: 以一個基層法院的探索為視點』. 北京: 中國政法大學出版社
    2004.

江煜宸「深圳深化行政管理體制改革, 建立服務型責任政府」. 『南方日報』 2004. 3. 29.
    http://news.soho.com (검색일: 2006. 4. 12).

江澤民「加快改革開放和現代化建設步伐, 奪取有中國特色社會主義事業的更大勝利」
    (1992. 10). 中共中央文獻研究室 編『十四大以來重要文獻選編(上)』. 北京: 人民
    出版社 1996.

_____「高舉鄧小平理論偉大旗幟, 把建設有中國特色社會主義事業全面推向二十一
    世紀」(1997. 9). 中共中央文獻研究室 編『十五大以來重要文獻選編(上)』. 北京: 人
    民出版社 2000.

_____「全面建設小康社會, 開創中國特色社會主義事業新局面」(2002. 11). 新華月報
    編『十六大以來黨和國家重要文獻選編(上-1)』. 北京: 人民出版社 2005.

_____『論黨的建設』. 北京: 中央文獻出版社 2001.

江必新 主編『法治政府的建構〈全面推進依法行政實施綱要〉解讀』. 北京: 中國青年出
    版社 2004.

公丕祥 主編『回顧與展望: 人民法院司法改革研究』. 北京: 人民法院出版社 2009.

郭道暉「法治國家與法治社會」. 劉海年·李步雲·李林 主編『依法治國 建設社會主義
    法治國家』. 北京: 中國法制出版社 2008.

郭定平『上海治理與民主』. 重慶: 重慶出版社 2005.

_____『政黨與政府』. 杭州: 浙江人民出版社 1998.

廣東省依法治省領導小組辦公室「廣東: 依法治省不斷向前推進」. 『中國人大』 2005年

22期.

廣東省人大制度研究會 編『依法治省的探討』. 北京: 中國民主法制出版社 1997.

廣東省人民政府法制辦公室 編『廣東省政府法制系統學習資料彙編』. 2005.

喬曉陽 主編『立法法講話』. 北京: 中國民主法制出版社 2000.

國務院 法制辦公室秘書行政司 編『依法行政 從嚴治政 建設廉潔勤政務實高效政府』. 北京: 中國法治出版社 1999.

國務院 法制辦公室政府法制研究中心 編『加快法治政府建設的思考與探索』. 北京: 中國法治出版社 2008.

國務院 新聞辦公室『中國的民主政治建設』. 2005.

_____『中國的法制建設』. 2008.

譚世貴 主編『中國司法改革研究』. 北京: 法律出版社 2000.

_____『司法獨立問題研究』. 北京: 法律出版社 2004.

唐應茂『法院執行為什麼難』. 北京: 北京大學出版社 2009.

鄧世豹 主編『中國法治進程調查報告2005: 以廣東省法治環境調查為例』. 北京: 法律出版社 2006.

鄧小平『鄧小平文獻(第二卷)』. 北京: 人民出版社 1994.

羅耀培「依法治國的回顧和展望」. 李林·王家福 主編『依法治國十年回顧與展望』. 北京: 中國法制出版社 2007.

羅豪才 主編『中國司法審查制度』. 北京: 北京大學出版社 1993.

羅輝培『民主法制的反思和展望』. 北京: 法律出版社 2004.

劉隆享 主編『我國民主與法制的目標和道路』. 北京: 北京大學出版社 1998.

劉立憲·張智輝 主編『司法改革熱點問題』. 北京: 中國人民公安大學出版社 2000.

柳富華·柏敏 主編『法官職業化的運作與展望』. 北京: 人民法院出版社 2005.

劉雲耕 主編『現代化與法治化: 上海城市法制化研究』. 上海: 上海人民出版社 2004.

劉靖華·姜憲利 外『中國法治政府』. 北京: 中國社會科學出版社 2006.

劉海年·李林·張廣興 主編『依法治國與廉政建設』. 北京: 中國法制出版社 1999.

劉海年·李步雲·李林 主編『依法治國 建設社會主義 法治國家』. 北京: 中國法制出版
　　社 2008.

陸德生·紀榮榮「20年來法制進程的回顧與前瞻」. 黃之英 編『中國法治之路』. 北京:
　　北京大學出版社 2000.

李林「推進依法治國 建設社會主義政治文明」. 李林·王家福 主編『依法治國十年回顧
　　與展望』. 北京: 中國法制出版社 2007.

_____「依法治國, 建設社會主義法治國家學術研討會綜述」. 劉海年·李步雲·李林 主
　　編『依法治國 建設社會主義 法治國家』. 北京: 中國法制出版社 2008.

李林 主編『依法治國與深化司法體制改革』. 北京: 中國科學文獻出版社 2008.

李林·王家福 主編『依法治國十年回顧與展望』. 北京: 中國法制出版社 2007.

李步雲「中國法治歷史進程的回顧與展望」. 李林·王家福 主編『依法治國十年回顧與
　　展望』. 北京: 中國法制出版社 2007.

_____「實行依法治國, 建設社會主義法治國家」. 劉海年·李步雲·李林 主編『依法治
　　國 建設社會主義 法治國家』. 北京: 中國法制出版社 2008.

_____『論法治』. 北京: 社會科學文獻出版社 2008.

李玉斌 主編『改革行政審批制度 推進法治政府建設』(上·中·下). 北京: 黨建讀物出
　　版社 2005.

李慎寬『轉型時期的地方人大』. 北京: 中國民主法制出版社 1998.

林潔珊「深圳行政三分有望兩年內見成效, 政府改革魄力大」.〈南方網〉2003. 1. 24.
　　http://www.southcn.com (검색일: 2006. 4. 12).

林尚立 主編『上海政治文明發展戰略研究』. 上海: 上海人民出版社 2004.

馬天山『中國的法治和法治的中國』. 北京: 中國人民公安大學出版社 2004.

潘維『法治與"民主迷信"』. 香港: 香港社會科學出版社 2003.

潘維 主編『中國模式: 解讀人民共和國的60年』. 北京: 中央翻譯出版社. 2009.

範忠信「公民社會決定法治社會」. 劉海年·李步雲·李林 主編『依法治國 建設社會主
　　義 法治國家』. 北京: 中國法制出版社 2008.

法治與人治問題討論集編輯組『法治與人治問題討論集』. 北京: 社會科學文獻出版社
　　2003.

法治熱點面對面編寫組『法治熱點面對面』. 北京: 人民法院出版社 2007.

卞蘇徽「行政三分」.『領導之友』2期, 2005.

傅倫博 主編『建設社會主義法治城市: 深圳市依法治市的探索和實踐』. 深圳: 海天出
　　版社 2000.

北京大學 法學院 婦女法律研究與服務中心 編『中國法律援助的理論與實踐: 婦女法
　　律援助發展研討會論文集』. 北京: 中國人民公安大學出版社 2002.

北京市依法行政市領導小組辦公室 · 北京市司法局 編『邁向法治北京(1991~2005)』.
　　北京: 海洋出版社 2006.

司法改革研究課題組 編『司法改革: 中國司法改革的回顧與前瞻』. 北京: 社會科學文
　　獻出版社 2005.

司法部 宣傳司 編『依法治國的生動實踐: 普法依法治理十五年』(上 / 下). 北京: 法律出
　　版社 2001.

謝佑平 主編『司法公正的建構』. 北京: 中國檢查出版社 2005.

上海社會科學院民主政治研究中心『中國政治發展進程2004年』. 上海: 時事出版社
　　2004.

＿＿＿＿＿『中國政治發展進程2005年』. 上海: 時事出版社 2005.

＿＿＿＿＿『中國政治發展進程2006年』. 上海: 時事出版社 2006.

＿＿＿＿＿『中國政治發展進程2007年』. 北京: 時事出版社 2007.

＿＿＿＿＿『中國政治發展進程2009年』. 北京: 時事出版社 2009.

＿＿＿＿＿『中國政治發展進程2010年』. 北京: 時事出版社 2010.

舒國瀅「中國法治建構的歷史語境及其面臨的問題」. 劉海年 · 李步雲 · 李林 主編『依
　　法治國 建設社會主義 法治國家』. 北京: 中國法制出版社 2008.

舒揚 主編『廣州政治文明建設理論與實踐』. 北京: 中國社會科學出版社 2007.

石泰峰 主編『中國社會主義法治建設概論』. 北京: 中共中央黨校出版社 1993.

薛剛凌·張國平「依法行政與行政體制改革」,『國家行政學院學報』1期, 2005.

孫謙·鄭成良 主編『司法改革報告: 中國的檢察院 法院改革』. 北京: 法律出版社 2004a.

_____『中國的檢察院法院改革』. 北京: 法律出版社 2004b.

孫笑俠 外『浙江地方法治進程研究』. 杭州: 浙江人民出版社 2001.

滕文生 主編『建設有中國特色的社會主義民主政治』. 北京: 人民出版社 1994.

信春鷹 *Chinese Courts: History and Transition* (中國法院的歷史與轉型). 北京: 法律 出版社 2004.

信春鷹·李林 主編『依法治國與司法改革』. 北京: 中國法制出版社 1999.

新華月報 編『十六大以來黨和國家重要文獻選編(上-1)』. 北京: 人民出版社 2005.

深圳市人民政府「關于貫徹實施九個法定化的工作意見」(深府[2001] 150號). 2001.

深圳市人民政府 法制辦公室「深圳市在依法行政, 建設法治政府方面推進行政管理體 制創新的工作滙報(2月)」. 2006.

嚴勵『思考與言說: 法治的理論與實踐』. 北京: 法律出版社 2008.

呂冰冰「深圳: 行政體制改革方案正式公布」,『南方日報』2004. 6. 10. http://www. china.org.cn (검색일: 2006. 4. 12).

溫家寶「在全國依法行政工作會議上的講話」(2010. 8. 27).〈新華網〉2010. 9. 19. http://news.xinhuanet.com/politics/2010-01/19/c_12586056.htm.

王家福 外「論依法治國」. 劉海年·李步雲·李林 主編『依法治國 建設社會主義 法治國 家』. 北京: 中國法制出版社 2008.

王建勛「司法改革究竟應向何處去」(2009. 1. 21). http://www.law-star.com/ cac/235029440.htm (검색일: 2009. 1. 21).

王勁松『中華人民共和國政府與政治』. 北京: 中共中央黨校出版社 1995.

王利明『司法改革研究』. 北京: 法律出版社 2001.

王利平「司法改革: 國家壟斷抑制民間參與?」(2009. 1. 21). 2009a. http://www.law- star.com/cac/235029441.htm (검색일: 2010. 6. 10).

_____ 「司法改革無路可退」(2009. 1. 21). 2009b. http://www.law-star.com/
cac/235029438.htm (검색일: 2010. 6. 10).

王灝『走向司法公正的制度選擇』. 北京: 中國法制出版社 2005.

王人博『憲政的中國之道』. 濟南: 山東人民出版社 2003.

王長江 主編『黨內民主制度創新: 一個基層黨委班子公推直選的案例研究』. 北京: 中
共編譯出版社 2007.

王長斌「論中國法治建設」. 黃之英 編『中國法治之路』. 北京: 北京大學出版社 2000.

王進元·馮家亮「限制行政權力的路徑選擇: '行政三分制'改革的憲政分析」. 『行政與
法』2期, 2005.

王稱心·蔣立山 主編『現代化法治城市評價: 北京市法治建設狀況綜合評價指標體系
研究』. 北京: 知識產權出版社 2008.

王洪濤·秦鴻雁「我市公布深化行政體制改革重點, 市政府工作部門整合爲35個」. 『深
圳法制報』2004. 3. 27. http://fzj.sz.gov.cn (검색일: 2006. 4. 12).

袁曙宏 主編『〈全面推進依法行政實施綱要〉讀本』. 北京: 法律出版社 2004.

袁曙宏·肖義舜 主編『依法治理概論』. 北京: 法律出版社 2003.

劉智峰 主編『第七次革命: 1998~2003中國政府機構改革問題報告』. 北京: 中國社會
科學出版社 2003.

尹中卿·林清和·周国輝 主編『司法評議的實踐與探索』. 北京: 中國民主法制出版社
2002.

應松年 主編『依法行政教程』. 北京: 國家行政學院出版社 2004.

應松年·袁曙宏 主編『走向法制政府: 依法行政理論研究與實證調查』. 北京: 法律出版
社 2001.

李玉賦 主編『改革行政審批制度推進法治政府建設』(中卷). 北京: 黨建讀物出版社
2005.

人民代表大會制度研究所 編『與人大代表談依法治國方略』. 北京: 人民出版社 2004.

人民司法編輯部 編『中國司法改革十個熱點問題』. 北京: 人民法院出版社 2003.

人民日報理論部 主編『社會主義法治理念學習讀本』. 北京: 人民日報出版社 2009.

張利華『中國法治民主建設之路』. 北京: 中國社會科學出版社 2006.

張立「深圳受命特別試驗'行政三分制'」.『決策諮詢』1期, 2003.

蔣立山「中國法治道路初探」. 黃之英 編『中國法治之路』. 北京: 北京大學出版社 2000.

_____『法律現代化: 中國法治道路問題研究』. 北京: 中國法律出版社 2006.

張明傑 主編『司法改革: 中國司法改革的回顧與前瞻』. 北京: 中國科學文獻出版社 2005.

張明澍『中國"政治人"』. 北京: 中國社會科學出版社 1994.

章武生·左衛民 主編『中國司法制度導論』. 北京: 法律出版社 1994.

張文顯·信春鷹·孫謙 主編『法律職業共同體研究』. 北京: 法律出版社 2002.

張柏峰 主編『中國的司法制度』. 北京: 法律出版社 2000.

張友漁『張友漁學術論著自選集』. 北京: 北京師範大學出版社 1992.

張恆山 外『法治與黨的執政方式研究』. 北京: 法律出版社 2004.

張恆山 主編『共和國六十年法學論爭實錄: 法理學卷』. 廈門: 廈門大學出版社 2009.

張恆山·李林·劉永艷·封麗霞『法治與黨的執政方式研究』. 北京: 法律出版社 2004.

張興勁「向民主法制邁進」.『人民之聲』2期, 2000.

全國黨的建設研究會·中共中央組織部黨建研究所『改革開放以來黨的建設』. 北京: 黨建讀物出版社 2008.

全國人大常委會辦公廳研究室 主編『地方人大監督工作探索』. 北京: 中國民主法制出版社 1997.

程燎原『從法制到法治』. 北京: 法律出版社 1999.

鄭永年『中國模式: 經驗與困局』. 杭州: 浙江人民出版社 2010.

鄭慧 主編『回顧與展望: 改革開放以來的中國政治學與政治發展』. 北京: 中國社會科學出版社 2009.

齊延平『人權與法治』. 濟南: 山東人民出版社 2003.

曹康泰 主編『政府法制建設三十年的回顧與展望』. 北京: 中國法治出版社 2008.

趙紫陽「沿著有中國特色的社會主義道路前進」(1987. 10). 中共中央文獻研究室 編 『十三大以來重要文獻選編(上)』. 北京: 人民出版社 1991.

曹紅軍「對深圳'行政三分'法改革的進一步思考」.『行政與法』11期, 2003.

趙強·李振軍「推進依法治省建設民主法制」.『中國司法』2期, 2002.

朱景文「中國法治道路的探索: 以糾紛解決正規化和非正規化為視角」. 潘維 主編『中國模式: 解讀人民共和國的60年』. 北京: 中央編譯出版社 2009.

朱景文 主編『中國法律發展報告: 數據庫和指標體系』. 北京: 中國人民大學出版社 2007.

周道鸞『司法改革三十年1978~2008(我所經歷的人民法院改革)』. 北京: 人民法院出版社 2009.

朱力宇 主編『依法治國論』. 北京: 中國人民大學出版社 2004.

周成新 王成義 主編『深圳市法治政府建設指標體系(試行)解讀』. 深圳: 海天出版社 2009.

中共深圳市委「關于加強依法治工作, 加快建設社會主義法治城市的決定」(深發 [1999] 1號). 傅倫博『建設社會主義法治城市』. 1999.

中共深圳市委·深圳市人民政府「向中央黨校省部府級幹部班考察團滙報提綱」. 2004. 6. 3.

中共中央「關於進一步加強人民法院·人民檢察院工作的決定」. 中共中央文獻研究室 編『十六大以來重要文獻選編(下)』. 北京: 中央文獻出版社 2007a.

_____「中共中央關於進一步加強人民法院人民檢察院工作的決定(2006. 5. 3)」. 中共中央文獻研究室 編『十六大以來重要文獻選編』(下). 北京: 中央文獻出版社 2007b.

中共中央黨史研究室『中國共產黨新時期簡史』. 北京: 中共黨史出版社 2009.

中共中央文獻研究室『三中全會以來重要文獻選編(上)』. 北京: 人民出版社 1982.

_____『十二大以來重要文獻選編(上)』. 北京: 人民出版社 1986.

_____ 『十四大以來重要文獻選編(上)』. 北京: 人民出版社 1996.

_____ 『十四大以來重要文獻選編(中)』. 北京: 人民出版社 1997.

_____ 『十三大以來重要文獻選編(上)』. 北京: 人民出版社 1991.

_____ 『十三大以來重要文獻選編(中)』. 北京: 人民出版社 1992.

_____ 『十五大以來重要文獻選編(上)』. 北京: 人民出版社 2000.

_____ 『十六大以來重要文獻選編(中)』. 北京: 中央文獻出版社 2006

_____ 『十七大以來重要文獻選編(上)』. 北京: 中央文獻出版社 2009.

_____ 『中國共產黨黨內法規選編(1996-2000)』. 北京: 法律出版社 2001.

_____ 『中國共產黨黨內法規選編(2001-2007)』. 北京: 法律出版社 2009.

_____ 『中國法治30年: 1978-2008』. 北京: 社會科學文獻出版社 2008.

_____ 『中國法治發展報告』(No. 4, 2006). 北京: 社會科學文獻出版社 2007.

_____ 『中國法治發展報告』(No. 5, 2007). 北京: 社會科學文獻出版社 2007.

_____ 『中國法治發展報告』(No. 6, 2008) . 北京: 社會科學文獻出版社 2008.

_____ 『中國法治發展報告』(No. 7, 2009) . 北京: 社會科學文獻出版社 2009.

中共中央政法委員會『社會主義法治理念讀本』. 北京: 中國長安出版社 2009.

中共中央辦公廳法規室 等編『中國共產黨黨內法規選編(1978~1996)』. 北京: 法律出版社 1996.

_____ 『中國共產黨黨內法規選編(2001~2007)』. 北京: 法律出版社 2009.

中國法律史學會 編『中國文化與法治』. 北京: 中國社會科學出版社 2007.

中國法學會『中國法治建設年度報告(2008)』. 2009. 6.

中國社會科學院法學研究所 編『中國法治發展報告』(No. 2, 2004), 北京: 社會科學文獻出版社 2005.

_____ 『中國法治發展報告』(No. 5), 北京: 社會科學文獻出版社 2007.

_____ 『中國法治發展報告』(No. 6), 北京: 社會科學文獻出版社 2008.

_____ 『中國法治發展報告』(No. 7), 北京: 社會科學文獻出版社 2009.

_____ 『中國法治30年: 1978-2008』. 北京: 社會科學文獻出版社 2008.

陳麗鳳『中國共産黨領導體制的歷史考察』. 上海: 上海人民出版社 2007.

秦新安「深圳政改的'三分'新意」.『中國新聞週刊』14期, 2004.

秦旭東「司法改革應從何處入手」.『財經』. 2009. 1. 21. http://www.law-star.com/cac/235029437.htm (검색일: 2010. 6. 10).

陳衛東 主編『司法公正與司法改革』. 北京: 中國檢查出版社 2002.

佴志廣「推進依法治國 建設文明法治省」.『人民之聲』7期, 1999a.

_____「依法治市成績斐然」.『人民之聲』9期, 1999b.

_____「與時俱進 把依法治省工作推上新臺階」.『人民之聲』3期, 2003.

俞可平 主編『中國地方政府創新案例研究報告(2003-2004)』. 北京: 北京大學出版社 2006.

_____『依法治國與依法治黨』. 北京: 中央編譯出版社 2007.

_____『中國政治發展30年(1978-2008)』. 重慶: 重慶出版社 2009.

俞可平・黃平・謝曙光・高健 主編『中國模式與北京共識』. 北京: 社會科學文獻出版社 2006.

蔡小慎・潘加軍「中英'行政三分制'改革的比較與借鑒」.『行政論壇』5期, 2004.

蔡定劍『中國人大制度』. 北京: 社會科學文獻出版社 1993.

_____「走向法治, 敢問路在何方」, 劉海年・李步雲・李林 主編『依法治國 建設社會主義 法治國家』. 北京: 中國法制出版社 2008.

蔡定劍 主編『監督與司法公正: 研究與案例報告』. 北京: 法律出版社 2005.

_____『監督與司法公正: 研究與案例報告』. 北京: 法律出版社 2006.

蔡定劍・王晨光 主編『人民代表大會二十年發展與改革』. 北京: 中國檢察出版社 2001.

_____『中國走向法制30年(1978-2008)』. 北京: 中國社會科學文獻出版社 2008a.

_____『中國走向法治』. 北京: 社會科學文獻出版社 2008b.

最高人民法院 編『人民法院改革开放三十年: 1978-2008』. 北京: 人民法院出版社 2008.

最高人民法院研究室 編『人民法院五年改革綱要』. 北京: 人民法院出版社 2000.

沈明明 外『中國公民意識調查數據報告 2008』. 北京: 社會科學文獻出版社 2009.

沈云鎖『中國模式論』. 北京: 人民出版社 2007.

卓泽渊 主編『依法治国理论学习读本』. 北京: 中国法制出版社 2007.

彭沖『民主法制論集』. 北京: 中國民主法制出版社 1993.

夏勇『法治源流: 東方與西方』. 北京: 社會科學文獻出版社 2004a.

_____『依法治國: 國家與社會』. 北京: 社會科學文獻出版社 2004b.

夏勇 主編『走向權利的時代: 中國公民權利發展研究』(修訂版). 北京: 中國政法大學
出版社 1999.

何海波 編『法治的腳步聲: 中國行政法大事記(1978-2004)』. 北京: 中國政法大學出
版社 2005.

郝鐵川『秩序與漸進: 中國社會主義初級階段依法治國研究報告』. 北京: 法律出版社
2004.

韓延龍 主編『中華人民共和國法制通史』(上·下). 北京: 中共中央黨校出版社 1998.

韓波『法院體制改革研究』. 北京: 人民法院出版社 2003.

海南省依法治省領導小組辦公室「海南省年依法治省工作要點」.『海南人大』6期,
2002.

胡錦濤「高擧中國特色社會主義偉大旗幟, 為奪取全面建設小康社會新勝利而奮鬥」
(2007. 10). 中共中央文獻研究室 編.『十七大以來重要文獻選編(上)』. 北京: 中央
文獻出版社 2009.

胡耀邦「全面開創社會主義現代化建設的新局面」(1982. 9). 中共中央文獻研究室 編
『十二大以來重要文獻選編(上)』. 北京: 人民出版社 1986.

胡條秀「行政發展與國家治理結構現代化」.『江蘇社會科學』3期, 2005.

胡夏冰·馮仁强 編『司法公正與司法改革研究綜述』. 北京: 清華大學出版社 2001.

胡开敏等 編『中國共產黨章程』. 北京: 外文出版社 2001.

黃衛平 主編『當代中國政治研究報告 I』. 北京: 社會科學文獻出版社 2002.

黃衛平·汪永成 主編『當代中國政治研究報告 II』. 北京: 社會科學文獻出版社 2003.

_____『當代中國政治研究報告 III』. 北京: 社會科學文獻出版社 2004.

_____『當代中國政治研究報告 IV』. 北京: 社會科學文獻出版社 2005.

黃之英 編『中國法治之路』. 北京: 北京大學出版社 2000.

黃平·崔之元 主編『中國與全球化: 華盛頓共識還是北京共識』. 北京: 社會科學文獻出版社 2005.

侯樹棟·許志功·黃宏 主編『黨和國家關注的十四個重大課題』. 北京: 人民出版社 2004.

黑龍江省依法治省工作領導小組「建立完善四項機制 全面推進依法治省」.『中國司法』7期, 2001.

強世功「中國憲法中的不成文憲法: 理解中國憲法的新視角」. 潘維 主編『中國模式: 解讀人民共和國的60年』. 北京: 中央翻譯出版社 2009.

| 찾아보기 |

ㄱ

간쑤성(甘肅省) 바이인시(白銀市) 148

개척자 102, 104, 106

거버넌스(governance) 25, 91

견제와 균형(checks and balance) 32, 248, 252, 253

경제특구 157

고르바초프(Mikhail S. Gorbachev) 90

공산당 개혁 28, 80, 97, 110, 116~18, 120, 121, 129, 155, 195, 239, 241

〈공산당 당헌〉 116, 135

공산당 영도의 법제원칙 116, 123, 128, 138

공산당 영도하의 법치 48, 59, 68, 72~76, 240

〈공산당 지방위원회 업무조례〉(1996) 120, 121, 143, 144

공산당의 정부대체 40, 121, 123

광둥성(廣東省) 25, 29, 36, 98~100, 102, 103, 108, 142, 156, 157, 159, 165~67, 170, 174, 175, 178, 185, 186, 189, 218, 227, 242

『광명일보』 54

국가 통치방식(治國模式) 30, 80, 81, 88, 110, 239, 240, 245

〈국무원 각 부문의 당조 폐지 의견〉 124

규범화(規範化, standardization) 21, 30, 34, 35, 93, 98, 150, 159, 170, 222

ㄷ

〈당건설 강화 통지〉 118

「당과 국가 영도체제의 개혁」 123

〈당과 인민군중의 연계 강화 결정〉 118

당-국가(party-state) 체제 40, 120,

125, 134, 143, 151

〈당규 제정절차 조례〉 41

당규 정비 134, 136, 149, 241

〈당내 정치생활 준칙〉 122

당내관계 117~21, 124, 134, 149, 150

당내민주 확대 119, 121

＿＿＿ 당 지도부 직접선거 119

＿＿＿ 당대표대회의 연례화 119, 123

＿＿＿ 당원대표 활동의 일상화 119

＿＿＿ 당위원회의 권한 강화 119

＿＿＿ 순시제도의 정례화 119, 150

〈당정 영도간부 선발임용 업무조례〉
121, 143

당정 이중권력구조 125

당정결합(黨政不分) 116, 120, 121, 123,
126, 144, 148, 151, 241, 252

당정관계 117, 118, 120, 121, 123, 124,
126, 134, 142~44, 150, 151, 241

당정분리(黨政分開) 27, 31, 32, 53, 111,
116, 117, 120, 121, 123

당조(黨組) 82, 103, 124, 129, 145, 166,
199

대부처제(大部門制) 159~61, 168, 176,
179, 178, 184, 186~90, 242

대약진운동(1958~60) 128

덕치론(德治論) 57, 58, 71, 72

덩 리췬(鄧力群) 85

덩 샤오핑(鄧小平) 48, 49, 52, 120, 121,
123, 141

도구주의 법률관 48, 50, 66, 68~70, 76,
90, 240

둥 비우(董必武) 49

ㄹ

랴오닝성(遼寧省) 84, 102~104, 165

리 부윈(李步雲) 92

리 자푸(李家福) 54

ㅁ

마오 쩌둥(毛澤東) 22, 47, 49, 50, 68, 87,
118, 121, 125, 132, 141, 196

맑스-레닌주의(Marx-Leninism) 50

문혁 4인방 51, 87, 121

문화대혁명(1966~76) 22, 49, 59, 60,
70, 75, 81, 84, 87, 118, 121, 128

민주집중제 91, 118, 121, 124

민주화의 역전 112

ㅂ

반우파투쟁(1957~58) 49

발전국가(developmental state) 64, 132,
255

법 경험주의 50

법 실용주의 50

법 지상주의 59~61, 66, 72~74, 251

법 허무주의 50, 68, 90

법가(法家) 60, 66, 68, 71

법률 집단학습(集體學習) 139

법률개혁 23~26, 79, 80, 110, 240
법률구조(法律救助) 24, 96
법률 보급 및 법률 써비스 96, 99, 105
법률보급(普法)운동 85, 86, 95, 96, 104, 106, 109, 134, 139, 141
법률성 규정 40, 41
법률에 근거한 국가 91
법원개혁 20, 23, 29, 36, 56, 96, 131, 155, 195~97, 201, 209, 211, 213, 215~18, 220, 221, 223~26, 228~31, 233~35, 239~43, 245
_____ 사법공정 20, 21, 31, 38, 56, 80, 92, 95~98, 101, 105, 131, 169, 201, 204, 211, 225, 226, 228, 235, 241, 245
_____ 사법효율 20, 21, 31, 38, 56, 80, 96, 131, 204, 213, 224, 225, 228, 241, 245
법제(法制, rule by law) 19, 26, 32, 45~55, 58, 60, 61, 65~70, 74, 75, 81·85, 87, 91~95, 97, 98, 102~106, 109, 110, 116, 126, 127, 134, 141, 161, 162, 167, 169, 189, 201, 209, 240, 242, 246, 248
_____ 법치-법제 간의 관계 53~55, 58, 65~67, 75, 82, 240
_____ 의미 65~67
『법제와 인치 문제 토론집』 51
법제화(法制化, legalization) 21, 30, 32, 33, 38, 39, 81, 120, 121, 126, 132, 134, 144, 149~51, 158, 159, 162, 168, 169, 173, 189, 241, 242, 245, 252~54
법치(法治, rule of law) 22, 26, 29, 32, 37~40, 46~49, 51, 53~55, 57~67, 69, 74, 76, 88, 90, 92, 93, 101, 116, 232, 234, 246, 247~51,
_____ 실질적(substantive) 법치 37, 61, 69, 73~75, 248
_____ 형식적(formal) 법치 37, 61, 65, 69, 73, 74, 233, 249~51
법치건설 평가 지표체계 99, 100
법치논쟁 24, 27, 28, 31, 35, 46~48, 50, 56~58, 67, 68, 76, 79, 239, 240
_____ 개량주의 법치론 62
_____ 국가주도형 법치건설 모델 54, 63~65, 75, 240
_____ 민간주도형 법치건설 모델 54, 63~65
_____ 법제론(法制論) 27, 28, 31, 47, 67, 240
_____ 법치론(法治論) 28, 31, 47, 51, 52, 59, 61, 62, 67, 72, 75, 240
_____ 법치-법제 논쟁 48, 49, 53~55, 65, 67, 75, 82, 240
_____ 본토론 54, 64, 65
_____ 역사주의 법치론 62
_____ 이식론 64

_____ 인문주의 법치론 62

_____ 인치론(人治論) 31, 47, 48, 51, 59, 67, 68, 70, 72, 75, 76, 240

_____ 인치-법치 논쟁 48, 49, 51~53, 58, 59, 61, 67, 70, 72, 73, 75, 82, 240

_____ 인치-법치 결합론 59, 70

_____ 인치-법치 폐기론 60, 61, 70

_____ 절충주의 법치론 62~64

_____ 중국 법치의 길(中國法治之路) 논쟁 48, 54, 58, 62~65, 75, 240

〈법치정부 건설 가속화 의견〉 89

법학 교조주의 50

『법학연구』 51

베이징시(北京市) 97, 99, 100, 102~104, 165, 172

〈보법·의법치리의 업무표준(시행)〉 95

분권화(分權化, decentralization) 31, 53, 149, 157, 178

ㅅ

4개 현대화 69

사법개혁 23~26, 56, 57, 73, 76, 79, 80, 97, 99, 110, 213, 240

「사상해방과 실사구시로 일치단결하여 앞을 보자」 121

사회주의 민주 건설 45, 49, 51, 53, 82, 161

사회주의 법제 완비 45, 49, 53, 60, 61, 68, 70, 75, 81, 82, 87, 92, 161, 240, 247

사회주의 법치국가 19~21, 38, 55, 56, 58, 68, 75, 82, 83, 90, 189, 209, 239, 240, 243

『사회주의 법치이념 교본』 141

사회주의 상품경제론 88

사회주의 시장경제론 45, 53, 88, 126

사회주의 초급단계론 88

사회주의 현대화 건설 45, 51, 54, 69, 136

사회주의 법치경제 53, 66

산둥성(山東省) 106, 216

3개 기본 141

삼개대표(三個代表) 57, 254

상하이시(上海市) 36, 83, 97, 108, 139, 142, 217

샤융(夏勇) 58, 71, 92

선전시(深圳市) 29, 36, 89, 99, 100, 103, 108, 109, 157~59, 165~78, 180~90, 218, 242

세 가지 유기적 통일론 72, 83, 130, 250

세 가지 제도의 병존 125

세계 강대국(global power) 34, 35

세계무역기구(WTO) 87, 92, 137, 138, 173, 254

세계은행(World Bank) 91

소강사회(小康社會) 141

신권위주의론 70, 249

16자 방침 52

11기 3중전회 45, 49, 50, 70, 75, 81, 88, 122, 128, 161

싱가포르의 영향 133, 233, 234

ㅇ

약탈국가(predatory state) 75, 132

업적 정당성(performance legitimacy) 116, 131, 132, 149, 196

역사적 정당성(historical legitimacy) 116, 131, 132, 149,

영도(領導, leadership) 38, 39, 42, 59, 60, 72, 73, 83, 94, 106, 107, 116, 120, 123~25, 129, 130, 143, 145, 209, 213, 223, 231, 247, 250, 251

영도간부 139

영도당(領導黨) 39, 126,

영도소조(領導小組) 100, 101, 103~105, 107~109, 124, 137, 166, 172~74, 180, 210

예치(禮治) 68

5개 현대 141

원 자바오(溫家寶) 117, 161

유가(儒家) 58, 60, 68, 71

의법집정(依法執政) 20, 21, 28, 30, 31, 39, 40, 80, 97, 110, 115~17, 120, 126, 128~34, 136, 138, 142, 144, 145, 147, 149~51, 155, 240, 241, 243, 244, 246

의법치국(依法治國) 19~36, 38~40, 45~49, 54~58, 62, 63, 65, 67, 68, 70, 72~75, 79~84, 86, 87, 90, 92~99, 101, 102, 104, 106, 110, 111, 115, 116, 120, 126, 128, 129~34, 136, 138, 139, 142, 144, 155, 161, 163, 166, 189, 196, 234, 239~48, 250, 252~54

『의법치국, 사회주의 법치국가의 건설』 55

『의법치국과 사법개혁』 55

『의법치국과 청렴정치의 건설』 55

의법치리(依法治理) 32, 84~86, 93~95, 101~106, 110, 139, 167, 240

_____ 기층 의법치리 94

_____ 업종 의법치리 94, 95

_____ 의법치성(依法治省) 95, 98, 103, 104, 106~108, 165~67, 189

_____ 의법치시(依法治市) 85, 89, 97, 99, 102~105, 109, 110, 165~69

_____ 지방 의법치리 95

의법지성의 시노체제 107

_____ 광둥모델 107, 108

_____ 의법치성 영도소조 109

_____ 일반모델 107

의법행정(依法行政) 20, 21, 29~31, 36, 38~40, 56, 80, 89, 92, 96~101, 105, 106, 110, 115, 130, 131, 155~61, 163~65, 167~73, 177, 178, 188~90, 239, 241~44

〈의법행정의 전면추진 결정〉(〈1999년 결정〉) 20, 89, 96, 130, 163~65, 167

〈의법행정의 전면추진 실시요강〉(〈2004년 요강〉) 20, 96, 100, 131, 161, 164, 170~73

의회개혁 24, 29, 30, 80, 95~97, 99, 110, 155, 230, 240, 241, 243, 244

의회(지방인대)를 통한 국가관리 148

이덕치국(以德治國) 48, 57

이법치국(以法治國) 46, 51, 82, 110

〈인민법원 5년 개혁 요강〉(〈법원개혁 요강〉) 20, 29, 56, 96, 115, 131, 196, 209~15, 217, 220, 221, 226, 234

『인민일보』 51, 54

인치(人治) 22, 27, 31, 46~50, 57~61, 66, 71, 72, 75, 82, 87, 119, 240, 248

〈입법법〉 41

〈입법업무 영도 강화 의견〉 41

ㅈ

자문형 법치(咨詢型法治) 116, 250

장 여우위(張友漁) 52, 68

장 쩌민(江澤民) 38, 48, 49, 54, 55, 57, 65, 71, 72, 82, 83, 86, 95, 106, 117, 125, 136, 139, 166, 180, 184, 254

장시성(江西省) 85, 205

저장성(浙江省) 101, 109, 123, 173, 174

전국인민대표대회(전국인대) 20, 29, 40, 41, 52, 54, 56, 62, 65, 83, 85, 136, 138, 143, 146, 147, 185, 186, 244

전체총괄 각방조정 129, 130

정당성 위기 131

정부·경제분리(政經分離) 160

정부개혁 20, 24, 33, 36, 80, 96, 97, 99, 102, 110, 130, 155, 184, 190, 195, 239~42

정부·기업분리(政企分離) 160

정부 행정의 법제화 39, 158, 159, 162, 168, 169, 173, 189, 242

정책·군중운동 의존 127

정치 민주화 21, 31~34, 111, 112, 122, 151, 233, 247, 251~53

정치 제도화 21, 31~34, 111, 112, 151, 251, 252, 254

정치개혁 20~31, 33~35, 53, 68, 70~73, 76, 79, 80, 82, 94, 96, 97, 110~12, 116, 121, 122, 124, 126, 127, 130, 156, 190, 191, 197, 213, 233, 240, 243, 245, 247, 251~54

정치개혁의 보수화 124~27

정치국 법제강좌 38, 54, 65, 82, 83, 106, 136, 139, 166, 241

정치영도 123, 128, 129

제13차 당대회(1987) 21, 27, 48, 52, 61, 81, 82, 88, 111, 122~24, 127~29, 252

제14차 당대회(1992) 21, 45, 53, 88, 126, 127, 138, 162, 254

제15차 당대회(1997) 20~22, 25, 27, 28, 46, 48, 49, 56, 61, 67, 75, 80, 82, 86, 95, 98, 106, 111, 115, 120, 128~30, 163, 234, 239, 252

제16차 당대회(2002) 20, 28, 83, 115, 119, 120, 129, 130, 147, 180, 184

제17차 당대회(2007) 72, 83, 102, 119, 225

제3의 민주화 물결 112, 253

제8차 당대회(1956) 128

주민위원회 97

『중국의 법치건설』 24

중앙당교(中央黨校) 141, 241

중앙-지방 관계 33, 42, 87, 89

지방인민대표대회(지방인대) 29, 62, 88, 93~95, 136, 138, 142, 143, 145~48, 151, 158, 183, 184, 198

지역 강대국(regional power) 34

집단지도 99, 122

집정(執政, ruling the state) 39, 40, 132,

집정능력(執政能力) 20, 101, 115, 119, 130, 240

집정당(執政黨) 28, 39, 124, 126, 131, 133

ㅊ

차액선거(差額選擧) 122

창 스궁(強世功) 41, 42

천 비셴(陣丕顯) 85

촌민위원회 97, 133

충칭시(重慶市) 102, 105, 108

ㅌ·ㅍ

톈안먼(天安門) 사건 21, 111, 118, 120, 125, 254

판 웨이(潘維) 116, 250

〈82헌법〉 48, 49, 52, 61, 81, 82, 116

펑 전(彭眞) 85

편승자 102, 106,

푸젠성(福建省) 157

피렌붐(Randall Peerenboom) 47, 74, 117, 249, 250

ㅎ

합리화(合理化, rationalization) 21, 30, 34, 35, 118, 235, 245, 251

행정삼분제(行政三分制) 158, 159, 168, 178~90, 242

행정의 9개 법정화 99, 100, 158, 168~73, 189, 190

행정 인허가제도 33, 99, 137, 138, 156, 158~60, 168, 169, 171, 173~77, 189, 190, 242

혁명법제 49

「'형법' 및 '형사소송법'의 실시 보장에 대한 중공중앙의 지시」 50

후 야오방(胡耀邦) 139

후 진타오(胡錦濤) 38, 55, 72, 83, 117, 119, 140, 211, 228

수록도표·그림

표3-1 베이징시의 법치건설 종합평가 지표체계(2005년 제정)
표4-1 공산당 당헌·당규의 제정 및 수정 상황
표4-2 법률·행정법규·지방성법규의 연대별 제정 및 수정 상황
표4-3 공산당 중앙정치국 법제·법치 강좌의 시기와 주제
표4-4 당정관계와 관련된 주요 법률 및 당규 제정상황
표4-5 31개 성급 당서기의 지방인대 주임 겸임상황
표5-1 의법행정의 분류와 세부 내용
표5-2 국무원의 행정개혁 시기 구분과 내용
표5-3 '9개 법정화'와 '12개 법치정부 지표'의 비교
표5-4 국무원의 행정 인허가제도의 개혁의 시기구분과 주요 내용
표5-5 선전시 행정 인허가제도의 개혁 시기와 내용
표5-6 선전시 행정개혁의 시기와 내용
표5-7 2009년 선전시의 대부처제 개혁 결과
표6-1 후베이성 법원 재정수입의 구성비율 변화
표6-2 주요 국가별 법관 수와 사건 수 비교(2004년)
표6-3 중국 법원의 문제점과 해결책
표6-4 중국 법원의 문제와 제1, 2차 〈법원개혁 요강〉의 정책
표6-5 중국 법원의 문제와 제3차 〈법원개혁 요강〉의 정책

그림4-1 공산당 당헌·당규의 연도별 제정 및 수정 상황
그림4-2 법률·행정법규·지방성법규의 연대별 제정 및 수정 상황

서남동양학술총서
중국의 법치와 정치개혁

초판 1쇄 발행/2012년 6월 4일

지은이/조영남
펴낸이/강일우
책임편집/김정혜 성지희
펴낸곳/(주)창비
등록/1986년 8월 5일 제85호
주소/413-120 경기도 파주시 회동길 184
전화/031-955-3333
팩시밀리/영업 031-955-3399 · 편집 031-955-3400
홈페이지/www.changbi.com
전자우편/human@changbi.com
인쇄/한교원색

ⓒ 조영남 2012
ISBN 978-89-364-1329-3 93340